Maria & Stephan Craemer

Vom Glück suchen zum Erfüllt leben

Mehr Lebensqualität
durch die Contextuelle Philosophie®

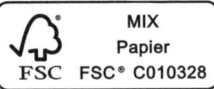

2. Auflage 2020

© Erfüllungs GmbH, Maria & Stephan Craemer
www.contextuellephilosophie.de

ISBN Print: 978-3-947572-47-2

Art Direktion: Anna Craemer
Layout und Herstellung: Ulrike Poppe
Lektorat: Achim Gralke
Korrektorat: Bärbel Otto
Autorenfoto: Saskia Uppenkamp

Papier: Magno natural 100/gm², FSC
Druck: Alföldi Druckerei ZRT, Debrecen/Ungarn

Inhaltsverzeichnis

Einleitung

Die Glückssuche – mit der Absicht, die Lebensqualität zu steigern – beginnt nach einiger Zeit mehr zu stressen als zu beglücken, da sie die Menschen immer mehr in ein hedonistisches Hamsterrad drängt. Das Glück zu suchen wird zur Glückssucht. Leben soll sein wie eine Blumenwiese, auf der nur noch getanzt und gespielt wird – natürlich ohne Anstrengung, Mühsal und Leid. Alles soll und muss immer nur leicht sein. Bei wem es nicht so ist, der macht etwas falsch. Bestellungen werden beim Universum aufgegeben und bei fehlerhafter Auslieferung reklamiert. Frechheit, nicht zu bekommen, was man will, wobei man sich doch so viel Mühe beim Bestellen gegeben hat!

Die Werbung befeuert dieses Diktat mit zahllose Glücksversprechen: Mit Alkohol sollen wir uns in lustiger Gesellschat wiederfinden oder mit Mahlzeiten ersetzenden Eiweiß-Drinks fröhlich zur Arbeit wippen, nachdem wir einen biologisch einwandfreien Glückstee für die guten Schwingungen getrunken haben. Dabei wird uns bewusst verschwiegen, dass regelmäßiger Alkoholkonsum sehr häufig Ausdruck von zu viel Stress oder aber gähnender Langeweile ist und dass das Ersetzen einer Mahlzeit mit quälenden Hungergefühlen und Disziplin einhergeht. Das Diktat, ewig jung, schön, glücklich und mit wenig Aufwand erfolgreich zu sein, kann nur ein ganz kleiner Prozentsatz kurzfristig erfüllen. Alle anderen rennen verzweifelt im Glücksrad und fragen sich, was sie nun wieder falsch gemacht haben und warum es nicht vorangeht.

Leben ist auch tatsächliches Leid: Ablehnung, Krankheit, Kündigung, Unfälle, Verluste etc. Leben ist auch tatsächliche Freude: Beförderung, Anerkennung, Geburt, Hochzeit, Reisen etc. Wenn Sie erfüllt leben, erlauben Sie sich, **beide** Seiten zu erfahren. Die Contextuelle Philosophie® bietet Ihnen zum einen die Möglichkeit, Dauer, Intensität und Häufigkeit Ihres Leidens selbst zu bestimmen. Zum anderen erlauben Sie sich, Ihr Leben wieder zu genießen, selbst wenn es nicht perfekt ist; Wertschätzung für sich und andere zu haben, selbst wenn Fehler unterlaufen; wieder hundertprozentig zu lieben, selbst wenn Sie enttäuscht wurden; wieder Risiken einzugehen, selbst wenn Sie zuvor nicht erfolgreich waren.

Die Anwendung der Contextuellen Philosophie® ermöglicht, dass aus tatsächlich erfahrenem Leid kein langes, intensives oder dauerhaftes Leiden wird; dass niemand mehr dauerhaft Opfer seiner Erfahrungen bleiben muss, sondern wieder zum Schöpfer seines Lebens wird; dass selbst eine intensiv schmerzliche Erfahrung nicht automatisch ein Trauma nach sich zieht, sondern sogar eine erlösende Transformation zeitigen kann. Menschen wieder die Wahl zu geben, nicht mehr Opfer der eigenen Erfahrungen sein zu müssen, stellt zwar einige akademische Paradigmen auf den Kopf – aber wir haben jahrzehntelange Erfahrungsgewissheit, dass es möglich ist.

Auf Basis der Contextuellen Philosophie® werden im Contextuellen Coaching® Ereignisse und Ergebnisse wertungsfrei untersucht, um herauszufinden, welche mental-emotionalen Contexte sowohl im individuellen als auch im kollektiven Verstandesbewusstsein wirken, die diese Ereignisse und Ergebnisse zur Folge haben. Das Erforschen dieser mächtigen, im Hintergrund wirkenden mental-emotionalen Context-Ebene ist ein ebenso erhellender, erlösender wie auch inspirierender Erkenntnisprozess.

Theorie und Praxis des Contextuellen Coaching® beruhen auf zahlreichen praxiserprobten **Unterscheidungen**, die sowohl auf psychologischen und soziologischen als auch unterschiedlichen philosophischen Ansätzen basieren. Darüber hinaus kommen von uns entwickelte weiterführende Prämissen zum Einsatz.

Im Contextuellen Coaching® wird Leben und Mensch-Sein auf zwei Ebenen untersucht: Die wahrnehmbare **Inhaltsebene** repräsentiert alles, was messbar ist, also Ereignisse und Ergebnisse. Mangelnde Ergebnisse wie Einkommenseinbußen, rückläufige Umsatzzahlen, hoher Krankenstand, unangenehme Ereignisse wie Burn-out, Streit, Stress, Entscheidungsunfähigkeit oder schlechte Gefühle wie Unsicherheit, Enttäuschung, Unzufriedenheit, Angst und Misstrauen sind der häufigste Anlass für Coaching. Herkömmliche Coaching-Methoden zielen zumeist auf eine bloße Veränderung der wahrnehmbaren Umstände auf der Inhaltsebene ab, was begrenzt wirksam ist, da diese nur die Spitze des Eisbergs darstellen. Selbst wenn die Spitze komplett verändert oder sogar abgetragen würde, schiebt sich die untere Ebene des Eisbergs weiter nach oben und die Probleme entstehen neu oder werden gar massiver.

Die mächtigere, im Hintergrund wirkende **Context-Ebene** birgt die mentalen und emotionalen **Contexte**, die das Potenzial besitzen, bestätigende Ergebnisse und Ereignisse wie durch einen unsichtbaren Sog anzuziehen. Dieser Sog entsteht, indem der Verstand über die Richtigkeit seiner eingenommenen Standpunkte unbedingt im Recht sein und bleiben will. Mit dieser Absicht erzeugt das Bewusstsein Ergebnisse, die auch schädliche Standpunkte bestätigen.

Contexte sind eine mental-emotionale Verfestigung eingenommener Standpunkte, die im Contextuellen Coaching® durch wertungsfrei untersuchendes Fragen aufgedeckt und auf Funktionalität für bessere Ergebnisse und Gefühle überprüft werden. Das grundlegende mentale als auch emotionale Anerkennen und Aufgeben dysfunktionaler Contexte wird als **Contextwandel** bezeichnet, der über eine bloße Veränderung auf der Inhaltsebene wesentlich hinausgeht.

Dieser grundlegende contextuelle Wandel ermöglicht Ihnen, den hinlänglich bekannten **Mangel-Context** (Mangel –

Angst – Misstrauen) vollständig aufzugeben und einen **Erfüllungs-Context** (Fülle – Liebe – Vertrauen) zu erschaffen und zu leben. Im Mangel-Context bleiben Sie emotional und geistig arm, selbst wenn Sie in materieller Fülle leben. Erst ein grundlegender mental-emotionaler Contextwandel hin zu Liebe – Fülle – Vertrauen ermöglicht Menschen ein erfülltes Leben.

Ein wissenschaftlicher Beleg der Context-Ebene findet sich beim Kernphysiker und Systemingenieur Thomas Campbell, der darauf verweist, dass es neben der wahrnehmbaren physischen Realität eine nicht physische Realität gibt, und dies mit entsprechenden Studien und Daten belegt. Auch die Quantenphysik beschäftigt sich mit ähnlichen Zusammenhängen, aus denen man ableiten kann, dass die wahrnehmbare Inhaltsebene *(Diesseits)* die gesamte messbare Materie enthält und die Context-Ebene *(Jenseits)* alles Übrige, die *allumfassende Wirklichkeit*, in welche die *wahrnehmbare Realität* der Inhaltsebene eingebettet ist. Die vom Verstand erzeugte Bewusstseinsvorstellung repräsentiert lediglich eine Schimäre, ein Trugbild, egal wie plausibel es erscheint, und ist somit willkürlich und austauschbar.

Bisher wurden im Contextuellen Coaching® ca. 150 contextuelle **Unterscheidungen** entwickelt und erforscht, um die auf der Context-Ebene wirkende mental-emotionale Bewusstseinsstruktur des Verstandes so zu untersuchen, dass Menschen erfolgreich und erfüllt leben können. In diesem Buch beginnen wir, die ersten wirkungsmächtigen Unterscheidungen der Contextuellen Philosophie® darzustellen und deren Interdependenzen und Lebenseffekte aufzudecken.

Da der Begriff Kontext in anderen Coaching-Richtungen mehr der Inhaltsebene zugeordnet wird und zumeist einen äußeren Lebenszusammenhang oder Lebensrahmen beschreibt, wird in der Contextuellen Philosophie® Kontext mit **C** geschrieben, um damit auf die Wirkungszusammenhänge der nicht sichtbaren Context-Ebene zu fokussieren und dadurch neue Möglichkeiten auf der Inhaltsebene zu eröffnen.

Erlauben Sie sich, zum Entdecker Ihres eigenen Bewusstseins zu werden. Zu erforschen, was zum Verwirklichen Ihrer Absichten und Ziele am besten funktioniert und was nicht. Zu erkennen, wer Sie wirklich sind, und Ihren höchsten Ausdruck von Erfüllung zu leben. Wir laden Sie herzlich dazu ein!

1. Die Erde ist keine Scheibe

Viele Menschen suchen eine ultimativ gültige Wahrheit, an die sie sich halten und nach der sie sich ausrichten können. Dabei lassen sie etwas Wesentliches außer Acht: dass es die einzig ultimativ gültige Wahrheit möglicherweise gar nicht gibt, sondern nur unterschiedliche Standpunkte, von denen keiner an sich wahr, richtig oder gut ist.

Warum ist uns das nicht bewusst? Weil uns viele Standpunkte nicht als Möglichkeit angeboten, sondern als Wahrheit verkauft werden. So war es lange Zeit »Wahrheit«, dass die Erde eine Scheibe sei, bis die Menschheit diese sogenannte Wahrheit auch wider besseres Wissen nicht mehr aufrechterhalten konnte, egal wie sehr sich einige dagegen zur Wehr setzten.

So wie damals glauben auch heute noch die meisten von uns an viele »Wahrheiten«, die in ihrer Quintessenz jedoch nur unterschiedliche Standpunkte darstellen und einer Überprüfung ihrer Funktionalität nicht standhalten. Lassen Sie uns einige dieser als Wahrheiten verkauften, gesellschaftlich weitverbreiteten Standpunkte im Folgenden auf ihren »Scheibencharakter« überprüfen!

Leiden oder Erfüllung

Was ist überhaupt ein Standpunkt? Er markiert eine Position, einen Blickwinkel, aus dem ein Mensch etwas betrachtet und willkürlich bewertet. Dieser Standpunkt setzt sich zusammen aus Meinungen, Überzeugungen, Urteilen, Einstellungen, Sichtweisen und Haltungen, die aus persönlichen Erfahrungen geschlussfolgert wurden und werden. Unterschiedliche Schlussfolgerungen wiederum setzen Menschen zu einer individuellen Lebensphilosophie und -ideologie zusammen, um ihre eingenommenen Standpunkte zu bestätigen und zu rechtfertigen. Zusätzlich nutzen Menschen ihre Gefühle als Beweis für die vorgebliche Richtigkeit ihrer willkürlichen Schlussfolgerungen und Standpunkte.

Dabei ignorieren sie, dass jeder Standpunkt unweigerlich zu den Ergebnissen und Erfahrungen führt, die diesen bestätigen. Damit erschaffen sie entweder einen Kreislauf des Leidens oder der Erfüllung. So führt auch der weitverbreitete und leider von verschiedenen Religionen stark vertretene Standpunkt *Das Leben muss schwer und anstrengend sein, um sich den Himmel zu verdienen* nicht zu einem leichten oder gar begeisterten Leben. Mit diesem Buch ermutigen wir Sie zu einem spielerischen Leben schon zu Lebzeiten, indem wir untersuchen, welche Standpunkte Sie definitiv **nicht** zu einem erfüllten **und** erfolgreichen Leben führen.

**Leben ist ein Spiel,
das Sie nicht gewinnen können,
Sie können es nur spielen.**

Welche Voraussetzungen und Bedingungen müssen stattdessen erfüllt sein, um Ihnen ein solches Leben zu ermöglichen? In unserer jahrzehntelang bewährten Methode des Contextuellen Coaching® verwenden wir praktisch nützliche theoretische Unterscheidungen, die es Ihnen ermöglichen, dysfunktionale (nicht funktionierende) Standpunkte aufzudecken und aufzulösen. Contextuelle Unterscheidungen ermöglichen es Ihnen, Sachverhalte und Zusammenhänge wertungsfrei transparent zu machen, um diese auf ihre Funktionalität zu untersuchen. Damit vermitteln wir ein natürliches Wissen für Erfolg und Erfüllung.

Allein die Vorstellung, **sowohl** erfolgreich **als auch** erfüllt zu sein, stößt bei vielen Menschen auf Skepsis, Unverständnis und sogar Ablehnung, weil sie glauben, nur eines von beiden wäre in unterschiedlichen Lebensphasen möglich. Tatsächlich machen erfolgreiche Menschen häufig die Erfahrung, dass Erfolg keine Erfüllung garantiert, da sie glauben, für ihren Erfolg mit einer Beeinträchtigung bezahlen zu müssen. Entweder geht er auf Kosten ihrer Vitalität und Gesundheit oder ihrer Partnerschaft und Familie. So ist man – und neuerdings auch frau – zwar erfolgreich im Beruf, aber bankrott in der Partnerschaft. Das heißt im Umkehrschluss durchaus nicht, dass ein Minus auf dem Konto ein Plus in der Beziehung garantiert.

Andere wiederum sitzen der Illusion auf, dass finanzieller Erfolg einer emotionalen Erfüllung im Wege steht, und verweigern demzufolge, die Bedingungen für Erfolg zu erfüllen. Sie bezahlen ihre Verweigerung dann mit Geldmangel, Existenzängsten und eingeschränkten Lebensmöglichkeiten.

Wir laden Sie als Leser ein, das **Land der Erfüllung** zu betreten und herauszufinden, welche mentalen und emotionalen Voraussetzungen Sie brauchen und welche nicht funktionierenden Standpunkte Sie aufgeben müssten, um sich ein erfülltes **und** erfolgreiches Leben nicht nur zu erlauben, sondern auch zu erschaffen. Damit können Sie Ihr Entweder-oder (entweder Erfolg **oder** Erfüllung) in ein Sowohl-als-auch (sowohl Erfolg **als auch** Erfüllung) wandeln. Das Aufdecken und Aufgeben eingeschliffener, aber nicht funktionierender Standpunkte ist dabei am schwierigsten, weil Ihr Verstand äußerst ungern über seine Standpunkte und Sichtweisen im Unrecht ist.

Lieber im Recht als glücklich
Das Leben endet für jeden mit dem Tod. Die Frage ist, wie Sie Ihr Leben auf dem Weg dahin gestalten. Sind Sie bereit, dysfunktionale Standpunkte als Irrtum anzuerkennen, ohne sich oder andere dafür zu entwerten oder zu beschuldigen? Irrtümer anzuerkennen scheint für viele Menschen sehr schwierig zu sein. Sobald sie kritisiert werden oder anerken-

Erfolg & Erfüllung sind möglich.

Maria & Stephan Craemer

nen müssten, dass sie sich ihr Leben schönreden, gehen sie in Verteidigungshaltung, auch wenn die eingenommenen Standpunkte bis heute gerade mal ihr Überleben gesichert, jedoch nicht zu Erfolg und Erfüllung geführt haben. Auf dem Weg dahin ist Ihr erster Schritt, Ihre bisherigen Überzeugungen aufzudecken und zu untersuchen, zu welchen Ergebnissen sie geführt haben. Im zweiten Schritt können Sie sich überlegen, welche Ergebnisse Sie haben wollen und welche dysfunktionalen Standpunkte ihrer Verwirklichung im Weg stehen. Um diese nachhaltig zu wandeln, sodass Sie bekommen, was Sie wollen, bedarf es im dritten Schritt Ihrer aufrichtigen Bereitschaft, Ihre dahinterliegende Rechtfertigungsgeschichte aufzudecken und aufzugeben, aus der Sie sich Ihre individuelle Lebensphilosophie und -ideologie abgeleitet haben. Viele Menschen sterben allerdings lieber im Kampf für »das Richtige«: den einen richtigen Gott, die einzig richtigen Werte, das richtige Wirtschaftssystem, das richtige Geschlecht, den richtigen Weg, die richtige Ideologie etc., also die »richtigen« Standpunkte, als dass sie bereit wären zu überprüfen, welche ihrer Standpunkte zu Erfolg und Erfüllung führen. Sie leben in dem Irrglauben, dass alles besser würde, wenn nur die Umstände und die anderen sich endlich ändern würden. Das denken die anderen allerdings auch.

Ich bekomme nicht, was ich will!
Grundsätzlich lassen sich zwei Arten von Standpunkten unterscheiden: Die einen ermöglichen Ihnen Erfüllung in Ihrem Leben, deshalb nennen wir sie **Erfüllungsstandpunkte**. Andere Standpunkte wiederum erzeugen Leiden. Zunächst untersuchen wir diese **Leidensstandpunkte** genauer, da sie sowohl mental als auch emotional tief verwurzelt und mit Rechtfertigungen und Beweisen aus dem eigenen und dem Leben anderer verankert sind und zäh verteidigt werden.

Ein weitverbreiteter Leidensstandpunkt lautet: *Ich bekomme nicht (ganz), was ich will!* Dieser bildet die Grundlage für permanente Unzufriedenheit und Misserfolg. Wenn Sie auf diesem Standpunkt leben, erschaffen Sie damit einen **Context**, in dem Sie Recht bekommen, wenn Sie **nicht** bekommen, was Sie wollen. Damit erzeugen Sie einen Sog für Misserfolg und Leid. Sie können dann zwar sagen: *Siehste!? Ich habe es gewusst!* Doch für diesen Triumph des Rechthaben-Wollens zahlen Sie einen hohen Preis. Denn wenn Sie auf der Grundlage dieses Standpunktes tatsächlich bekämen, was Sie wollten, dann würde die Realität Ihrem eigenen Standpunkt widersprechen, und das will und wird Ihr Verstand nicht zulassen!

**Auf dem Standpunkt »Ich bekomme nicht, was ich will«
bekommen Sie, was Sie wollen,
indem Sie <u>nicht</u> bekommen, was Sie wollen.**

Context benutzen wir anders als im landläufigen Sprachgebrauch als einen zentralen Kernbegriff für einen von Ihrem Verstand erzeugten mentalen und emotionalen Zusammenhang, der einen dominierenden Einfluss sowohl auf Ergebnisse und Ereignisse in Ihrem Leben als auch auf Ihre damit zusammenhängenden Emotionen ausübt.

Ebenfalls nicht funktioniert der gegenteilige Standpunkt *Ich bekomme alles, was ich will!*, selbst wenn Sie noch so positiv beim Universum bestellen. Ergebnisse sind nun mal kein Triumph des Willens, sonst bekäme man immer, was man will, sondern eine Folge der Absicht, in der Sie leben. Verdeckt wirkende, Ergebnisse verhindernde Absichten herauszufinden und zu wandeln ist ein spannender, erkenntnisreicher Prozess, durch den Sie das Steuer Ihres Lebens wieder in die Hände bekommen. Damit die Fahrt beschwingt gelingt, bedarf es jedoch einiger Übung.

Das, was ich habe, will ich nicht!

Die Rückseite des oben dargestellten Leidensstandpunktes ist ebenso stark verbreitet und lautet: *Das, was ich habe, will ich nicht!* oder: *Das, was ist, ist es nicht!* Dieser beharrlich vertretene, Leiden erzeugende Standpunkt repräsentiert eine weitverbreitete mental-emotionale Grundhaltung vieler Menschen in unserer Gesellschaft. Dieses Jammern auf hohem Niveau verursacht immer wiederkehrende Unzufriedenheit als auch nagendes Unglücklichsein. In diesem Context macht nichts einen Unterschied, sobald Sie es haben. Solange Sie es sich wünschen (Geld, Partner, Kinder, beruflicher Erfolg, Anerkennung etc.), scheint es attraktiv und unerfüllte Sehnsüchte zu erfüllen, vor allem bessere Gefühle nach sich zu ziehen.

Doch sobald Sie haben, wonach Sie streben, stellt sich nach einiger Zeit dennoch wieder Unzufriedenheit ein. Sie haben zwar die Umstände geändert, aber nicht den verinnerlichten und zum Antrieb mutierten Leidensstandpunkt aufgegeben. Das führt dazu, dass Sie immer mehr vom Selben machen (müssen), sehnsüchtig hoffend, mit mehr Erfolg, Geld, Anerkennung etc. glücklicher zu werden. Wenn das nicht funktioniert, ändern Sie womöglich Ihre Umstände (neuer Arbeitsplatz, neuer Partner, neue Stadt, neue Freunde etc.), vergeblich hoffend, so endlich Ihr Glück zu finden. In diesem Context bleiben Sie jedoch permanent ein sehnsüchtig Suchender und kommen nie an.

Was definitiv nicht funktioniert, ist die weitverbreitete Unsitte, Schuldige für die eigene Misere zu finden, seien es die Eltern, die Familie, der Partner, das andere Geschlecht, der Chef, die Angestellten, Kollegen, Nachbarn, Politiker, Unternehmer, multinationale Konzerne, Kapitalisten oder Kommunisten, die Wirtschaftslage oder die allgemeinen gesellschaftlichen Umstände, um nur einige der üblichen Verdächtigen zu nennen. Indem Sie sich derart zum Opfer der Menschen und

Umstände deklarieren, erschaffen Sie sich einen Opferstandpunkt, der Erfüllung kategorisch ausschließen muss, denn sonst wären Sie im Unrecht, wenn Sie glücklich sind. Das will und wird Ihr Verstand nicht zulassen.

Wie können Sie Ihre Leidensstandpunkte auflösen? Dafür bedarf es zweier unterschiedlicher Voraussetzungen: Sie sind Ihr Leiden wie auch die damit einhergehenden schlechten Ergebnisse und Erfahrungen genug leid oder Sie haben eine Absicht für umfangreichere Ergebnisse und bessere Gefühle als bisher. Für beide Absichten müssten Sie den lukrativen Opferstandpunkt inklusive der dahinter verborgen gehaltenen Rechtfertigungsgeschichte aufgeben und stattdessen **Erfüllungsstandpunkte** einnehmen und leben.

Die Hand am Steuer

Ein wirksam funktionierender **Erfüllungsstandpunkt,** der die Leidensstandpunkte aufhebt, lautet: Jedes Ergebnis ist Folge einer Absicht, auch die Ergebnisse, die Ihnen misslingen oder nicht gefallen. Denn gerade diese bergen die größtmögliche Erkenntnismöglichkeit über verdeckt in Ihrem Bewusstsein wirkende Absichten.

Ergebnisse = f (Absicht)

Wenn Sie diesen Standpunkt einnehmen, haben Sie das Steuer Ihres Lebens wieder in der Hand und bestimmen selbst, wohin die wilde und abenteuerliche Fahrt Ihres Lebens gehen soll. Somit sind Sie für Ihre Ergebnisse selbst verantwortlich und können nicht mehr nach der Doktrin *Mir geht's schlecht und du bist schuld!* die äußeren Umstände oder andere Menschen dafür verantwortlich machen. Sie sind dann auch verantwortlich für die Umstände, die Sie beschuldigen, für Ihr Leiden verantwortlich zu sein. Entgegen landläufiger Meinung bedeutet das aber nicht, dass Sie *schuldig* sind! Wenn Sie sich schuldig fühlen, verurteilen Sie sich als Mensch. Das hat niemand verdient.

Der gegenteilige Standpunkt, jedes Ergebnis sei eine Folge von Zufall/Glück (Ergebnisse = f [Zufall/Glück]), hat stattdessen zur Folge, dass Sie sich selbst auf den passiven Opferstandpunkt stellen und Ihnen Leben nur passiert. Sie haben dann nicht mehr das Steuer in der Hand, sondern liegen verwundert im Kofferraum und beklagen sich darüber, dass es unbequem rumpelt und Sie keinen Einfluss mehr auf die Fahrt haben. Dafür werden Sie freilich eine große zustimmende Mehrheit finden, die über den Fahrer, das Auto, die Strecke und die gesamte Fahrt jammert, urteilt und sich beschwert. Das verschafft Ihnen zumindest Gesellschaft und Sie bekommen das Almosen des Verständnisses aller Leidensgenossen, die sich gern an öffentlichen und privaten Jammerstammtischen zu Leidenssolidargemeinschaften verbünden.

Für den Bedürftigenstandpunkt bekommen Sie auf diese Weise zwar Trost und Mitleid, aber eben keine Ermächtigung oder gar begeisterte Zustimmung für einen möglichen Richtungswechsel in ein erfülltes Leben. Erst wenn Sie Ihren bedürftigen Opferstandpunkt aufgeben und inspirierende Erfüllungsstandpunkte einnehmen, hört Ihr K(r)ampf ums Überleben auf und Ihr beschwingtes Spiel des Lebens kann beginnen.

In diesem Buch können Sie zum einen herausfinden, mit welchen verdeckten Absichten und von den Eltern, der Gesellschaft, der Politik, der Religion etc. erworbenen dysfunktionalen Standpunkten Sie Ihr Leben dominieren und sich selbst schaden. Zum anderen können Sie entdecken, wie Sie Ihr Leben absichtsvoll und erfüllt steuern. Damit erwerben Sie den geistigen Führerschein zu einem selbstbestimmten und selbstgesteuerten Leben. Fahrpraxis für diese Erfahrungen bietet Ihnen das Leben selbst.

Die Auswirkungen der oben genannten Leidensstandpunkte werden Ihnen erst bewusst, wenn sie zunehmend unzufriedener und unglücklicher werden, obwohl Sie die Umstände geändert haben. Selbst wenn das Leiden groß ist und die Lebens- und Seinsqualität stark gedämpft sind, werden Sie vermutlich weiterhin auf der Richtigkeit und Rechtmäßigkeit Ihrer Standpunkte beharren, weil Sie befürchten, das Aufgeben als (Gesichts-)Verlust und Niederlage zu erfahren.

Erst wenn Sie die unverschämt großartige Absicht haben, erfolgreich **und** erfüllt zu leben, öffnen Sie das Tor zum Land der Erfüllung und werden zum **Erfüllungspionier**. Sind Sie dafür bereit, außergewöhnliche, vielleicht sogar gesellschaftlich (noch) nicht anerkannte Standpunkte einzunehmen sowie lieb gewonnene und vehement verteidigte dysfunktionale Standpunkte aufzugeben? Selbst wenn Sie mit persönlicher, philosophischer, ideologischer und moralischer Rechtfertigungsgeschichte an ihnen festgehalten haben? Das ist jedoch nur ein geringer Preis für das Land der Erfüllung, das Sie sich mit dieser Kapitulation eröffnen.

Wenn Sie Ihr Leben absichtsvoll steuern, werden Sie Ihre Fahrt (Ihre Absichten) so lange korrigieren und Ihr Auto (die Umstände) so erschaffen, bis Sie das Ziel, sprich die gewünschten Ergebnisse, erreicht haben. Zudem werden Sie ein Sog für Menschen sein, die Sie beflügeln, indem sie eine höhere Vision von Ihnen und Ihrem Leben haben als Sie selbst. Sie selbst werden ebenfalls andere ermutigen und ermächtigen, erfüllt und erfolgreich zu leben.

Es ist völlig unerheblich und irreführend, ob Ihre Kernstandpunkte richtig oder falsch, gut oder böse, besser oder schlechter sind. Wichtig ist einzig die wertungsfreie Beantwortung der Frage, ob sie für ein erfülltes Leben funktionieren, das heißt ein erfolgreiches und erfülltes Leben zulassen und ermöglichen oder einschränken und verhindern. Die

Voraussetzung für eine aufrichtige Beantwortung dieser Frage ist, dass Sie sich selbst die Wahrheit über Ihr Leben sagen, ohne sich selbst zu entwerten oder sich Ihr Leben schönzureden.

Die Lebensspirale

In der nachfolgenden Lebensspirale können Sie nun untersuchen, welche Ergebnisse und welchen Zustand Sie in Ihrem Leben haben, wenn Sie ehrlich zu sich selbst sind, und in welche Richtung Sie sich weiterentwickeln wollen.

Wenn Sie sich mit den durchschnittlich normalen Ebenen zufriedengeben wollen, brauchen Sie weder dieses Buch noch Contextuelles Coaching®, weil Sie es nicht gebrauchen, also sinnvoll einsetzen können. Wenn Sie Ihr Leben beschönigen und sich etwas vormachen, ist eine Verbesserung Ihrer Seinsqualität nicht möglich, denn dann würde eine Verbesserung Ihre vorherige Selbsttäuschung entlarven. Viele Menschen gehen lieber ihren vertrauten Holzweg weiter als anzuerkennen, dass sie sich auf diesem befinden. Diese Selbsttäuschung spüren sie häufig erst, wenn es zu spät ist. Einige sind zum Beispiel völlig überrascht, wenn ihr Partner sich »plötzlich« trennen will, obwohl doch vorher angeblich »alles okay« war. Selbst wenn der Partner immer wieder das Gegenteil behauptet, halten sie an ihrer schöngeredeten Wahrnehmung fest.

Wenn Sie Ihre Seinsqualität steigern wollen, dann brauchen Sie jemanden, der mit Ihnen professionell und wertungsfrei untersucht, was zu Ihren bisherigen Ergebnissen und Erlebnissen geführt hat. Welche von Ihnen eingenommenen schädliche Contexte erzeugenden Standpunkte über Partnerschaft, Ehe, das andere Geschlecht, Arbeit, Geld, Erfolg, Macht, Leben etc. verhindern, dass Sie bekommen, was Sie wollen? Wären Sie bereit, diese dysfunktionalen Standpunkte aufzugeben, auch wenn Sie das für unangenehm, unmöglich und

Lebensspirale

Erfülltes Sein	Ekstase **Erfüllung** Hingabe **Erfolg** Erfüllende Sexualität Vertrauen Lust	**+10**
Gelassene Heiterkeit	Ermächtigung **Nähe** Vitalität **Liebe** Zuversicht Mitspielen **Lebenslust** Wertschätzung Zustimmung Dienen	**+6**
Zufrieden sein	Persönliche Weiterentwicklung Funktionierender Sex Spaß Neugier **Routine** Es ist okay irgendwie sicher	**+3**
Es funktioniert	Pflichterfüllung **Zweifel** »muss ja« **Alltagstrott** Langeweile Sorgen Schuldgefühle	**0**
Sich zufrieden geben	**Druck** wenig Sexualität **Ärger** Stress **Streit** Gesundheitliche Schwierigkeiten Mobbing pessimistisch	**−3**
Unzufriedenheit	hoher Alkoholmissbrauch Trennung **Erschöpfung** wenig Nähe **Missgunst** Verzweiflung verbittert Einsamkeit jammern und klagen häufig krank	**−6**
Existieren	**Scheidung** Konkurs	**−10**

eventuell sogar für unverschämt halten, weil Sie befürchten, Ihre scheinbare Sicherheit damit zu gefährden? Denjenigen, die unbedingt an ihrer Sicherheit festhalten wollen, sei gesagt, dass dieses Sicherheitsdenken eine menschliche Falle ist, was Shakespeare schon vor einigen Hundert Jahren wusste: *Die Lebenden, das wisst Ihr lang, führt Sicherheit zum Untergang.*

Leben ist (k)ein Wunschkonzert

Zu den oben genannten gesellschaftlich anerkannten Leidensstandpunkten gibt es einen weiteren häufig eingenommenen, der einen Zustand von Mangel erzeugt und verfestigt: *Das Leben ist kein Wunschkonzert (oder auch: kein Ponyhof)*. Dieser gewöhnliche Standpunkt verhindert ein beschwingtes, produktives Leben und mündet in seiner letzten Konsequenz in Resignation. Wer danach lebt, sieht sich nur als »kleinen Musiker«, der tun muss, was man ihm sagt, und nicht mehr als Dirigenten, der den Ton in seinem Leben angibt. Wenn Sie den Zustand alltäglicher resignativer Verweigerung hinter sich lassen und wieder ein dauerhaft erfüllter Dirigent sind, werden Sie allerdings auch mit Skepsis und Anfeindungen konfrontiert. Ihre überdurchschnittlichen Ergebnisse werden als unverschämt entwertet, weil viele irrtümlich glauben: *Jeder, der so erfolgreich ist, muss Dreck am Stecken haben oder ist ein Abzocker.*

Auf finanziellen Erfolg, womöglich noch in Kombination mit emotionaler Erfüllung, reagieren viele Menschen in unserer Gesellschaft reflexhaft mechanisch mit Neid und Missgunst. Sie glauben tatsächlich, sie könnten sich selbst aufwerten, indem sie andere und deren Ergebnisse abwerten, statt sich zu fragen, ob sie Ähnliches auch verwirklichen wollen und wenn ja, wie? Mit ihrer Abwertung erschaffen sie sich einen ungünstigen Context, mit dem sie ihren eigenen Erfolg unmöglich machen, da sie sich mit einem möglichen Erfolg selbst als Abzocker deklarieren müssten.

Wer mit Neid auf die Ergebnisse anderer Menschen schaut, stellt sich immerhin noch die Frage, wie er die Ergebnisse für sich selbst generieren kann, die er den anderen neidet. Wer mit Missgunst darauf schaut, will hingegen nicht, dass andere erfolgreicher oder glücklicher sind als er selbst. Er findet es anmaßend, Ergebnisse selbst generieren zu müssen, weil er die Bedingungen für Erfolg und Erfüllung nicht erfüllen will. Mit dem aus dieser Verweigerung resultierenden Nicht-Erfolg schafft er die Rechtfertigung dafür, dass er seinen als Gerechtigkeit kaschierten dysfunktionalen Anspruch auf Verteilungsgleichheit durchsetzen dürfe.

**Missgunst zerstört,
Neid beschwingt.**

Neid und Missgunst sind populär und geläufig; in diesem Mangelbewusstsein mutet »Gunst« antiquiert und abwegig an. Schon an diesem Sprachgebrauch lässt sich die hohe gesellschaftliche Zustimmung für die aus dem fatalen Gleichverteilungsanspruch resultierende Missgunst ablesen.

Urheber (Schöpfer) statt Opfer

Ein wesentlicher **Erfüllungsstandpunkt** des Contextuellen Coaching® ist die Erkenntnis, dass Sie nicht nur die Wahl haben, den Opferstandpunkt einzunehmen, sondern auch einen Urheberstandpunkt. Damit können Sie sich selbst als Autor und Schöpfer Ihrer Umstände, Erfahrungen und Emotionen erkennen. Nur der Urheberstandpunkt ermöglicht es Ihnen, immer wieder neue Erfahrungen zu erschaffen, wenn Sie alte Standpunkte und die dazugehörige Rechtfertigungsgeschichte als Denkfehler anerkannt und gewandelt haben.

Wenn Sie erfolgreich und erfüllt leben wollen, setzt das voraus, dass Sie immer wieder Denkirrtümer und Standpunkte über sich selbst, das Leben, das andere Geschlecht, also prinzipielle Überzeugungszusammenhänge aufdecken und aufgeben, wenn diese nicht zum gewünschten Ergebnis führen. Egal wie sehr Sie von der Richtigkeit, Wichtigkeit und politisch-ideologischen Korrektheit Ihrer Glaubensbekenntnisse überzeugt sind. Wenn Sie sich dem Erfolg hingegen resignativ verweigern, bleibt Ihnen nur übrig, irgendwie zu überleben, wie viele andere es auch tun. So bleiben Sie persönlich und ideologisch gerechtfertigt im durchschnittlichen Mittelmaß hängen. Ihr Leben ist zwar nicht oder nur begrenzt angenehm und weit entfernt von dem, was Sie sich einmal vorgestellt haben, aber Sie haben sicher überlebt. Wenn Sie mit dem, was Sie haben, unzufrieden sind und etwas attraktives und lukratives Neues erschaffen wollen, müssten Sie das Risiko eingehen, ungewohnte Standpunkte einzunehmen, die Ihre alten Denk- und Überlebensmuster infrage stellen.

Dazu passt das bekannte Sprichwort *Lieber den Spatz in der Hand als die Taube auf dem Dach*. Es meint: *Gib dich zufrieden mit dem, was du hast!* Allerdings besteht ein großer Unterschied zwischen zufrieden sein und sich zufrieden geben, denn weder der Spatz noch die Taube machen zufrieden, geschweige denn glücklich und erfüllt.

Als Erfüllungspionier werden Sie nicht nur das Risiko willkommen heißen, gewagte Standpunkte einzunehmen, sondern ungewöhnliche Sichtweisen selbst erschaffen. Sie sind dann sogar inspiriert, den Ballast Ihrer bisherigen Überlebensmuster endlich aufgeben zu können, und werden sich nicht mehr nur zufrieden geben, sondern zufrieden sein und sogar begeistert leben wollen und leben.

Der Sprung ins Ungewisse
Zusätzlich zu den Standpunkten über äußere Umstände gibt es persönliche Leidensstandpunkte über innere geistige

Zufrieden geben oder zufrieden sein?

Maria & Stephan Craemer

und emotionale Zusammenhänge. Um diese zu erkennen, lautet die wichtigste Frage: Welche Meinung haben Sie über sich selbst? Die aufrichtige Antwort auf diese Frage ist keine Pressemitteilung, wie Sie auf andere wirken wollen. Sie liegt auf einer Ebene, die Sie sich selbst wahrscheinlich nicht eingestehen und lieber verdeckt halten wollen, denn sie offenbart Ihre angenommene Identität, also das, womit Sie sich in Ihrer tiefsten Überzeugung über sich selbst identifiziert haben.

Ihre **Identität** bestätigen Sie sich immer wieder durch gleiche oder ähnliche Erlebnisse, Ergebnisse, Erfahrungen und Probleme. Aber Sie sind sich dabei nicht bewusst, dass in dieser Identifizierung keine anderen Erlebnisse und Ergebnisse möglich sind und waren. Ihre Identität durchzieht Ihr Leben wie ein roter Faden, um den herum sich alle Ihre Ergebnisse und Ereignisse aufranken. Wenn Sie in einer Identität überleben, die lautet *Ich bin nicht liebenswert!*, sind Anerkennung, Liebe, Freude und eine dauerhaft erfüllte Partnerschaft nur begrenzt erfahrbar. Ihr Verstandesbewusstsein sucht, ohne dass Sie es bemerken, in Ihrem Leben immer wieder Bestätigung dafür, nicht liebenswert zu sein, um über diese Meinung über sich selbst im Recht bleiben zu können. Es ist sogar so, dass Sie andere dafür ablehnen, wenn diese Sie lieben. Dieser vorprogrammierte Beziehungskiller mündet in der Aussage: *Ich bin nicht beziehungsfähig!*, sprich: *nicht liebesfähig!*. Wenn Sie so über sich denken, werden Sie langfristig scheitern und es allenfalls zum Lebensabschnittsgefährten schaffen, um Ihre angenommene Liebes- und Beziehungsunfähigkeit zu beweisen.

Wenn Sie attraktive und lukrative Lebensmöglichkeiten entdecken und leben wollen, müssten Sie immer wieder den Sprung ins Ungewisse wagen, der mit jedem persönlichen Quantensprung einhergeht. Das ist aussichtsreicher, als wenn Sie am Abgrund stehen bleiben und das Risiko beklagen, statt mit einer klaren und starken Absicht den Sprung über den

Abgrund zu wagen. Andere bezweifeln, dass sie sicher landen, wenn sie springen, obwohl sie doch wissen, was sie wollen. Wenn Sie am Abgrund stehen bleiben, haben Sie permanent Angst, was dazu führt, dass Sie Ihr Leben in Sicherheit einmotten. Wenn Sie springen, haben Sie nur einmal Angst und gehen sowohl das Risiko zu scheitern ein als auch das Risiko zu gewinnen. Letzteres ist riskanter, weil Sie Gefahr laufen, sich mit erfolgreichen Ergebnissen selbst ins Unrecht zu setzen. Ihnen mag der Prozess, Ihre alte, hinderliche Identität mental und emotional aktiv aufzugeben, riskant und unangenehm erscheinen. Aber er befreit Sie davon, je wieder irgendetwas über sich beweisen zu müssen: weder Ihre Kapazität, Kompetenz, Macht, Wichtigkeit, Besonderheit, Moral noch Ihren (Liebes)Wert. Wenn Sie dieses »Beweiseritis-Hamsterrad« verlassen, wird das so viel Energie und Lebensfreude freisetzen, wie Sie es bisher für unmöglich gehalten haben.

Erfüllungsstandpunkte werden von der Mehrheit der Menschen unserer Gesellschaft oft als unbequeme Störung abgelehnt, weil sie dafür den allzu oft belohnten Opferstandpunkt aufgeben müssten. Einige der funktionierenden Erfüllungsstandpunkte können gesellschaftlich anerkannten Standpunkten widersprechen. Dann müssen Sie wählen: allgemeine Anerkennung oder Erfolg und Erfüllung?

Standpunkte erschaffen Realität
Wenn Sie Ihre Standpunkte auf Funktionalität untersuchen, werden Sie auf ein besonderes Problem stoßen: Sie verstehen Ihr Denken normalerweise nicht als eine Ansammlung persönlicher Standpunkte und Überzeugungen mit den dazugehörigen Rechtfertigungsgeschichten, sondern als **die** Wahrheit, also als etwas Festgeschriebenes und Richtiges. Je länger Sie Ihre Überzeugungen hegen, desto wahrer erscheinen sie Ihnen, denn die Dauer scheint Ihre Standpunkte anhand der damit

gezeitigten Ergebnisse und der dazugehörigen Gefühle zu bewahrheiten, zu bestätigen und zu verfestigen.

Die Auswahl Ihrer Standpunkte ist wie eine Ideensammlung, die Ihre persönliche Lebensphilosophie und -ideologie erzeugt und unterfüttert. So schaffen Sie sich Ihre eigene Lebensideologie und glauben, sie sei die beste. Dabei ignorieren Sie, dass Ihre Ideologie bestimmte Ergebnisse verhindert, die Sie sich möglicherweise wünschen. Für die verhinderten Ergebnisse suchen Sie dann der Einfachheit halber Schuldige im Außen, seien es die politischen, gesellschaftlichen, beruflichen oder die persönlichen Umstände. Dann sind Sie versucht, diese äußeren Umstände zu verändern, um zu bekommen, was Sie wollen. Das funktioniert nur sehr begrenzt, weil Sie dabei außer Acht lassen, dass die Ergebnisse zwar im Außen erscheinen, Sie diese jedoch mit Ihrer eigenen inneren Überzeugungsideologie erzeugt haben. Auch wenn die Erkenntnis unangenehm ist: Ihr Bewusstsein erschafft eine Realität, die den Inhalt Ihres Bewusstseins bestätigt. Genauer gesagt erzeugt Ihr Verstand die Realität, die seine Existenz rechtfertigt.

Erst wenn Sie anerkennen, dass Sie mit dem aus Ihrem Denken und Fühlen resultierenden Handeln Ihre individuelle Realität und damit Ihre Ergebnisse erzeugen und Ereignisse anziehen, die Sie darin bestätigen, eröffnen Sie die Möglichkeit für bessere Ergebnisse.

Standpunkte aufzugeben ist für alle einfach, aber nicht für jeden leicht.

Wenn Sie Frieden wollen, müssten Sie den Standpunkt aufgeben, dass es den richtigen Gott, die richtige Religion, die richtigen Werte, richtige Lebensweisen, richtige Politik, richtige Ideologie oder das richtige Wirtschaftssystem gibt. Dann können Sie aufhören, gegen alles angeblich Falsche oder gar

Böse zu Felde zu ziehen. Nur diese als erlösend empfundene Kapitulation führt zu einem friedlichen Leben, ansonsten werden Sie zu dem, was Sie bekämpfen. Wer das sogenannte Böse bekämpft, wird selbst böse!

Lernen von den Kampfkünsten

Einen Standpunkt zu wechseln ist einfach, wenn Sie nicht über Ihre Überzeugungsideologie im Recht sein und bleiben wollen, sondern herausfinden, welche Standpunkte für ein erfolgreiches und erfülltes Leben am besten funktionieren. Das ist einfach für Menschen, die mental und emotional flexibel sind, weil sie wissen und anerkennen, dass ihr Denken und Fühlen nicht die Wahrheit ist. Schwierig wird es, wenn sie ignorieren und verleugnen, dass ihre sogenannte Wahrheit auch nur ehedem eingenommene Standpunkte repräsentiert.

Stabilität bekommen Sie nur durch Flexibilität.

Das Beharren auf Richtigkeit und Wahrheit mental-emotional erzeugter Standpunkte führt zu bornierter Starrsinnigkeit und im Endeffekt zu Streit und Krieg. Wenn Sie Frieden auf der Welt wollen, beenden Sie den Krieg in Ihrer eigenen Hütte, indem Sie Ihre gesammelten Vorwürfe und Ihre positionierte Starrsinnigkeit aufgeben. Nur wenn Sie transformiert leben, werden Sie friedlich **sein** können – mit der Umwelt, anderen Menschen und vor allem mit sich selbst.

Einen Standpunkt zu wechseln und damit sein Bewusstsein zu wandeln wird dadurch erschwert, dass Ihre mit Bewertungen erzeugten Gefühle als »gefühlte Wahrheit« die Richtigkeit Ihrer eigenen Standpunkte belegen sollen. Gefühle werden als wahrhaftig deklariert, um die jeweilige Gegenposition zu entmachten. Sie sollen die letztgültig ausschlaggebende Entscheidungsinstanz sein, die man nicht infrage stellen und der man vor allem nicht rational widersprechen soll. Dabei verleugnen wir, dass wir unsere Gefühle mithilfe willkürlicher subjektiver Bewertungen selbst erschaffen. Wer gegen Gefühligkeiten argumentiert und sich damit nicht erpressen oder manipulieren lässt, wird gern als herz- und verständnisloser Charakter gebrandmarkt.

Eine nicht oder nur begrenzt funktionierende Lebensideologie aufzugeben ist besonders für die Menschen schwierig, die anderen ihre Ideologie als die einzig richtige aufzwingen wollen, darauf beharrend, dass ihre Wahrheit die angeblich beste für alle sei. Dann bedroht jede andere Wahrheit die eigene und wieder herrscht ein Krieg der Wahrheiten. Wer sich so verhält, untersucht dann nicht mehr wertungsneutral, ob seine eingenommenen Standpunkte für die erfolgreiche Produktion der beabsichtigten Ergebnisse wirklich funktionieren. Er führt nur noch Krieg für die aus der angeblichen Richtigkeit abgeleitete einzige Rechtmäßigkeit der eigenen Wahrheit.

In Kampfkünsten können Sie lernen, dass Sie bei einem Angriff Ihre Stabilität verlieren, wenn Sie starrsinnig auf Ihrem Standpunkt verharren. Sie lernen stattdessen, immer wieder flexibel und schnell einen neuen Standpunkt einzunehmen, um standhaft zu bleiben. Stabilität bekommen Sie also nur durch Flexibilität, nicht durch Sturheit und Starrsinn.

Die meisten Menschen verbinden einen gedanklichen und emotionalen Standpunktwechsel jedoch nicht mit geistiger Flexibilität, sondern mit Anstrengung oder Unseriosität und Wankelmut. Es erfordert allerdings mehr Mut, vertraute, aber nicht funktionierende Standpunkte aufzugeben als auf ihnen zu beharren. Damit gehen Sie das Risiko ein, von Ihren Mitmenschen abgelehnt zu werden. Hier gilt dann wie überall im Leben: kein Risiko, keine besseren Ergebnisse oder alltagssprachlich: no risk, no fun.

Auch wenn nicht alle die Möglichkeit nutzen, erfolgreich und erfüllt zu leben, gibt es Menschen, mit denen Sie diese neue Erfahrung teilen können. Der Schmetterling findet andere Schmetterlinge, die mit ihm fliegen, die ihm als Raupe nicht aufgefallen sind. Im Context von Fülle, Liebe und Vertrauen ist es egal, was andere denken, solange Sie mit sich und Ihren Werten im Einklang sind.

Wer sich auf dem Holzweg befindet,
muss umkehren, um weiterzukommen.
Wer umkehrt, erkennt an, dass er auf dem Holzweg ist.
Wer nicht anerkennen will, dass er auf dem Holzweg ist,
muss diesen bis zum bitteren Ende weitergehen.

Wie stark ein Standpunkt Realität erschafft und welche Ängste auftauchen, wenn man ihn aufgeben will, wird im nachfolgenden contextuellen Coaching-Gespräch aus einem unserer Trainingsprogramme mit einem circa vierzigjährigen erfolgreichen Neurochirurgen deutlich. Er lebte den Standpunkt: *Ohne Stress, kein Erfolg.* Genauer gesagt müsste es heißen: *Ohne Angst, kein Erfolg,* denn Stress ist nichts anderes als Angst; zum einen die Angst, zu versagen beziehungsweise etwas nicht zu schaffen, und zum anderen die Angst, das Geschaffene wieder zu verlieren. Nur hat Stress einen gesellschaftlich anerkannteren Stellenwert als Angst, insbesondere in Leitungspositionen. So wird ein Manager mit viel Stress als wichtig und kompetent angesehen, ein ängstlicher Manager wird eher abgelehnt und muss um seine Stelle fürchten.

Stress impliziert den Glauben, dass Sie sich durch Angst wach halten, als könnten Sie mit Angst genau die Situationen abwenden, vor denen Sie Angst haben. Dabei ignorieren Sie, dass Angst häufig erst das erzeugt, wovor Sie Angst haben, um der Angst eine Rechtfertigung zu geben.

Trainings-Dialog

Angst oder Freude?

Teilnehmer (TN): Ich habe häufig Angst vor Fehlern, aber ich glaube, dass ich diese Angst brauche, um gut zu sein.

Maria & Stephan Craemer (Craemer²): Das stimmt, Angst erfüllt für dich eine Funktion.

TN: Und ich zweifle, ob es funktioniert für mich, keine Angst mehr zu haben.

Craemer²: Das heißt, du lebst auf dem Standpunkt, dass Angst dich davor schützt, Fehler zu machen. Somit ist Angst für dich sicher, so paradox es klingen mag.

TN: Aber es hat mir gleichzeitig nicht gut getan, denn es ist sehr stressig!

Craemer²: Das ist dann der Preis: Angst ist sicher und stressig, hat aber keine hohe Seinsqualität zur Folge.

TN: Was könnte mich denn auch wach machen, außer Angst? Da kann ich mir nichts vorstellen, denn bei mir sind es immer Grenzbereiche.

Craemer²: Und wie willst du dich in herausfordernden Situationen fühlen, außer von Angst bestimmt zu sein?

TN: Ich möchte mich eigentlich gut fühlen, aber ich schaffe es nie.

Craemer²: Weil du Angst uneigentlich lieber hast. Was für eine Art von gutem Gefühl willst du bei der Herausforderung haben?

TN: Ich kann mir nicht vorstellen, mit einem guten Gefühl zu operieren, da ich dann wieder Angst habe, einen Fehler zu machen.

Craemer²: Wenn du Angst eingesetzt hast, was soll dann das Ergebnis bei deinen Patienten sein?

TN: Dass sie überlebt haben.

Craemer²: Und wie fühlst du dich, wenn dir das gelungen ist? Was hast du dann für einen Zustand, in dem du dich bewegst?

TN: Ich bin glücklich und froh, dass ich diese Aufgabe geschafft habe.

Craemer²: Kannst du dir vorstellen, mit Freude fehlerfrei zu operieren statt mit der Angst, einen Fehler zu machen?

TN: Schwer, weil bis heute die meisten überlebt haben, also hat die Angst funktioniert. Die Angst war mein Antrieb.

Craemer²: Was du mit dem Antrieb erschaffst, ist ein getriebenes Leben. Wenn du das nicht mehr willst, müsstest du eine klar definierte Absicht haben, die dich leitet. In Absicht steckt das Wort Sicht, also etwas, was du siehst. Wenn ich jetzt den kleinsten Nenner zugrunde lege, dann ist es deine Absicht, dass der Patient die Operation heil übersteht.

TN: Hinzu kommt, dass ich keinen Fehler machen darf, denn das hätte bei mir im schlimmsten Fall eine tödliche Konsequenz.

Craemer²: Bei dir nicht, aber beim Patienten. Dann hast du Angst und Druck. Dass du bislang erfolgreich warst, ist an deiner Stellung abzulesen; somit vertraust du der Angst und dem Druck mehr als dir selbst und deiner Absicht. Hinzu kommt ein zweiter Aspekt: Selbst wenn du die Absicht hast, dass dein Patient überlebt, so hat auch dieser eine Absicht und die kann eine andere sein. Du hast nur Einfluss auf dein Handeln in einer bestimmten Absicht, du hast keinen Einfluss auf die Absicht deiner Patienten.

TN: Mit anderen Worten, ich hab' mein Bestes getan?

Craemer²: Deine Absicht ist dann, immer dein Bestes zu tun, wofür du bis jetzt glaubtest, Angst einsetzen zu müssen, die du aber nicht haben musst. Diese Überzeugung hat zwar funktioniert, aber du hast einen hohen Preis dafür gezahlt. Jetzt ist die Frage, ob du dir vorstellen kannst, in Gelassenheit und mit der Absicht, ich gebe mein Bestes, zu operieren? Dann erübrigt sich die Angst.

TN: Ich möchte meine Angst eigentlich nicht absagen.

Craemer[2]: Das musst du auch nicht, nur die Frage ist, was für eine Art von Seinsqualität möchtest du haben? Du hast selber schon festgestellt, dass der Druck und die Angst kein besonders glückliches Lebensgefühl zur Folge haben. Dein Verstand hat jetzt eine Erfolgsformel, die heißt, wenn ich genug Angst vor Fehlern hatte und die Patienten haben bis heute in der Mehrzahl überlebt, dann wiederhole ich das. Dann wirst du im Laufe der Zeit immer mehr Angst haben. Diese Erfolgsformel ist ein Überlebensmuster und die Frage ist, ob du sie brauchst? Um sie aufzugeben, müsstest du dich fragen, ob du dir gestattest, Fehler machen zu dürfen?

TN: Momentan noch nicht.

Craemer[2]: Du glaubst, wenn du einen Fehler machst und hattest vorher keine Angst, dann hast du nicht alles gegeben. Das ist wie ein moralischer Anspruch. Du musst wenigstens Angst gehabt haben; du bezahlst prophylaktisch mit Angst in der Hoffnung auf das erwünschte Ergebnis.

TN: Die Frage ist: Ist sie jetzt schädlich oder nicht?

Craemer[2]: Wie du selbst gesagt hast, beeinträchtigt sie deine Lebensqualität in hohem Maße, somit schadet sie dir. Wenn man sich die geringere Lebenserwartung und erhöhten Alkohol- und Drogenkonsum bei vielen Ärzten anschaut, dann scheint diese Angst für viele schädlich zu sein.

TN: Das ist richtig.

Craemer[2]: Dann ist die Antwort auf deine Frage: Ja, sie ist schädlich, denn auf Dauer frisst sie dich auf. Zudem erschaffst du Misstrauen, wenn du in Angst lebst. Wenn du in der Absicht lebst, immer dein Bestes zu geben, lebst du im Vertrauen. Du vertraust dir selbst, deiner Absicht, deinen Fähigkeiten und auch der Absicht des Patienten. Das ist eine völlig andere Qualität zu leben. Dann hast du den Druck rausgenommen und musst nicht mehr mit Angst bezahlen.

TN: Ja, aber dann muss ich mit Freude operieren.

Craemer²: Das klingt, als wäre das schlimm. Das musst du nicht, aber das könntest du. Du könntest Freude und Inspiration bei der Operation erfahren.

TN: Ich freue mich wahrscheinlich auch, aber ich merke es nicht.

Craemer²: Ja, ganz genau, weil die Angst darüber liegt. Und du dachtest bis heute, die Angst sei ein Erfolgsgarant, und das ist ein Irrtum. Bist du bereit für eine neue Erfahrung?

TN: Ja, bin ich.

Craemer²: Gut, dann nimm für die nun folgende Übung die Angst, sodass du dich auch emotional von ihr als wachsamem Begleiter verabschieden kannst. Diese Zusammenhänge untersucht und mental verstanden zu haben, ist der erste Schritt und in der Übung folgt der zweite, nämlich dich auch emotional von der Angst zu verabschieden.

TN: Vielen Dank!

Craemer²: Dir auch!

2. Unbekanntes Glück statt bekanntem Unglück

Die meisten Menschen leben ahnungslos im alltäglich normalen Context von Mangel, Angst und Misstrauen. Sie haben diesen nicht bewusst gewählt und doch ist er ihnen so selbstverständlich, dass sie seine Auswirkungen auf die Ergebnisse und die persönliche und kollektive Lebens- und Seinsqualität nicht mehr oder nur noch selten wahrnehmen. Normal heißt in diesem Zusammenhang, dass die Mehrheit der Menschen sich darauf geeinigt hat, so zu denken, zu fühlen und zu leben – und derjenige, der dieses kollektiv umnachtete Glaubensdogma infrage stellt, macht sich verdächtig bis hin zu Ablehnung und Ausgrenzung.

Erzeugt wird dieser Mangel-Context mit dem irrtümlichen Bewusstsein: *Ich bekomme nicht (ganz), was ich will.* Diese Fehleinschätzung entspricht dem im vorherigen Kapitel beschriebenen Leidensstandpunkt und ist für die Menschen Anlass genug, um unglücklich zu sein und zu leiden. Sie repräsentiert und erzeugt einen mentalen und emotionalen Zustand von **Mangel**, sogar unabhängig von den tatsächlichen Lebensbedingungen. Viele interpretieren diesen Mangel zumeist als von außen verursacht, sodass sie apodiktisch davon überzeugt sind, dass irgendetwas oder irgendjemand ihnen Glück, Erfüllung und Erfolg vorenthält. Das mündet in den trügerischen Glauben: *Wenn die anderen nur anders, die Umstände nur besser, das Leben nur einfacher oder die Gesellschaft nur gerechter, menschlicher, liebevoller etc. wären, dann hätte oder bekäme ich, was ich will.*

Der Schlüssel zum Paradies
Jedem ist dieser Mangel in irgendeiner Form vertraut, die Frage ist, wie er entsteht. Vielleicht kennen Sie ja auch die Erfahrung

von Mangel an Geld, Anerkennung, Liebe, Erfolg oder Kunden etc. Vielleicht denken Sie aber auch, dass Sie keinen Mangel haben. Nur, wie ist es mit Zeitmangel? Wenn Sie gerade gedacht haben: *Stimmt, den kenne ich auch,* dann lebt dieser Mangel für Sie so, als wäre er »normal«. Sie haben nicht einmal mehr eine Frage darüber, ob es auch anders sein könnte, so selbstverständlich ist er für Sie geworden.

Im Laufe ihres Lebens glauben viele Menschen die Möglichkeit für dauerhafte Erfüllung verloren zu haben. Weil sie das für normal halten, haben sie keine Frage mehr darüber, ob eine andere Erfahrung noch möglich wäre. Erfüllung fehlt so selbstverständlich, dass sie diese nicht mehr als fehlend wahrnehmen. So wie der Körper Dauerschmerz nach einiger Zeit bis auf ein erträgliches Maß ausblendet, nehmen sie auch den Mangel an Zeit nicht mehr als solchen wahr, weil er ihnen normal zu sein scheint.

Die meisten Menschen hegen die Vorstellung eines paradiesischen Urzustandes in ihrem Bewusstsein, aus dem sie herausfallen, sobald sie den Mangelzustand für real halten. Die religiöse Ideologie bedient sich dessen und bestätigt sie darin, dass das Paradies sich leider ins Jenseits verschoben hat. Das Paradies auf Erden rückt für diejenigen sogar in unerreichbare Ferne, die dem Sündenfall der nicht auf Fortpflanzung ausgerichteten Sexualität und des materiellen Reichtums anheimfallen. Wer dabei auch noch glücklich und erfüllt ist, kann nur mit dem Teufel im Bunde sein.

Mangelbewusstsein erzeugt das bekannte Gefühl der **Sehnsucht** nach einer fernen, unerreichbar scheinenden Möglichkeit, von der viele nur noch eine schwache Erinnerung haben, die sie aber nicht mehr glauben, erreichen und verwirklichen zu können. Sie sehnen sich nach der Rückkehr ins Paradies, aber der Zugang scheint versperrt oder ins Jenseits entrückt. Sie haben den Schlüssel verloren und suchen an Stellen, wo sie ihn zwar leichter suchen, aber nicht werden finden können. Dazu eine Geschichte aus dem Sufismus:

Mullah kriecht auf allen Vieren auf der Straße unter einer Laterne herum und sucht etwas. Ein Freund kommt vorbei und fragt:»Mullah, was suchst du?« Mullah antwortet:»Ich habe meinen Schlüssel verloren!«»Das ist ja schrecklich, Mullah! Ich werde dir suchen helfen!« Und so lässt sich auch der Freund auf Hände und Knie nieder und fragt nach einer Weile vergeblichen Suchens:»Mullah, wo hast du ihn denn verloren?« Mullah antwortet:»Ich habe ihn in meinem Haus verloren!«»Aber warum suchst du dann hier?« Mullah:»Weil es hier heller ist!«

Wenn Sie nur da suchen, wo es hell ist, also da, wo Sie glauben, etwas zu wissen oder erkennen zu können, werden Sie den Schlüssel zum Paradies nicht wiederfinden und unzufrieden bleiben. Sie haben ihn bei den **Schlussfolgerungen** verloren, die Sie selbst aus unangenehmen und vielleicht sogar schmerzhaften Erfahrungen gezogen haben. Solange Sie schlechte Gefühle an vergangene Ereignisse heften, sich mit Vorwürfen und Vorurteilen an Menschen ketten und glauben, Sie bräuchten nur Ihre Umstände zu ändern, um sich wieder sicher und geliebt zu fühlen, werden Sie den Schlüssel nicht wiederfinden.

Denn nicht die Ereignisse oder andere Menschen haben Sie aus dem Paradies geworfen, sondern Sie selbst mit Ihren reflexartigen, scheinbar automatischen und bewertenden Schlussfolgerungen über sich selbst, das Leben und das andere Geschlecht. Es wird Ihnen nicht gelingen, mit dem Verändern Ihrer äußeren Umstände Ihre damaligen Schlussfolgerungen zu wandeln. Diese können Sie zwar selbst, aber nicht allein revidieren. Um Ihre Schlussfolgerungen zu revidieren, bedarf es der starken Absicht, erfüllt zu leben, und der Bereitschaft zur Transformation Ihres trügerischen und tückischen Bewusstseins.

Hauptsache überleben

Die aus vielen Ereignissen gezogenen restriktiven Schlussfolgerungen verfestigen sich im Laufe der Zeit zu Leidensstandpunkten. Nur wenn Sie diese Schlussfolgerungen revidieren und die daraus resultierenden Standpunkte aufgeben, können Sie das daraus entstandene Mangelbewusstsein ablegen. Im Mangelbewusstsein erleben Sie immer wieder realen Mangel oder das *Gefühl* von Mangel, selbst wenn finanzielle und emotionale Fülle vorhanden sind. Da Sie in diesem Mangelbewusstsein bisher sicher überlebt haben, auch wenn oder gerade weil immer irgendetwas fehlte – Liebe, Anerkennung, Geld, Zeit etc. –, sorgt Ihr Verstand dafür, dass Sie weiter auf dieselbe Art und Weise überleben. Sie ziehen immer wieder Erfahrungen von Mangel (wenig Liebe, Anerkennung, Geld, Zeit etc.) an, um sich im gemütlichen Elend zumindest scheinsicher zu fühlen.

Diese sogenannten Überlebensmuster werden vom Verstand erzeugt, da es seine Aufgabe und Designfunktion ist, Überleben zu sichern, egal wie und sei es im Bewusstsein von Mangel – Hauptsache überleben. Der Verstand hat die Tendenz, die mentalen und emotionalen Verhaltensmuster zu wiederholen, die zum reinen Überleben genügt haben. Dafür sucht er überlebenssichernde Erfahrungen auf ähnliche Weise zu wiederholen, egal wie schmerzhaft sie waren, selbst wenn es auf Kosten der Erfüllung geht.

Die Designfunktion des Verstandes ist,
Überleben zu sichern,
selbst auf Ihre Kosten.

Sie können den selbst erschaffenen Mangel-Context nur verlassen, wenn Sie sich nicht mehr als Opfer von Menschen und Umständen deklarieren. Ultimativ führt der scheinbar lukrative Opferstandpunkt zum einen zu Resignation, weil

Sie glauben nicht mehr zu bekommen, was Sie wollen. Zum anderen soll er die Verweigerung rechtfertigen, die Bedingungen zu erfüllen, mit denen Sie bekämen, was Sie wollen, weil andere oder die Welt schuld am eigenen Leiden sein und bleiben sollen. So verfestigen und besiegeln Sie sowohl mit Ihrer Resignation als auch mit Ihrer Verweigerung den Zustand Ihres Leidens, denn mit resignierter Verweigerung bekommen Sie definitiv keine besseren Ergebnisse.

In den natürlichen Zustand von Fülle, Liebe und Vertrauen kommen Sie nur, wenn Sie sich als Urheber, Autor oder Schöpfer Ihrer Erfahrungen anerkennen und Ihre Geschichte neu schreiben, ohne sich und andere für bisherige Ergebnisse und Ereignisse zu entwerten, zu beschuldigen oder zu verurteilen.

Ein Rucksack voller Vorwürfe

Um nicht die sich ewig wiederholende Opfergeschichte, sondern eine neue Erfüllungsgeschichte vom Urheberstandpunkt schreiben und leben zu können, ist es notwendige Voraussetzung, dass Sie alle im Laufe Ihres Lebens gesammelten Vorwürfe aufgeben. Not-wendig im wahrsten Sinne des Wortes: Erst mit dem Aufgeben der Vorwürfe inklusive Selbstvorwürfen und Vorurteilen wenden Sie die Not, die Sie mit Ihrem Mangelbewusstsein erzeugen. Diese mentale und emotionale Transferleistung ist der befreiendste, wenn auch schwierigste Part, weil die meisten glauben, dass sie erst ihre Vergangenheit ändern oder ungeschehen machen müssten, um wieder frei sein zu können. So liegt Ihre Zukunft in Ihren Vorwürfen begraben und solange Sie verleugnen, dass Sie Ihre Vorwürfe selbst erschaffen haben, ist ein Ausweg unmöglich. Sie müssen dann notgedrungen rückwärts in die Zukunft leben und verpassen sämtliche gegenwärtigen und zukünftigen Möglichkeiten.

Vorwürfe und Anschuldigungen verunmöglichen ein erfolgreich erfülltes Leben. Sie können wählen, ob Sie sich mit Ihrem selbst aufgesetzten Rucksack voller Vorwürfe, Vorurteile und daraus abgeleiteter Ansprüche beschwerlich, unzufrieden und frustriert durchs Leben schleppen oder beschwingt und erfüllt Ihr Leben genießen. Dafür müssten Sie Ihren schweren, mit Konjunktiven (hätte, könnte, sollte, müsste, wäre etc.) gefüllten Vorwurfsrucksack dorthin zurücklegen, wo Sie ihn gefüllt und hergeholt haben: in die Vergangenheit.

Es ist immer wieder erstaunlich, wie viele Menschen ihre Vorwürfe nicht nur behalten wollen, sondern diese auch hegen und pflegen, dabei ignorierend, dass sie sich damit selbst unglücklich machen. Sogar schöne Erfahrungen mit den Menschen, denen gegenüber sie vorwurfsvoll sind, führen nicht dazu, die Vorwürfe aufzugeben. Warum?

1. Vorwürfe sind wie Munition, mit der Menschen sich innerlich aufrüsten. Diese soll jederzeit abgeschossen werden können, sobald man sich wieder ungerecht behandelt fühlt. 2. Mit Vorwürfen fühlt man sich sicher und dazugehörig. Schließlich leben die meisten so und leiden entsprechend. 3. Ein Leben mit Vorwürfen bietet eine haltgebende mentale Landkarte für ein zumindest mäßig erträglich funktionierendes Leben. 4. Wer nicht nur begeistert, sondern auch noch erfolgreich ist, fällt nicht nur aus der Vorwurfsgemeinschaft raus, sondern dient ihr auch noch als Zielscheibe. Dieses Risiko sind viele nicht bereit einzugehen, selbst wenn es sie ihre Lebensfreude kostet. Nicht mehr dazuzugehören erscheint ihnen lebensbedrohlich, auch wenn diese Angst ein steinzeitliches Relikt ist.

Um aus der Jammergemeinde auszusteigen, müssten Sie die als Rechtfertigung für Mangel, Angst und Misstrauen lang gehegten und gepflegten Vorwürfe aufgeben, die Sie mit jedem »Hätte«, »Könnte«, »Sollte«, »Müsste«, »Wäre« erhärten. Dann könnten Sie Menschen finden, von denen Sie nicht wie von Energievampiren ausgesaugt, sondern inspiriert und ermächtigt werden.

Die folgende Grafik verdeutlicht, wie Vorwürfe wirken:

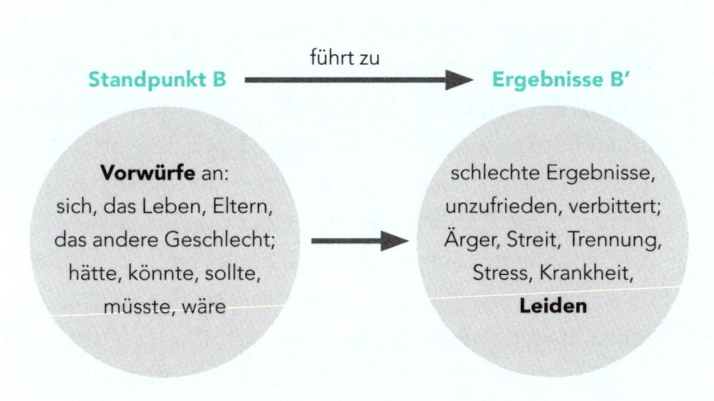

Vorwürfe funktionieren folgendermaßen:

Stellen Sie sich vor, Sie haben den Vorwurf, dass Ihr Vater / Ihre Mutter in Ihrer Kindheit zu wenig oder zu viel zu Hause war oder Sie nicht oder zu viel gelobt hat, als Sie gute Leistungen erbracht haben, oder Sie gar geschlagen hat. Weil das Verhalten Ihrer Eltern Ihren Erziehungsstandards nicht entsprochen hat, hat Ihr Verstand die Gelegenheit genutzt, Vorwürfe Ihren Eltern gegenüber zu entwickeln. Erziehungsstandards der Kinder decken sich jedoch selten mit denen der Eltern. Mit Ihren Vorwürfen haben Sie sich ein Gefühl des Defizits/Mangels an Anerkennung, Liebe, Zuwendung, Fürsorge, Interesse etc. erzeugt und gerechtfertigt. Da die Vergangenheit vorbei ist, können Ihre Eltern ihr angebliches Fehlverhalten nicht mehr korrigieren und ausgleichen. Selbst wenn sie Ihnen jetzt gäben, was Sie damals wollten, können Sie immer behaupten, der heutige Mangel werde dadurch ausgelöst, dass Ihnen damals etwas gefehlt habe.

Solange Sie Ihre über Jahre gesammelten Vorwürfe aufrechterhalten, suggeriert Ihr Verstand Ihnen ein Recht auf Mangelausgleich ohne eigene vorherige Investition, insbesondere in Form von guten Gefühlen, die vom Wohlverhalten anderer ausgelöst werden sollen. Zu diesem Wohlverhalten sind viele sogar bereit, darauf hoffend, als Gefühlskellner bei Ihnen Punkte sammeln zu können. Nach einiger Zeit müssen diese allerdings resigniert feststellen, dass sie Ihr Anspruchsfass auch nicht füllen können, weil sie es Ihnen nie recht genug machen können: Das Geschenk war zu billig, zu teuer oder unüberlegt, der Urlaub zu stressig oder langweilig und selbst die glücklich machen sollenden Kinder wurden im Laufe der Zeit immer mehr zur Belastung statt Bereicherung.

Wenn der andere dann frustriert aufgibt, den angeblichen Gefühlsmangel auszugleichen, *fühlen* Sie sich in Ihrem Mangel bestätigt und schmeißen die Vorwurfsmühle erneut an. Da Sie so nie bekommen werden, was Sie wollen, enden Sie in einem unzufriedenen, unglücklichen Leben, völlig unabhängig davon, wie gut Ihre äußeren Umstände sind, wie viel Geld Sie haben oder wie oft der Partner Ihnen sagt, dass er Sie liebt. Mit Ihrer Vorwurfsmühle zermalmen Sie auf Dauer jedes Glücksgefühl und perpetuieren stattdessen Ihre unerfüllbare Gefühlssucht.

Stress als Angst und Angst als Stress
Das stärkste vom Mangelbewusstsein erzeugte Gefühl ist **Angst**, die auf zweierlei Weise auftaucht:
1. Angst, nicht zu bekommen, was Sie wollen
(Kunden, Aufträge, Anstellung, Erfolg, Partner, Liebe, Glück, Erfüllung etc.)
2. Angst, wieder zu verlieren, was Sie haben
(Kunden, Aufträge, Anstellung, Erfolg, Partner, Liebe, Glück, Erfüllung etc.)

Die meisten nehmen Angst oft gar nicht mehr als solche wahr, genau wie Zeitmangel, und finden sich damit ab, dass sie ihre Lebensqualität stark beeinträchtigt. Hinzu kommt, dass Angst gesellschaftlich negativ besetzt ist, vor allem im höheren Management, dort hat man keine Angst zu haben. Die gesellschaftlich anerkannte Form von Angst ist Stress, und das ist nichts anderes als die Angst, es nicht zu schaffen oder zu versagen. Für viele ist diese Angst nicht mehr als wahrnehmbares Gefühl präsent, sie würden sogar abstreiten, dass sie Angst haben. Sie haben vielleicht Magengeschwüre oder Herzschmerzen, schlechte Laune, trinken zu viel Alkohol, rauchen, nehmen Medikamente, essen zu viel oder ungesund, haben oft Streit mit dem Partner oder mit den Kollegen – aber sie haben keine Angst. Sie haben Stress, denn Stress klingt wichtig und bedeutend. Ein Manager mit Stress ist anerkannt, einer mit Angst wird degradiert oder entlassen. So wird Stress zum Statussymbol und man wirkt unglaubwürdig und verdächtig, wenn man keinen hat.

Die dem Stress zugrunde liegende Angst wird den meisten als wahrnehmbares Gefühl erst wieder im Burn-out bewusst. Eine bloße Verhaltensänderung mag den Burn-out temporär lindern, löst jedoch den Burn-out auslösenden Angstzusammenhang nicht grundlegend auf. Für einen nachhaltigen Wandel müssten Sie aus dem Hamsterrad der Beweiseritis vollständig aussteigen, das heißt aufhören, mit viel Leistung und viel arbeiten sich selbst und der Welt etwas beweisen zu wollen.

Die hinter allen Ängsten liegende Hauptangst ist, nicht zu überleben beziehungsweise die Angst vor dem Sterben und der Ungewissheit danach. Das ist absurd, da letztendlich niemand überlebt, aber viele Menschen leben in der vagen Hoffnung, sie könnten den Zeitpunkt des Todes irgendwie beeinflussen oder gar hinausschieben. Zudem wird diese Angst noch zusätzlich durch einen angeblich richtenden und strafenden Gott und die zu erwartende Hölle geschürt.

Sich Angst öffentlich einzugestehen ist in der heutigen Zeit als Phänomen erst wieder als Reaktion auf drohenden Arbeitsplatzverlust aufgetaucht. Diese Angst wird als Existenzangst gewertet und verhandelt, was sie nicht ist, da unter normalen Umständen zumindest in Westeuropa niemand verhungert. Vielmehr ist es die Angst, seinen Status zu verlieren oder seinen Lebensstandard reduzieren zu müssen, und doch wird diese Angst als überlebensbedrohlich wahrgenommen und verbreitet.

Vertrauen ins Misstrauen

Weil wir im Laufe der Zeit immer mehr davon überzeugt sind, dass die Welt sich scheinbar nicht dem Zweck verschrieben hat, uns glücklich zu machen, fangen wir schon früh an, dem Leben und anderen Menschen mit **Misstrauen** zu begegnen. Wir glauben vorsichtig, kritisch und argwöhnisch sein zu müssen, um nicht noch mehr Mangel und Angst zu erfahren und das wenige Erreichte nicht auch noch zu verlieren.

Mangel und Angst ziehen somit einen weiteren abträglichen Context nach sich: Misstrauen gegenüber dem Leben, anderen Menschen und sich selbst. Die Frage, wie ich wieder vertrauen kann, wird nicht mehr gestellt. Man stellt sich nur noch die Frage, wie kann ich Enttäuschungen ausschließen oder möglichst gering halten?

In der Sehnsuchts-Höhle vertrauen die meisten lieber auf ihr Misstrauen, ihre Ängste und Zweifel und haben keine Idee mehr davon, wie es anders sein könnte. So hockt die Mehrheit verängstigt in ihrer selbst gezimmerten Risikovermeidungshöhle und propagiert resigniert, das wäre alles, was möglich sei.

Wenn Sie Enttäuschungen erleben, die Ihr Misstrauen befeuern, ist eine gelernte und fast automatische Reaktion, dass Sie sich erst mal zurückziehen. Andere Abwehrmechanismen sind: Ärger, Zweifel, Kontrolle, Bedenken, Vorbehalte, Vorurteile, sich auf nichts und niemanden mehr hundertprozentig einlassen etc. Die Absicht dieser Emotionen und dieses Distanz schaffenden Verhaltens ist, dass Sie nicht wieder enttäuscht werden. Sie ignorieren dabei, dass dieses Verhalten neue Enttäuschungen geradezu anzieht, um Ihre Misstrauensüberzeugung zu bestätigen. Damit haben Sie eine Rechtfertigung für noch mehr Rückzug, statt diesen aufzugeben und zu wandeln.

Ur-Vertrauen

Enttäuschung
(durch nicht erfüllte Erwartung)

Rückzug · Zweifel · Angst · Resignation ·
Vorbehalte · Misstrauen · Wut · Kontrolle · Trauer ·
auf nichts und niemanden mehr zu 100 % verlassen ·
endet in der Sehnsuchts-Höhle

Die meisten schlussfolgern eben nicht, dass ihr Rückzug nicht funktioniert, weil das sehnsüchtig erhoffte Ergebnis in der Rückzugshöhle gar nicht möglich ist, sondern ziehen sich noch weiter in ihre mental-emotionale Höhle zurück, bis sie sich völlig unerreichbar gemacht haben. Da niemand auf Dauer allein bleiben will, hoffen viele, dass endlich die erlösende Fee oder der Ritter in der schimmernden Rüstung vorbeigeritten kommt, an ihrer Höhlentür klingelt und sie von ihrem mit Mangel, Angst und Misstrauen erzeugten Drama erlöst. Diese Möglichkeit besteht durchaus, allerdings nicht in ihrer engen Höhle, denn dort ist kein Platz für geflügelte Feen, Pferd und

Ritter, also für Erfüllung. So bleiben viele lieber Singles, selbst wenn sie in einer Partnerschaft leben, um die als Befürchtung erwartete Enttäuschung und das damit einhergehende Verletzungsrisiko möglichst gering zu halten.

Mangel in Fülle

Im Laufe des Lebens taucht dann häufig die nagende Frage auf, ob das denn alles gewesen sei: das vielleicht gerade mal halbvolle Glas und die Angst, es könnte noch leerer werden, oder die Gefahr, es könnte wieder leerer werden, wenn es voller wird? Das ist zwar kein glückliches und erfülltes Sein, aber es ist zumindest nicht schlecht – könnte es aber wieder werden. Somit löst selbst ein volles Glas die Angst nicht auf, im Gegenteil, eben weil das Glas voll ist, ist die Angst groß, es könnte doch wieder leerer werden.

Im Context von Mangel, Angst und Misstrauen steigert sich die Angst proportional zum Inhalt des Glases. Einige glauben, dieses Dilemma dadurch lösen zu können, dass sie den Inhalt konstant niedrig halten, um nicht wieder durch Verlust enttäuscht zu werden. Damit ist ihr Leben ein begrenzender Ausdruck selbst gewählter Resignation und Verweigerung. Andere wiederum versuchen ihre Angst in den Griff zu bekommen, indem sie das Glas permanent überfüllen und sich und ihre Umwelt damit kontinuierlich überfordern und ausbeuten.

Zusammengefasst bilden Mangel, Angst und Misstrauen eine vermeintlich fest gefügte Realität, die durch äußere Umstände bestätigt zu werden scheint. Zumindest glauben die meisten das, weil sie es aufgrund ihrer bewertenden Schlussfolgerungen und Gefühle so erfahren. Dabei ignorieren sie, dass sie diese Realität mit ihren aus wertenden Schlussfolgerungen abgeleiteten Standpunkten selbst erschaffen, da der Verstand sich über seine eingenommenen Standpunkte nicht selbst ins Unrecht setzt. Selbst ein hohes Maß an Wissen und

Sie vertrauen immer und sei es auf Ihr Misstrauen.

Maria & Stephan Craemer

materieller Lebensqualität löst diesen Context von Mangel, Angst und Misstrauen nicht auf.

Diesen können Sie nur transformieren, wenn Sie zum einen die angebliche Wahrhaftigkeit Ihrer persönlichen Rechtfertigungsgeschichte für Resignation und Verweigerung infrage stellen, auch wenn sie sich noch so wahr anfühlt. Zum anderen müssten Sie für ein erfolgreiches und erfülltes Leben die aus Ihren subjektiven Schlussfolgerungen abgeleitete Lebensphilosophie und Gesellschaftsideologie aufgeben, mit der Sie Ihre Leidensstandpunkte bis heute rechtfertigen und bestätigen. Nur wenn Sie die Courage, sprich den Arsch in der Hose haben, sich eben nicht dem gesellschaftlichen Diktat des sich zufrieden gebenden Mittelmaßes zu beugen und damit im gemütlichen Elend zu versinken, können Sie ein beschwingtes, erfolgreiches und erfülltes Leben erschaffen.

Fülle, Liebe und Vertrauen
Damit Existenz im Universum möglich ist, bedarf es seines Gegenteils; um etwas wahrnehmen zu können, bekommt man hell nur mit dunkel, laut nur mit leise, oben nur mit unten, innen nur mit außen etc. Wenn man also die Erfahrung von Misstrauen macht, dann lebt Vertrauen als Hintergrund mit, weil es ohne Vertrauen keine Wahrnehmungsmöglichkeit und Erfahrung von Misstrauen gäbe. Wenn also der »normale« Context, in dem Menschen leben, der von Mangel, Angst und Misstrauen ist, dann muss es logischerweise auch einen gegenteiligen Context geben, sonst könnten Menschen diese Erfahrung nicht machen.

Tatsächlich haben die meisten die Erfahrung von Fülle, Liebe und Vertrauen schon auf mindestens zweifache Weise gemacht: zum einen als Kind bis zu einem bestimmten Alter und zum anderen in der Phase der Verliebtheit. Kinder sind glücklich erfüllt, bis der »Ernst des Lebens« beginnt, und haben keine Frage darüber, ob sie geliebt sind. Sie stehen morgens nicht mit dem Gedanken auf: *Wenn ich jetzt zehn Runden Bobby-Car fahre, dann bin ich geliebt, gut genug oder wertvoll.* Sie fahren damit als Ausdruck natürlicher Lebendigkeit. Auch stehen sie nicht vorm Sandkasten und stöhnen darüber, dass sie wieder mit ihren Förmchen spielen müssen, sondern freuen sich stattdessen, begeistert mitzuspielen. Im Laufe des Lebens vergrößert sich der Sandkasten, die Spielmöglichkeiten vervielfältigen sich, man wird sogar fürs Spielen bezahlt, nur freuen wir uns immer weniger darüber und verleiden uns den Spaß am Spiel. Statt um des Spielens willen zu spielen, wollen wir mit dem Spielen etwas über uns selbst und das Leben beweisen. Damit beginnt die Tretmühle. Wir sind zwar hundert Mal reicher, aber nicht hundert Mal glücklich erfüllter.

Für Kinder ist es selbstverständlich glücklich zu sein, bis ihr Verstand ausgereift genug ist, aus Unterbrechungen ihrer Lebendigkeit bewertende Schlussfolgerungen zu ziehen. Emotionalen Schmerz durch Entwertung, Missachtung, Vernachlässigung etc. bewerten und empfinden sie dabei genauso stark als verletzend wie körperlichen Schmerz durch Schläge und Übergriffe. Spätestens mit Eintritt in die Schule, wenn angeblich der vermeintliche Ernst des Lebens beginnt, hört das Leben meistens auf ein Spiel zu sein. Mit tatkräftiger Hilfe der Erwachsenen wird die Lebendigkeit kontrolliert, eingeschränkt und auf durchschnittlich normales Erwachsenenniveau eingedampft.

So werden Menschen in jungen Körpern nicht nur in der Schule, sondern auch zu Hause auf den globalen Mangel-Context zugerichtet. Dauerhafte Erfüllung halten viele Erwachsene wegen ihres eigenen unerfüllten Lebens für utopisch und unrealistisch. Resignativer Rückzug führt jedoch nicht zu Erfolg und Erfüllung, geschweige denn, dass er den Zustand der Welt nachhaltig verbessert.

Wolke sieben mit Verfallsdatum

Die zweite Erfahrung von Fülle, Liebe und Vertrauen machen Menschen in der Phase der Verliebtheit. Während die Hormone feuern, wähnen sie sich in einem Rausch intensiver emotionaler Zustände. Überhaupt nehmen sie alles intensiver wahr, sie fühlen sich gleichsam aus der Normalität von Mangel, Angst und Misstrauen in den Context von Fülle, Liebe und Vertrauen hineinkatapultiert, als hätte es nie etwas anderes gegeben. Sie wähnen sich am Ziel ihrer Träume und die meisten Fragen lösen sich in Luft auf, da ihnen die Antworten egal sind. Eine neue Möglichkeit hat sich aufgetan, deren Aussicht auf Verwirklichung zu natürlicher Lebenslust führt. Sie fühlen sich beschwingt und frei von Zwängen, könnten die ganze Welt umarmen und jede Herausforderung meistern.

Allerdings wissen alle, dass Verliebtsein zeitlich stark begrenzt ist, wie Sie an folgenden weitverbreiteten Aussagen ablesen können: *Liebe macht blind; rosarote Brille; im Alltag hält das nicht; Wolke sieben; da kommt man schon wieder runter* – und wenn nicht allein, dann wird nachgeholfen. Genau wie die Kindheitsphase irgendwann beendet war, scheint auch die Verliebtheitsphase mit einem unvermeidlichen Verfallsdatum versehen zu sein. Irgendeine Unterbrechung passiert und der Partner wird nicht mehr uneingeschränkt als Held oder Traumfrau wahrgenommen. Diese Unterbrechung taucht in den meisten Fällen in den ersten drei bis sechs Monaten einer Partnerschaft auf und ist häufig eine ganz banale Sache.

Hier drei **Beispiele** aus Dialogen in unseren Trainingsmodulen, die verdeutlichen, dass die Bewertungen über ein Ereignis willkürlich sind und mehr über die bewertende Person als über das Ereignis aussagen: Eine Trainingsteilnehmerin sagte, dass sie mit ihrem Freund einen Kurzurlaub machte und beim Einchecken ins Hotel ein mieses Zimmer bekam. Ihr Freund nahm das widerspruchslos hin mit dem

Hinweis, es reiche doch, dass sie zusammen seien. Sie dachte nur: *Der ist ja schwach und lässt sich alles bieten.* Eine andere Trainingsteilnehmerin meinte, ihr Freund wurde von seiner Ex-Freundin angerufen, der es gerade schlecht ginge, und er fuhr sofort zu ihr. Ihre eifersüchtige Schlussfolgerung über ihn: *Der ist ja verweichlicht und lässt sich manipulieren.* Eine weitere Trainingsteilnehmerin erzählte exakt die gleiche Geschichte, nur lehnte ihr Freund die eingeforderte Hilfe ab und sie fand sich darin bestätigt, dass er – wie alle Männer – herzlos sei und man ihm deshalb nicht vertrauen könne. Bei keinem der drei Ereignisse konnte *Mann* gewinnen.

Wenn Sie bereit sind, außergewöhnlich zu leben, dann ist es möglich, sich auch nach 30 Jahren Ehe täglich neu ineinander zu verlieben und die Flitterwochen auf das ganze Jahr auszudehnen. Dazu brauchen Sie das Bewusstsein, dass die Erfahrung von Fülle, Liebe und Vertrauen nicht vom Himmel gefallen ist, sondern Sie diese in Anbetracht des Partners selbst erschaffen, auch wenn die Schlagerindustrie behauptet, der Partner mache glücklich.

Die schon in die Beziehung miteingebrachten negativen Erfahrungen und Contexte über MannSein und FrauSein werden in der Verliebtheitsphase außer Kraft gesetzt. Sie haben sich verliebt. Das ist nicht nur grammatikalisch reflexiv, also rückbezüglich, sondern tatsächlich ein von Ihnen aktiv gesteuerter Vorgang. Niemand kann Sie verliebt machen, auch wenn uns die angelsächsische Sprache glauben machen will, man fiele in Liebe hinein!

Der Anfang vom Ende

Verliebtheit setzt den vertrauten Context von Mangel, Angst und Misstrauen zeitweise außer Betrieb, löst ihn jedoch nicht auf. Das hat zur Folge, dass der Erfüllungs-Context nach den ersten Unterbrechungen durch nicht erfüllte Erwartungen langsam verblasst; zunächst nur stotternd, da Liebesmomente noch überwiegen und auch lustvolle Sexualität den gewohnten Mangelbetrieb stört. Da unterbrochene Erwartungen unvermeidlich sind, seien sie auch noch so gering, funktioniert spätestens nach einem halben Jahr der Mangel-Context schon wieder recht gut und wird mit vertrautem Misstrauen geschmiert. Wenn dann noch die Angst einsetzt, es könne nie mehr so werden wie in der Verliebtheitsphase, setzt auch der emotionale Mangel wieder ein und der Mangelbetrieb ist wieder voll aufgenommen. Immer wiederkehrende ähnliche Ereignisse rechtfertigen und bestätigen bestehende negative Meinungen, die im Laufe der Zeit zu starren Contexten verfestigt werden.

Waren Sie zunächst vom Anderssein des anderen fasziniert, kann es sein, dass Sie darüber im Laufe der Zeit genervt sind, weil Sie es unmerklich mehr und mehr entwerten. Warum entwerten Menschen das Anderssein des anderen? Sich auf die Andersartigkeit und Fremdheit einzulassen, erfordert ein gewisses Maß an Anpassungsenergie, die viele nicht bereit sind aufzubringen. Zudem kann man sich durch die Andersartigkeit ins Unrecht gesetzt und sogar bedroht fühlen, was einen archaischen Überlebensmodus repräsentiert und auslöst.

In Partnerschaft mündet die unterschwellige Ablehnung der Andersartigkeit früher oder später in verdeckte oder offene Missachtung bis hin zu endgültiger Verachtung. Wenn Sie diese nicht grundlegend contextuell auflösen, ist das der Anfang vom Ende. Da der Verstand sich weigert, über eingenommene Standpunkte im Unrecht zu sein, ist es unmöglich, der Context-Falle Ihres Gegenübers zu entgehen, egal wie sehr Sie sich anstrengen, es ihr/ihm recht zu machen.

Sie können an zwei Faktoren ablesen, ob Sie sich in Ihrer Beziehung wieder im Mangel-Context befinden. Zum einen an der Qualität und Quantität der Sexualität: Wird sie schleichend immer weniger und vor allem seltener von der Frau initiiert, was spätestens nach dem ersten Kind wahrscheinlich ist, vermindert sich die Erfüllung. Sollten Sie zum anderen Ihrem Partner / Ihrer Partnerin nicht mehr sagen (können), dass Sie ihn/sie lieben, ist das ein weiterer Beweis, dass Sie Ihre alten, wieder neu hervorgeholten Vorwürfe leben und definitiv wieder im Mangel-Context gefangen sind.

In diesem Context ist das Scheitern der Beziehung vorprogrammiert. Selbst bei einem neuen Partner verlassen Sie nicht automatisch das alte Beziehungssystem und die dahinter liegenden negativen Contexte, die die Trennung zur Folge hatten. Selbst wenn der neue Partner ganz anders ist als der erste, werden Sie feststellen, dass er irgendwie doch wieder genauso ist, nur eben anders. War der erste zu weich, ist der nächste herzlos. Da bleibt man/frau lieber ein freier und unabhängiger, wenn auch unerfüllter Single!

Erst ein grundlegend nachhaltiger Contextwandel ermöglicht, wonach sich alle Menschen sehnen: eine dauerhaft erfüllte Partnerschaft, in der Intimität, Lebenslust, Vertrauen und Begeisterung füreinander immer mehr zunehmen und vollständige Verschmelzung mit dem Partner keine Sehnsucht, sondern erwünscht und natürlich ist.

Sich in den alten Partner neu verlieben

Wer sich verlieben kann, kann sich auch wieder entlieben. Das tun viele auch, sobald ihre anspruchsvollen Erwartungen nicht (ganz) erfüllt werden. Das führt nicht nur dazu, dass der Partner entwertet wird, sondern auch zu schlechteren Gefühlen, die wiederum ein vorwurfsvoll abweisendes Verhalten dem Partner gegenüber rechtfertigen sollen. Indem Sie sich den alten Vorwurfsrucksack wieder aufsetzen und mit neuen Beweisen Ihrer vertrauten Schlussfolgerungen füllen, katapultieren Sie sich selbst wieder aus dem Himmel der Liebe zurück ins Hamsterrad des Mangel-Contextes.

Wenn Sie im Fülle-Context leben, können Sie wählen, sich durch vollständige Kommunikation auf der Context-Ebene den Liebesfüllehimmel immer wieder neu zu erschaffen. Das bedarf einer starken Bereitschaft, einander die ganze Wahrheit insbesondere über eigene verdeckte Absichten zu sagen, ohne sie bei sich selbst oder beim Partner zu bewerten oder gegen ihn zu verwenden, und endlich die unerfüllbare Forderung aufzugeben, glücklich **gemacht** zu werden.

Sie können niemanden glücklich oder unglücklich machen.
Niemand kann Sie glücklich oder unglücklich machen.
Sie sind niemandes Gefühlsmarionette oder Gefühlskellner,
es sei denn, Sie machen sich dazu.

Haben Menschen genug Unterbrechungen erfahren und diese contextuell nicht aufgelöst, sind sie wieder auf einem norma-len Plateau gelandet und finden sich sukzessive im vertrauten Zustand von Mangel, Angst und Misstrauen wieder. Ultimativ führt das sowohl zu Resignation, weil sie glauben, nicht mehr zu bekommen, was sie wollen, als auch zu Verweigerung, weil der andere oder die Welt angeblich schuld am eigenen Leiden ist. So besiegeln sie mit ihrer Resignation und Verweigerung den Zustand des Leidens.

Um sich die Möglichkeit für Fülle, Liebe und Vertrauen wieder neu zu eröffnen, müssten Sie Unterbrechungen grund-legend contextuell auflösen und erneut wählen, was Sie schon gewählt haben, anstatt es abzulehnen oder zu verdammen. Dann sind weiche Knie, Schmetterlinge im Bauch, Herzrasen und erhöhter Puls wieder mehr und mehr Ausdruck erneuter Verliebtheit statt einer Magen- und Darmgrippe.

Im natürlichen Erfüllungs-Context erfahren Sie sich als Urheber, wenn Sie den scheinbar verlockend lukrativen Opfer-standpunkt aufgegeben haben, ohne sich und andere für

Ihre bisherigen Ergebnisse und Ereignisse zu entwerten, zu beschuldigen oder zu verurteilen. Das ist wahre Freiheit im Geiste.

Riskanter Sprung ins Ungewisse

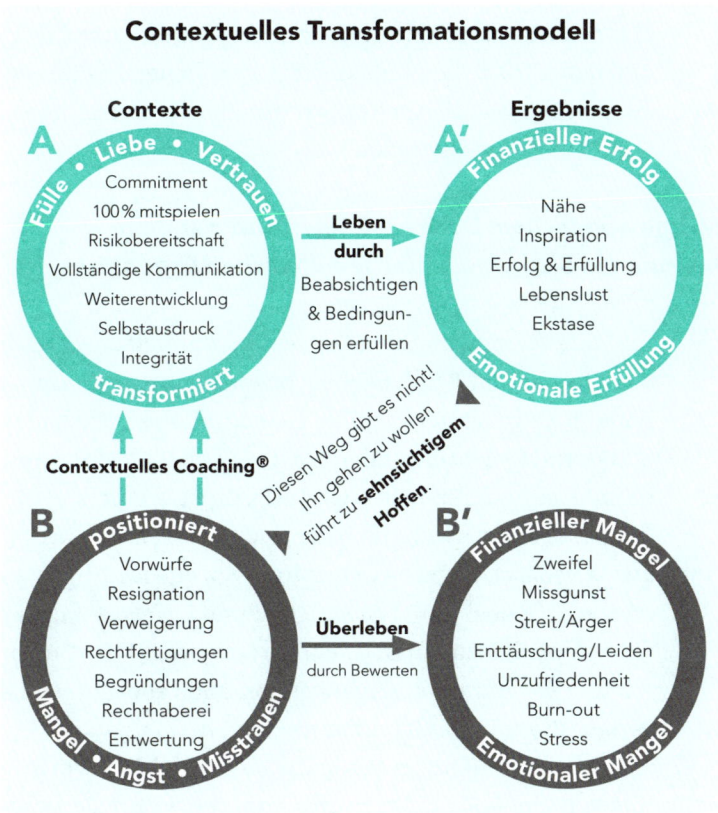

Wenn Sie aktiv und unabhängig von allen gesammelten Beweisen und Bestätigungen Ihre Vorwürfe aufgeben, mit denen Sie Ihren Opferstandpunkt füttern und rechtfertigen, und Ihr Bewusstsein diesbezüglich grundlegend transformieren, ermöglichen Sie Erfahrungen und Ergebnisse **A'**.

Nur im Context **A** (Fülle, Liebe und Vertrauen) sind die lang ersehnten Ergebnisse und Erfahrungen möglich. Im Context **B** (Mangel, Angst und Misstrauen) bekommen Sie ausschließlich Ergebnisse und Erfahrungen, die damit kongruent sind, mathematisch gesprochen **B'**. Wenn Sie andere Ergebnisse haben und andere Erfahrungen (**A'**) machen wollen, müssen Sie zuerst den normalen und gewöhnlichen Standpunkt **B** aufgeben und den natürlichen und außergewöhnlichen Standpunkt **A** einnehmen. Nur dieser Context ermöglicht eine Erfahrung von Fülle, Liebe und Vertrauen.

Mit gewöhnlichem Denken, Fühlen und Handeln bekommen Sie keine außergewöhnlichen Ergebnisse.

Die Herausforderung, den Context zu wandeln, liegt darin, den Standpunkt **B** aufzugeben, **bevor** Sie Ihre noch mit Standpunkt **B** kongruenten Gefühle geändert haben. Nach einem Standpunktwechsel können Sie Ihre Lebensumstände ändern, müssen es aber nicht zwangsläufig. Ihre Gefühle und inneren Zustände ändern sich natürlicherweise erst mit dem Standpunktwechsel, der wie ein riskanter Sprung ins Ungewisse erscheint, jedoch Ihre Lebendigkeit und Begeisterung und damit Ihre Seinsqualität drastisch steigert. Erlöst von Vorwürfen und versöhnt mit Vergangenheit und Lebensumständen verliert Standpunkt **B** immer mehr an Attraktivität.

Einen nachhaltigen Contextwandel mit beschwingten Gefühlszuständen können Sie nur erfahren, wenn Sie diesem Prinzip vertrauen. Die meisten fordern allerdings ein sicheres Abenteuer ohne Risiko, als wollten sie auf dem Kinderkarussell Achterbahn fahren. Auf dem Kinderkarussell scheint es sicher, man dreht sich jedoch immer nur im Kreis. Frei nach J. P. Sartre steht jeder immer wieder am Abgrund seines Lebens und das Risiko, ins Ungewisse zu springen, lässt sich nicht vermeiden, wenn Sie erfüllt leben wollen. Wer dieses Risiko verweigert, dem bleibt nur übrig, sich in seinem bekannten Elend gemütlich einzurichten, seine Unzufriedenheit herauszujammern und anderen deren Erfolg und Erfüllung zu missgönnen.

Lieber das bekannte Unglück als das unbekannte Glück.

Wer den riskanten Standpunktwechsel immer wieder vollzieht, bis er Standpunkt **A** in allen Lebensbereichen vollständig etabliert hat, ist ein erfolgreicher Erfüllungspionier. Er spielt wieder begeistert mit, bringt sich zu 100 Prozent zum Ausdruck und stimmt sogar der Ablehnung und dem Neid anderer zu, verbringt allerdings weniger bis gar keine Zeit mehr mit ihnen.

Viele hoffen, dass sie direkt aus dem Mangel-Context **B** zu den Ergebnissen und Erfahrungen **A'** des Erfüllungs-Contextes **A** kommen, ohne vorher ihre Vorbehalte, Vorurteile, Vorwürfe, negativen Meinungen, Standpunkte, Ideologien und Contexte inklusive der darunter liegenden Rechtfertigungsgeschichten aufgeben zu müssen. Das ist ausgeschlossen, weil sich mit **altem** Denken, **alten** Gefühlen und **altem** Verhalten keine **neuen** Ergebnisse produzieren lassen, da der zugrunde liegende Mangel-Context die Mangelerfahrungen hervorbringt und die Ergebnisse begrenzt.

Warum wollen viele Menschen Standpunkt **B** und die damit verbundenen Vorwürfe, Standpunkte und Rechtfertigungsgeschichten nicht aufgeben? Sie wollen damit ein dauerhaftes Anrecht auf Entschädigung von den üblichen Verdächtigen (Gesellschaft, Unternehmer, Banker, Politiker, Partner, Eltern etc.) für ihr angeblich von denen verschuldetes Leiden einklagen können. Für mehr Entschädigung müssen sie ihr Leiden zwangsläufig aufrechterhalten und es durch Jammern und Klagen verstärken. Sie beharren darauf, dass das

Leben ihnen bessere Ergebnisse und Erfahrungen ohne persönlichen Contextwandel schuldig ist und bleibt. Im Mangel-Context füttert jede Vergütung den Anspruch darauf. Egal wie viel den im Mangel-Context Verharrenden gegeben wird, es ist nie genug, um den Mangel-Context aufzulösen, da dieser die Rechtfertigungsgrundlage für Forderungen ohne Gegenleistung bleiben soll. Diese belastende Erfahrung machen sowohl Geschiedene als auch Unternehmer und sogar Eltern.

Da Menschen sich ihr Leiden mit Standpunkt **B** selbst erschaffen, müssten sie für Ergebnisse und Erfahrungen **A'** ihre vielschichtige Rechtfertigungsgeschichte aufgeben. Denn damit wird der Mangelstandpunkt **B** erst erzeugt und aufrechterhalten, was letztlich zu Erfahrung **B'** geführt hat und weiter führen wird.

Das gemütliche Elend verlassen

Um die Erfahrung **A'** machen zu können, müssten Sie den bequemen Standpunkt **B** aufgeben, folglich Ihre Komfortzone verlassen, also bewusst und pro-aktiv gegen Ihre selbst erzeugte mentale und emotionale Unwilligkeit handeln, auch und gerade wenn Ihnen das gegen den Strich geht. Das ist ein geschickter Schachzug des Universums: Für bessere Ergebnisse und die Erfahrung von Glück und Erfüllung zwingt es den Menschen zum individuellen Contextwandel, der einem globalen Paradigmenwechsel vorausgeht. Besser wird es nicht zwangsläufig durch die Verbesserung der Lebensumstände, diese werden dauerhaft nur besser durch einen zunächst individuellen und aufgrund dessen erst möglichen globalen Contextwandel. Erst ein kollektiv transformiertes individuelles Bewusstsein ermöglicht einen globalen Paradigmenwechsel. Dann können Menschen ihre Lebensumstände ohne anstrengenden K(r)ampf auf natürliche Weise verbessern, wenn sie das wollen.

Wenn Sie dauerhaft erfüllt leben wollen, müssten Sie zunächst immer wieder neu wählen, in welchem Grund-Context Sie unabhängig von äußeren Umständen leben wollen. Diese Wahl müssten Sie so lange täglich und bewusst erneuern, bis Sie den Erfüllungsstandpunkt dauerhaft eingenommen haben und vollständig leben und ihn selbst bei Unterbrechungen nicht wieder aufgeben.

Das klingt zwar einfach, ist aber nicht immer leicht, da der Mangelstandpunkt mehrheitlich gesellschaftliche Zustimmung gefunden hat und findet. Wenn Sie erfolgreich erfüllt leben, gelten Sie schnell als »Verräter« oder gar »Ausbeuter« des Systems. Sind Sie zum Beispiel ohne Alkoholkonsum länger als vier Tage glücklich und erfüllt, machen Sie sich in Deutschland verdächtig! Vom Alkohol berauscht zu sein scheint den Mangelgläubigen legitim, allein vom Leben berauscht zu sein, macht sie skeptisch. Dann laufen Sie Gefahr, als naiv, oberflächlich oder gar sektenzugehörig abgestempelt zu werden, wobei die Ankläger geflissentlich ignorieren, dass sie selbst in einer sind, nämlich in der Sekte der mangelgläubigen Mehrheit.

Warum ist die gesellschaftliche Zustimmung zum globalen Mangel-Context so hoch? Weil die meisten damit starke und intensive Leidensgefühle verknüpfen. Diese sind bekannt und vertraut, da viele Menschen die meiste Zeit ihres Lebens im Mangel-Context verbringen. So gibt es zum Beispiel wesentlich mehr Bezeichnungen für negative als für positive Gefühle. Leidensgefühle wie Ärger, Trauer, Wut und Enttäuschung empfinden die meisten als tiefgründig und echt und nutzen diese als Rechtfertigung für ihr Unglücklichsein.

Positive Gefühlsbezeichnungen wie Begeisterung, Lebenslust und Glückseligkeit diffamieren sie als oberflächlich und aufgesetzt und werten sie nur in seltenen und ganz besonderen Fällen als zulässig. Begeisterung ist jedoch bis zu einem bestimmten Alter ein natürlicher Seinszustand, deshalb ist dauerhaftes Leiden künstlich und aufgesetzt.

Begeisterung ist nicht normal, aber natürlich.

Global haben wir uns darauf geeinigt, dass Mangel normal und unausweichlich ist, weil wir ihn täglich erfahren. Dabei ignorieren wir, dass wir aus diesem Mangel-Context heraus immer wieder neuen Mangel erzeugen, u. a. durch dadurch ausgelöste Gier, die maßlose Ausbeutung der Ressourcen zur Folge hat, die den Mangel dauerhaft besiegelt.

Dass es sogar möglich ist, Mangel in Fülle zu haben, können Sie bei All-inclusive-Reisen erleben. Aus Angst, nicht genug zu bekommen, überladen viele den Teller und nehmen wesentlich mehr, als sie essen oder vertragen können. Einige glauben, dass sie den freien Alkoholausschank auf jeden Fall voll ausschöpfen müssten, auch wenn sie sich dafür schon morgens betrinken – denn sie könnten ja für ihr Geld zu wenig bekommen und sich dann betrogen fühlen. Statt sich betrogen zu fühlen, betrügen sie sich selbst um ihre Gesundheit, wenn nicht sogar um ihre Vitalität und Lebensfreude.

Selig die Besitzlosen

Interessant und entlarvend ist, dass der Deutsche Sprachrat im Jahr 2004 das Wort *Habseligkeiten* zum schönsten Wort der deutschen Sprache mit der Begründung kürte, dass *der Ausdruck das weltliche Haben mit dem unerreichbaren Ziel des menschlichen Glücksstrebens (Seligkeit, Glückseligkeit) verbinde.* Das hieße, man kann gar nicht erfolgreich und erfüllt sein, denn das ist unerreichbar!

An dieser Stelle sei ergänzend erwähnt, dass sogar der deutsche Sprachrat das Wort Habseligkeiten falsch interpretiert hat. Tatsächlich ist die Wortgeschichte anders als in der Begründung vermutet: Frei nach Wikipedia sind »Habseligkeiten« keine »Hab-seligkeiten«, sondern »Habsel-igkeiten« und »Habsel« bezeichnet all das, was einer besitzt, und ist sprachlich vergleichbar mit »Füllsel« oder »Geschreibsel«. Der Begriff Habseligkeiten meint also eben nicht Seligkeit durch Wenig-Haben. Habseligkeiten ist ein prägnanter und gesellschaftlich anerkannter Begriff für einen ökonomischen Mangel-Context. Viele finden ihn deshalb attraktiv, weil die Erfüllung sozial-emotionaler Werte wichtiger und wertvoller als alles sein soll, was man mit Geld kaufen kann. Da verwundert es nicht weiter, dass viele wenig (Geld) und wenige viel (Geld) haben.

Oben und unten

Menschen geben den Erfüllungs-Context auf, weil sie die Erfahrung gemacht haben, dass er nicht tragfähig war. Sie waren erfüllt und nach einer Unterbrechung haben sie schmerzhaft erlebt, dass es möglich ist, aus diesem Context herauszufallen. Sie vertrauen der Erfüllung nicht mehr und finden sich im gewöhnlichen Misstrauen wieder. Im Mangel-Context ist man schon »unten«, viel schlimmer kann es nicht werden. Frei nach dem fatalen Sinnspruch: *Wer hoch hinaus will, fällt tief!* Da bleiben einige doch lieber gleich unten.

Sie müssen bewusst wählen, wieder »oben«, also im Erfüllungs-Context sein zu wollen. Wie Sie an den Worten oben/unten ablesen können, ist es mit Kraftaufwand verbunden, wieder in den natürlichen Erfüllungs-Context zu kommen. Transformation ist Arbeit. Es ist kein körperlicher, sondern ein mentaler und emotionaler Aufwand, der dadurch entsteht, dass Ihr Verstand Widerstand gegen das Aufgeben gewohnter Standpunkte leistet. Im Gegensatz dazu ist es leicht, aus der Erfüllung herauszufallen, dafür müssen Sie sich nicht anstrengen.

Beispiel: Sie stellen sich auf eine Bühne, die den Erfüllungsstandpunkt mit all seiner natürlichen Begeisterung symbolisiert. Ein anderer steht davor und jammert darüber, dass es ihm schlecht geht und er da unten unzufrieden ist. Wenn Sie ihm nun die Hand reichen, ist es für ihn leichter, Sie von der Bühne runterzuziehen, also aus Ihrer guten Stimmung herauszuholen, als ihn hochzuziehen. In dem Moment, in dem der andere Sie runterziehen will, verlieren Sie an Schwung und Begeisterung, da Sie Kraft aufwenden müssen, um nicht nach unten gezogen zu werden. Sobald Sie Ihre Begeisterung verteidigen, sind Sie schon auf dem absteigenden Ast.

Der andere kommt nur zu Ihnen auf die Bühne hoch, wenn er die Absicht dazu hat. Die Person muss bewusst wählen, ihren alten Standpunkt zu verlassen, und die Absicht haben, eine neue Erfahrung zu machen. Selbst wenn es möglich wäre, den anderen gegen seinen Willen nach oben zu motivieren, so hinge er dann an Ihrem »Motivationstropf« und fiele wieder runter, sobald dieser verbraucht ist. Deshalb funktionieren die sogenannten Motivationsseminare nur begrenzt. Sie bekommen niemanden gegen seinen Willen auf den Füllestandpunkt, auch wenn Sie es dem anderen noch so sehr wünschen und gönnen. Irgendwann stehen Sie vor der Wahl, entweder den Erfüllungs-Context oder den Runterzieher loszulassen. Das klingt vielleicht grausam, allerdings ist es grausamer, andere in den Mangel-Context runterzuziehen, auch wenn man dafür größere gesellschaftliche Anerkennung und Zustimmung bekommt.

Der Erfüllungs-Context erfordert ein hohes Maß an mentaler und emotionaler Wachheit und Bewusstheit und muss so lange immer wieder neu erschaffen werden, bis er genauso wie zuvor der Mangel-Context zur Gewohnheit geworden ist. Wenn Sie den Erfüllungs-Context verlassen haben, finden Sie sich in scheinbar guter Gesellschaft all derer wieder, die das Leben auch für schwer und anstrengend halten. Dieser Standpunkt scheint sich durch mehrheitliche Zustimmung zu bewahrheiten – und genau das ist der Irrtum. Mehrheitliche Zustimmung ist kein Beweis für Wahrheit oder Funktionalität, sonst wären Menschen nicht mehrheitlich in die Irre gelaufen. Erst wenn Menschen bereit sind, das, was sie für wahr und richtig halten, immer wieder infrage zu stellen, auch wenn es mehrheitliche und sogar wissenschaftliche Zustimmung findet, können sie Neues erschaffen. Dann sind sie Erfüllungspioniere!

Es ist ein Ausdruck menschlicher Entwicklung, wenn die Dysfunktionalität der Mangel-Contexte erkennbar wird und das Fortbestehen der Menschheit davon abhängt, ob und wie schnell sie bereit ist, diese aufzugeben. Abschließend dazu ein Coaching-Gespräch mit einer Teilnehmerin zur Verdeutlichung der zwei gegensätzlichen GrundContexte:

Trainings-Dialog
Vorwürfe oder Liebe?

Teilnehmer (TN): Es ist so gewesen, dass ich mit fünf Jahren für sechs Wochen verschickt werden sollte. Verschickt heißt eben, Kinderheim, weg von zu Hause; ich war einfach fürchterlich dünn.

Maria & Stephan Craemer (Craemer²): Was hast du daraus geschlussfolgert, dass sie dich weggeschickt haben, über dich und über sie?

TN: Also, ich hatte so was von nicht erwünscht ... oder auch weniger wert als die Geschwister.

Craemer²: Was hast du mehr gedacht, ich bin weniger wert oder ich bin nicht erwünscht?

TN: Ich bin nicht erwünscht.

Craemer²: Und dass du nicht erwünscht warst, hast du das positiv oder negativ bewertet?

TN: Für mich sehr negativ.

Craemer²: Und warst du bei deinen Eltern erwünscht?

TN: Das hab ich mich ja da dann schon manchmal gefragt, ab da.

Craemer²: Was hast du über deine Eltern gedacht, dass sie dich wegschicken? Wer sind sie?

TN: Ja, es sind keine guten Eltern, die mögen mich nicht.

Zu diesem Zeitpunkt hatte sie, ohne es zu merken, durch ihre negativen Schlussfolgerungen über sich und ihre Eltern den Erfüllungs-Context von bedingungsloser Liebe und Vertrauen verlassen und nie wieder vollständig eingenommen. Wie dieses Misstrauen dann verfestigt wird, zeigt sich im Folgenden:

Craemer²: Wenn du denkst, sie sind schlechte Eltern, dann ist es ziemlich egal, was sie dir sagen. Du sagst, du hättest in letzter Zeit über deinen Aufenthalt im Kinderheim *wie* mit ihnen gesprochen? Hast du dich dafür bedankt, dass sie sich so um dich gekümmert haben und nicht wollten, dass du vom Fleisch fällst, oder hast du das als Vorwurf rübergebracht?

TN: Nein, als Vorwurf, ich war ja sauer auf meine Mutter.

Craemer²: Wenn du das als Vorwurf rüberbringst, dann hätte sie sagen können, was sie wollte, es wäre nie richtig gewesen.

TN: Ja, also dass sie ihre Schuld anerkennt und ihr Unrecht. Und sich dafür entschuldigt.

Craemer²: Und wieso sollte sie das tun? Was war die Absicht deiner Eltern, dich da hinzuschicken? Zu welchem Zweck haben sie das gemacht?

TN: Ja, ich weiß jetzt, was ihr hören wollt, um mir was Gutes zu tun.

Craemer²: Nein, rein logisch, ohne schönreden. Wir meinen nicht einmal, dass sie dir was Gutes tun wollen, vielleicht wollten sie einfach mal weniger zu tun haben. Was wollten sie aber auf jeden Fall?

TN: Mit der Antwort, die ich später bekommen habe, denke ich, sich entlasten.

Craemer²: Und mit welcher Absicht und für welchen Zweck wollten sie sich entlasten?

TN: Um dann vielleicht wieder Kraft und Energie für alle Kinder zu haben.

Craemer²: Und hatten sie die danach?

TN: Nein, mein Vater war ja nie anwesend.

Craemer²: Also deine Eltern haben es nie richtig gemacht. Wie sollte er Geld verdienen, wenn er gleichzeitig anwesend ist?

TN: Ja, das stimmt.

Craemer²: Dass er nie anwesend war, das stimmt nicht. Wenn er drei Kinder hat, dann war er ein paar Mal zu Hause. Nur, unsere Erinnerung spielt uns einen Streich. Das hat etwas damit zu tun, wie unser Gehirn geschaltet ist. Es gibt eine Untersuchung darüber, dass zwei unterschiedliche Gruppen von Versuchspersonen mathematische Aufgaben bekommen haben. Eine Gruppe konnte die mathematischen Aufgaben zu Ende rechnen, die Ergebnisse aufschreiben und abgeben. Darum ging es aber gar nicht. Der anderen Gruppe, die dieselben Aufgaben gestellt bekommen hat, wurde mitten in der Aufgabenstellung gesagt, der Test wird nicht weiter fortgeführt, ihr braucht die Aufgaben nicht zu Ende zu rechnen, ihr könnt einfach nach Hause gehen. Das Experiment bestand darin, nach einiger Zeit, nach ein paar Monaten, die Teilnehmer wieder zusammenzuholen und dann zu überprüfen, was sie von den Aufgaben noch behalten haben, also was ihr Gehirn gespeichert hat von diesen Aufgaben. Und es gab einen signifikanten Unterschied zwischen diesen beiden Gruppen.

Nämlich welche Gruppe wusste noch, welche Aufgaben gestellt waren?

TN: Die nach Hause gehen durften.

Craemer²: Ja, die die nach Hause geschickt wurden, ohne die Aufgaben zu Ende zu rechnen. Die, die die Aufgaben zu Ende gerechnet hatten, haben sich signifikant weniger daran erinnert, was das für Aufgaben waren. Das heißt, unser Gehirn ist so geschaltet, dass wir uns so lange an etwas erinnern, was unvollständig ist, bis es vollständig ist. Das, was funktioniert, das, was vollständig ist, das vergessen wir. Und so denkst du auch über deine Vergangenheit, über deine Erziehung mit deinen Eltern. Alles das, was nicht funktioniert hat, auch wenn es nur ein Zehntel oder ein Hundertstel eines Bruchteils von dem ist, was du erlebt hast, das ist das, was du behältst. Und in diesem Licht erscheint dann alles andere, denn das, was funktioniert hat, das hast du vergessen.

TN: Stimmt, an die anderen Geburtstage erinnere ich mich nicht mehr so.

Craemer²: Und dann denkst du, und das ist der Streich, den uns unser Gehirn spielt, dann denkst du, meine gesamte Kindheit war schlecht, und das ist eine Lüge. Deine Kindheit war nicht schlecht, nur deine Eltern oder deine Mutter haben sich erdreistet, deine Bedingungen nicht zu erfüllen. Und die Bedingungen, die sie nicht erfüllt haben, hast du abgespeichert, weil das für dich unvollständig ist. Das ist aber nur ein Bruchteil der Erfahrung, die du gemacht hast. Denn haben sie mit dir auch Geburtstage gefeiert?

TN: Ja.

Craemer²: Hast du irgendwann mal was geschenkt bekommen?

TN: Ja. Ja.

Craemer²: Nur, an welchen Geburtstag erinnerst du dich?

TN: An meinen sechsten, ja.

Craemer[2]: Genau, denn der hat nicht deinen Bedingungen entsprochen. Das heißt, die haben **einen** nicht mit dir gefeiert und daran erinnerst du dich und das macht sie dann zu schlechten Eltern.

Ab dem Zeitpunkt war auch die Erfüllung in ihrem Leben beendet und sie hat sie nicht wieder erfahren, weder mit ihrem Mann noch mit ihren Kindern.

Craemer[2]: Und in welchem Gesetzbuch steht, dass die Eltern die Bedingungen der Kinder erfüllen sollen? In deinem Strafgesetzbuch? Dieses Gesetzbuch gibt es nicht. Denn was ist der einzige Job von Eltern und alles andere ist eine gratis Zugabe? Was ist der einzige Job, den Eltern haben?

TN: Kinder kriegen, Kinder großziehen, ne?

Craemer[2]: Ja, wenn sie Kinder haben, sicherzustellen, dass diese irgendwann in der Lage sind, selbstständig zu leben ohne die Eltern. Und ist deinen Eltern das gelungen?

TN: Das ist ihnen gelungen, ja.

Craemer[2]: Ja, dann haben sie schon gewonnen. Nur du enthältst ihnen diesen Triumph vor, weil sie dein Gesetzbuch nicht erfüllt haben. Und wie lange brauchst du noch, um dein Gesetzbuch in die Tonne zu treten und anzuerkennen, dass sie dein Überleben erfolgreich – dass sie dich erfolgreich so selbstständig gemacht haben, dass du selbstständig überlebensfähig bist? Und dass sie ihre Aufgabe zu 100 Prozent erfüllt haben und dass sie keine andere Aufgabe hatten. Denn solange du dich als Opfer siehst und sie als Täter und du nicht bereit bist, das auf dieser Ebene zu vergeben, wirst du selbst zum Täter. Zwangsläufig. Und nicht zu vergeben ist dann die Rechtfertigung, weiter Täter sein zu können. Du wirst ihnen gegenüber zum Täter, denn was haben sie seit deinem sechsten Lebensjahr nicht mehr bekommen von dir? Was hast du ihnen entzogen?

TN: Vertrauen und Liebe.

Craemer²: Vertrauen und Liebe, ganz genau. Und noch mehr, was haben sie von dir nicht bekommen? Wenn sie schlechte Eltern sind, was geben Kindern ihren schlechten Eltern mit?

TN: Eine Bestätigung für ihr schlecht sein.

Craemer²: Ja genau und du hattest eine gute Rechtfertigung, dich zu distanzieren. Du hast sie bestraft durch Distanz. Dieselbe Distanz hast du nun zu deinen Kindern und deinem Mann, was du eben schon angedeutet hast. Wie alt bist du jetzt?

TN: Sechsundvierzig.

Craemer²: Das heißt, seit vierzig Jahren sind sie in deinem Strafprogramm. Im Eltern-Straflager-Gulag. Sie sind länger verschickt als du. Du warst nur sechs Wochen weg, sie sind seit vierzig Jahren im Gulag, in deinem. Und findest du, sie haben nach mehr als zwei Mal lebenslänglich Amnestie verdient oder noch nicht?

TN: Also so, wie ich jetzt gerade aufgezeigt bekommen habe, kann ich Ja sagen.

Craemer²: Können konntest du es schon vorher, tust du es auch?

TN: Ja! (lacht)

Craemer²: Bist du bereit, deine Liebe nicht mehr an Bedingungen zu knüpfen? Bei niemandem? Weder bei deinen Eltern noch bei deinem Mann oder deinen Kindern? Denn wenn die anderen die Bedingungen nicht erfüllen, dann ziehst du dich zurück. Das ist keine Liebe, das ist Manipulation.

TN: Hm.

Craemer²: Denn alle haben eine Frage darüber, genau wie du auch eine Frage darüber hattest, ob ihre Eltern sie lieben. Haben deine Eltern dich geliebt, obwohl sie dich weggeschickt haben?

TN: Ja, das glaube ich schon, ja.

Craemer[2]: Zum Abschluss noch ein ganz ungewöhnlicher Standpunkt: Sie haben dich weggeschickt, *weil* sie dich geliebt haben. Wenn du ihnen gleichgültig gewesen wärst, wärst du da nicht hingekommen.

TN: Ja, das stimmt, das ist wirklich ungewöhnlich und befreiend, auch für mich als Mutter. Danke!

3. Contextueller Eisberg

Wenn Sie in den Bereich vordringen wollen, der hinter der wahrnehmbaren Erscheinungsebene Ihr Leben steuert, damit Sie darauf Einfluss nehmen können, bedarf es der Unterscheidung zwischen der wahrnehmbaren handfesten **Inhaltsebene** und der verdeckt im Hintergrund des Bewusstseins wirkenden mental-emotionalen **Context-Ebene**. Den Zusammenhang zwischen diesen beiden Bereichen können Sie sich mit dem Bild eines Eisbergs veranschaulichen, von dem circa ein Siebtel über der Wasseroberfläche sichtbar ist, während sechs Siebtel unter der Oberfläche darauf lauern, die Titanic zum Sinken zu bringen. Wenn ein Schiff den Ozean sicher überqueren und nicht am Eisberg zerschellen soll, reicht es nicht, die Spitze des Eisbergs abzutragen. Das sähe für den Kapitän so lange sicher aus, bis sein Schiff vom unter der Wasseroberfläche lauernden Teil des Eisbergs aufgeschlitzt würde. Damit er sicher zum nächsten Hafen kommt, müssten auch die restlichen sechs Siebtel schmelzen.

Verdeckte Absichten

Mit der Anwendung von Tipps und Ratschlägen können Menschen die Inhaltsebene zwar oberflächlich ändern, also kurzfristig die Spitze des Eisbergs verändern oder abtragen. Die wirkungsmächtigere hintergründige Context-Ebene können Sie dadurch allerdings nicht beeinflussen, geschweige denn auflösen oder transformieren, da der Eisberg immer wieder eine neue Spitze nach oben schiebt. Nur mit außergewöhnlichen Fragen kann ein contextueller Coach Ihr contextuelles Bewusstseinssystem, die Context-Ebene, untersuchen und die Frage beantworten, mit welchen mental-emotionalen Bewusstseinsinhalten und -funktionsweisen Sie die gegenwärtigen Ergebnisse auf der Inhaltsebene produziert haben. Erst

Niemand ist schuld und jeder ist verantwortlich.

Maria & Stephan Craemer

das wertungsfreie Untersuchen der contextuellen Bewusstseinszusammenhänge ermöglicht es Ihnen, diese mental und emotional aufzugeben. So bewirken Sie im Verlauf Ihres Lebens einen natürlichen und nachhaltigen, sowohl emotionalen als auch materiellen Wandel.

Den meisten Menschen ist die Context-Ebene nicht bewusst. Viele erkennen keinen Wirkungszusammenhang zwischen den wahrnehmbaren Ereignissen und Ergebnissen auf der Inhaltsebene und dem scheinbar davon getrennten Bewusstsein auf der Context-Ebene. Die Inhaltsebene ist genauso leicht wahrnehmbar wie die Spitze des Eisbergs, die Context-Ebene wird jedoch durch das eigene Bewusstsein erzeugt und ist deshalb genauso schwer erkennbar wie der untere Teil des Eisbergs.

**Der Fisch erkennt das Wasser nicht,
in dem er schwimmt.**

Die meisten würden zustimmen, dass das Bewusstsein dazu gedacht ist, Ereignisse und Ergebnisse wahrzunehmen, um darauf re-agieren zu können. Sie sehen allerdings keinen Zusammenhang zwischen im Bewusstsein erzeugten mental-emotionalen Contexten und daraus resultierenden Ereignissen und Ergebnissen. Diesen Zusammenhang zwischen dem die Context-Ebene erzeugenden Bewusstsein und den auf der Inhaltsebene auftauchenden Ereignissen und Ergebnissen anzuerkennen, sprengt für viele ihr bisheriges Bewusstsein über die Verantwortlichkeit für Ereignisse und Ergebnisse. Sie verleugnen die Context-Ebene, weil sie diese entweder nicht kennen oder sich weigern, die contextuellen Hintergründe ihres Verhaltens und ihrer Ergebnisse anzuerkennen – wegen der unbegründeten Befürchtung, dann unleugbar an allem *schuld* zu sein.

Der Contextuelle Eisberg

Inhalts-Ebene
Ergebnisse / Ereignisse
sichtbar / messbar

**Context erzeugende
mentale Transferleistungen:**
Gedanken, Schlussfolgerungen,
Bewertungen, Interpretationen,
Meinungen, Überzeugungen,
Haltungen, Sichtweisen, Standpunkte
Vorbehalte, Vorwürfe, Vor-Urteile

Context-Ebene

⁶/₇

Erst wenn Sie Ihre Verantwortlichkeit für die durch Ihr Bewusstsein erzeugte Context-Ebene anerkennen, können Sie die Ergebnisse auf der Inhaltsebene nachhaltig zu Ihren Gunsten wandeln. Das contextuelle Eisbergmodell ermächtigt Sie, Ihr Leben wieder aktiv selbst zu steuern. Dafür müssten Sie allerdings die Idee aufgeben, dass »Es« Ihnen passiert oder dass Ihr Leben vom Zufall bestimmt ist. Sie müssten die Idee zulassen, dass sowohl Ihre Ergebnisse als auch Ihre Erlebnisse die Folge der Absichten sind, in denen Sie leben. Diese Context-Absichten können sowohl persönlich deklarierte Absichten sein als auch verdeckte Absichten, in denen Sie leben, ohne dass es Ihnen bewusst ist. Das wirkt so, als *würden Sie* von den in Ihrem Bewusstsein verdeckt wirkenden Absichten so lange *gelebt*, bis Sie diese erkannt und aufgegeben haben. Jede Absicht, auch eine verdeckt wirkende Context-Absicht, können Sie immer an den damit gezeitigten Ergebnissen und Erlebnissen ablesen, insbesondere an denen, die Ihnen nicht gefallen.

Es bleibt, wie es ist
Die Inhaltsebene repräsentiert messbare und wahrnehmbare Inhalte des Lebens: Partner, Kinder, Angestellte, Kollegen, Einkommen, Umsätze, Vermögen, Kontostände, Dinge – also Messbares und Zählbares. Dazu gehören auch Lebensereignisse jeder Art, Verhaltensweisen, körperliche Empfindungen, emotionale Zustände etc. – also Wahrnehmbares. Wenn Menschen Probleme mit den Ereignissen und Ergebnissen haben, wie Unzufriedenheit, Selbstzweifel, Geldprobleme, Streit, Trennung, Krankheit, Stress, Burn-out, Mobbing etc., versuchen sie zumeist durch Veränderungen der Umstände auf der Inhaltsebene Lösungen für bessere Zustände durch bessere Ergebnisse zu finden.

Beruflich werden Mitarbeiter (v)ersetzt, zwangsmotiviert, Betriebsstrukturen bis aufs Äußerste gestrafft und die Kreativität wird durch zusätzliche Kontrollen eingeschränkt. Das kostet viel Zeit und Geld und ist nur begrenzt wirksam. Privat trennen sich gut ein Drittel der Ehepaare in der sehnsüchtigen Hoffnung, dass es nach Austausch des veränderungsresistenten Partners besser wird. Nach der Verliebtheitsphase stellen viele beim neuen Partner jedoch ernüchtert fest, dass die Beziehungsqualität nur anders, nicht aber grundlegend besser geworden ist – und dass sie an einem ähnlichen Punkt stehen wie zuvor, nur mit einem anderen Partner.

Sie haben zwar die ungeliebten Umstände in Form ihres Partners verlassen, nicht aber das contextuelle System, das den Partner erst angezogen und später die Distanz oder Trennung bewirkt hat. Eine weitere prophylaktische Vorsichtsmaßnahme in Partnerschaften scheint zu sein, sich erst gar nicht ganz auf einen Menschen einzulassen, sondern von vornherein vorbehaltlich zu misstrauen, nicht ahnend, dass damit genau das erzeugt wird, was vermieden werden soll.

Mit Angst und Misstrauen erzeugen Sie, wovor Sie Angst haben, um damit Angst und Misstrauen zu rechtfertigen.

Auch Ratschläge auf der Inhaltsebene wie Diäten, Zeitmanagementstrategien, Entscheidungshilfen, Beratung, Selbsthilfeseminare etc. stoßen in ihrer Effektivität immer wieder an Grenzen. Sie bleiben so lange unwirksam, bis Sie die zugrunde liegenden Contexte erkennen und auflösen, die zu den unerwünschten Ergebnissen und unangenehmen Ereignissen geführt haben. Hatten Sie vorher Probleme sich zu entscheiden, können Sie sich jetzt nicht entscheiden, welche Entscheidungshilfe Sie anwenden wollen.

Wurden genug Mitarbeiter (v)ersetzt, Partner ausgetauscht, Diäten gemacht und Entscheidungshilfen eingesetzt, stellen Sie fest, dass Ihr Leben doch gleich geblieben ist, nur anders gleich. Sie haben zwar motiviert die Spitze des Eisbergs sprich die Umstände verändert und doch hat sich grundlegend nichts gewandelt. Selbst bei gesteigerten Ergebnissen bleibt Ihre Seinsqualität unverändert.

Die selbst erschaffenen mental-emotionalen Bewusstseins-Contexte erzeugen eine Sogwirkung und Sie fühlen sich wie von Geisterhand an Gummibändern immer wieder in den alten Zustand zurückgezogen. An diesem Punkt setzen zumeist Resignation und/oder Verweigerung ein, die eine unaufhaltsame Abwärtsspirale einleiten, die Sie erst umkehren können, wenn Sie sich nicht mehr mit einem mittelmäßigen Leben zufriedengeben, sondern bereit sind, für ein beschwingtes, abenteuerliches Leben Ihr Bewusstsein grundlegend zu transformieren.

Je mehr Sie verändern,
desto mehr bleibt es, wie es ist,
solange Sie den zugrunde liegenden Beharrungs-Context
nicht identifizieren und wandeln.

Für neue, dauerhaft bessere Ergebnisse und eine erfülltere Seinsqualität brauchen Sie einen fundamentalen, mental-emotionalen **Contextwandel**, der wesentlich weitreichender wirkt als inhaltliche Veränderungen, die Sie alle im nicht gelösten kollektiven Mangel-Context (Mangel, Angst und Misstrauen) vornehmen, und den Sie damit verkörpern und bestätigen. Voraussetzung für diesen Contextwandel ist nicht nur die Transformation der Bewusstseins-Inhalte, sondern die Transformation des Bewusstseins selbst.

Schmutziges Geschirr

Die Context-Ebene enthält die Contexte, in denen Menschen sich durch Versprachlichung (Imaginieren, Denken und Sprechen) scheinbar logisch rationale Zusammenhänge für ihr Leben fabrizieren. Diese Ebene wird durch Meinungen, Überzeugungen, Vorbehalte, Bewertungen, Vorwürfe, Vor-Urteile, Identifizierungen etc. gespeist. Durch eine mentale Transferleistung des Gehirns, genauer des sogenannten Verstandes werden Zusammenhänge hergestellt, die durch Ableitungen,

Deutungen, Schlussfolgerungen und Interpretationen miteinander verwoben werden (= contextualisiert werden; von lat. *contexere* = verweben). Diese Bewusstsein erzeugenden Zusammenhänge bilden ein in sich stimmiges mental-emotionales Netzwerk verschiedenster Contexte, das bestätigende Ereignisse und Ergebnisse anzieht und nicht bestätigende Ereignisse und Ergebnisse abstößt. Auf diese Weise verhindern oder ermöglichen Sie sehnlichst erwünschte Erlebnisse und Ergebnisse, da Sie mit Ihren mental-emotionalen Bewusstseins-Contexten einen Sog für bestätigende Ereignisse und Ergebnisse erzeugen. Sind Ihre Contexte entwertend, ablehnend, verachtend oder gar vernichtend, bekommen Sie keine gegenteiligen Erlebnisse und Ergebnisse. Mit Negativität und Niedertracht ist es schwer bis unmöglich, erfreulich Produktives hervorzubringen.

Mit ihren vom Verstand erzeugten Contexten und dem daraus entstehenden contextuellen Bewusstsein schaffen Menschen sich einen Referenzrahmen für Ergebnisse und Ereignisse. Alle Ergebnisse und Ereignisse, die ihre Contexte bestätigen, sind möglich und alle Ergebnisse und Ereignisse, die den Rahmen sprengen oder das contextuelle System ins Unrecht setzen, sind ausgeschlossen. Sind die Ereignisse und Ergebnisse erzeugenden contextuellen Überzeugungssysteme erst mal implantiert, werden sie für richtig und wahr gehalten und nicht mehr grundsätzlich infrage gestellt. Die Ergebnisse und Ereignisse und die daran gehängten Gefühle scheinen die Richtigkeit des eigenen Denkens, Fühlens und Handelns zu bestätigen.

Diese in sich stimmige Realität als **Realitätsillusion** anzuerkennen und aufzugeben ist nur möglich, wenn Sie den Standpunkt einnehmen, dass Sie Ihre Realität durch Ihre eigenen Bewusstseins-Contexte erschaffen haben und erschaffen. Dafür bietet die Untersuchung der Context-Ebene eine revolutionäre Möglichkeit.

Dazu ein reales Beispiel:

Suse und Bernd, beide Mitte dreißig, leben seit vier Jahren zusammen. Sie ärgert sich immer wieder, dass Bernd zu wenig aufräumt, das schmutzige Geschirr nicht in die Spülmaschine stellt, den Toilettendeckel nicht schließt und unpünktlich zu gemeinsamen Terminen erscheint. Er findet, sie solle alles mal etwas lockerer sehen. Nach wiederholtem Streit wenden sie sich an eine Therapeutin. Sie rät zu einem Putzplan, an den beide sich halten sollen, und Bernd soll anrufen, wenn er sich verspätet, sonst muss er einen Euro Strafgeld zahlen. Außerdem soll Suse ihre Kontrolle sukzessive aufgeben und alles etwas lockerer sehen (Inhaltsebene). Auch wenn für Suses Kontrollzwang keine Konsequenzen gesetzt wurden, gehen beide motiviert nach Haus.

Nach einiger Zeit verstaubt der Plan, Bernd findet die Ein-Euro-Regel blöd und Suse ihre Kontrolle gerechtfertigt. Der Streit schwelt weiter. Jetzt streiten sie zudem über das Nichteinhalten des Plans und der Regeln und über ihren Kontrollzwang. Er weiß, dass sie sich über sein Verhalten ärgert. Deshalb macht er es ja. Das ist seine Form zu sagen, dass sie von ihm nicht mehr bekommt, was **sie** will, weil er von ihr nicht mehr bekommt, was **er** will. Sie ahnt, dass das Geschirr nicht das eigentliche Problem ist, weiß aber ebenfalls nicht, wie sie es ansprechen soll. Also macht sie mehr von dem, was nicht funktioniert, und überschüttet ihn mit vorwurfsvollem Gemeckere.

Um eine neue Möglichkeit für Liebe und erfüllte Partnerschaft zu eröffnen, müssten beide herausfinden, mit welchen negativen Contexten sowohl übereinander als auch über das andere Geschlecht sie ihre Seinsqualität auf dieses niedrige Maß dämpfen. Einige Möglichkeiten könnten sein: Er fühlt sich durch Suses Verhalten diffus daran erinnert, dass er sich generell bei Frauen als Verlierer fühlt und sein Verhalten ist ein ihm nicht bewusster Ausgleich oder beugt der vertrauten Erfahrung prophylaktisch vor, von Frauen nur ausgenutzt zu werden. Sie erinnert sich daran, dass ihre Mutter sie schon immer vor den unzuverlässigen Männern gewarnt hat. Es fängt an mit fünf Minuten Verspätung und hört auf bei der Sekretärin. Frau kann keinem Mann wirklich vertrauen und sollte lieber unabhängig bleiben und den Mann kontrollieren. So bestätigen sich beide ihre (negativen) Contexte übereinander.

Diese Zusammenhänge erscheinen Ihnen absurd und zu weitreichend? Schließlich ist es nur schmutziges Geschirr? Wenn beide nicht herausfinden und auflösen, welche negativen Contexte wirken, wird der Streit immer heftiger und häufiger und der (Versöhnungs-)Sex immer weniger. Die meisten Ehen werden wegen solcher »Kleinigkeiten« geschieden.

Angst vor der Wahrheit

Das Aufdecken der Context-Ebene scheint vielen unangenehm, weil sie aufzeigt, was sie hinter ihrer mühsam aufrecht erhaltenen Fassade **eigentlich** denken und fühlen. Das würden sie aber nie sagen, da sie Angst haben, sich dann angreifbar oder verletzbar zu machen oder als Täter dazustehen – der sie auf keinen Fall sein wollen, denn diese Position soll ja dem anderen glaubhaft zugeschrieben werden. Das hat zur Folge, dass sie negativ wirkende Contexte, mit denen sie sich zum Täter machen, auf keinen Fall anerkennen wollen, noch nicht einmal vor sich selbst. Und doch ist es sinnlos zu leugnen, was man wirklich denkt, denn die Contexte sind unweigerlich am Verhalten und an den Ergebnissen ablesbar. Die Verleugnung hält sie nur aufrecht. Jeder wird immer so handeln, wie er eigentlich denkt, was gut ablesbar ist an unliebsam eingegangenen Vereinbarungen, zu denen man Ja gesagt hat und Nein handelt. Mit Ihrem Handeln bringen Sie zum Ausdruck, was Sie eigentlich über diese Vereinbarung denken.

Wer die Wahrheit nicht sagt,
muss sie leben.

Wahrheit ist eine Lüge

Es fällt entschieden leichter, sich selbst die contextuelle Wahrheit zu sagen, wenn Sie sich verdeutlichen, dass jede Wahrheit nur eine Interpretation ist und kein Was Ist. Sogar wenn Sie glauben, Ihre Contexte mit logisch scheinenden Schlussfolgerungen aus vielen persönlichen Erfahrungen zu einer langen Rechtfertigungsgeschichte zusammensetzen und mit gesellschaftlichen, psychologischen, philosophischen und pädagogischen Erklärungen begründen und beweisen zu können, sind und bleiben es nur Interpretationen, von denen keine an sich wahr oder richtig ist. Die durch Interpretationen erzeugten Contexte bestimmen nicht nur die zukünftigen Ergebnisse und Ereignisse, sondern fatalerweise auch den bewertenden Blick auf vergangene Erfahrungen. Damit Sie im Recht über Ihre Bewusstseins-Contexte bleiben, deuten Sie Ereignisse und Ergebnisse so lange um, bis sie zu Ihren Interpretationen passen. Dazu eine Metapher:

Stellen Sie sich ein leeres blaues Glas vor. Die Größe des Glases bestimmt die Menge des Inhaltes (Volumen) und die Farbe, wie der Inhalt von außen gesehen wird. Alles, was Sie in das blaue Glas hineingeben, bekommt eine bläuliche Färbung. So erscheint selbst ein blütenweißes Taschentuch blau, wenn Sie es im Glas von außen betrachten. Die Farbe ist vergleichbar mit dem Context, in dem Sie etwas wahrnehmen, so als hätten Sie sich eine Brille mit gefärbten Gläsern aufgesetzt. Nach einiger Zeit ist die gefärbte Wahrnehmung normal und Ihr Gehirn unterscheidet nicht mehr zwischen vorher und nachher. Ihre gefärbte Wahrnehmung stellen Sie erst dann wieder infrage, wenn Sie an eine Grenze stoßen und bereit sind anzuerkennen, dass Ihre interpretative Sichtweise nicht die einzig wahre und Ihre Realität nicht die einzig richtige ist. Manchmal beschleunigen wiederholt schlechte Ergebnisse und Erfahrungen diese Bereitschaft.

Die von vielen propagierte Lösung, alles mit einer rosarot gefärbten Brille nur noch positiv zu sehen, funktioniert ebenso wenig. Diese verunmöglicht ebenfalls eine klare Sicht auf die Wirkungszusammenhänge, denn Sie haben zur subjektiven Beschönigung nur die Farbe gewechselt, aber nichts grundlegend gewandelt. Auch ein rosa schimmernder Eisberg schlitzt die Titanic auf. Deshalb funktioniert sogenanntes Positivdenken nur sehr begrenzt, denn es wird lediglich auf Negativdenken draufgesattelt und bestätigt dieses letztendlich. Sie müssen nur positiv denken, wenn Sie vom Negativen überzeugt sind. Wenn Sie nicht negativ denken würden, bräuchten Sie nicht positiv zu denken, sondern könnten klar und transparent wahrnehmen, Was Ist, ohne es zwanghaft bewertend interpretieren zu müssen.

Im Wasser kann man nicht fliegen

Der Vorteil des contextuellen Eisbergmodells ist, dass Sie von den Ereignissen und Ergebnissen auf der Inhaltsebene Rückschlüsse auf Ihre Bewusstseins-Contexte ziehen können, die verdeckt auf der Context-Ebene wirken. Diese Bewusstseins-Contexte sind komplexe Meinungs-, Wertungs- und Identifikationssysteme, die Ihrem Verstand logisch rational erscheinen, deshalb hinterfragen Sie diese nicht, selbst bei Unzufriedenheit, Leiden und schlechten Ergebnissen. Das Hinterfragen, Aufdecken und Untersuchen dieser Contexte ist der **erste** Schritt und nur möglich, wenn Sie keiner Interpretation als richtig oder falsch zustimmen, sondern jede Interpretation infrage stellen, auch wenn sie noch so logisch erscheint. Im **zweiten** Schritt lösen Sie Contexte mental und emotional grundlegend auf, sodass Sie sich nicht mehr zum Sklaven Ihrer eigenen Interpretationen machen und als Folge Ihres Bewusstseinswandels natürlicherweise bessere Ergebnisse produzieren.

Allerdings gibt es schon beim Untersuchen von Bewusst-seins-Contexten **zwei Hindernisse**: Zum einen wollen Menschen darüber im Recht bleiben, wovon sie seit Jahren zutiefst überzeugt sind, denn ihr bisheriges Denken hat zumindest bis heute ihr Überleben gesichert, egal auf welchem Niveau. Zudem identifizieren sich viele mit ihren liebgewonnenen und zur selbstverständlichen Gewohnheit gewordenen Standpunkten und Überzeugungen. Sie befürchten ihr Gesicht oder gar sich selbst zu verlieren, wenn sie diese aufgeben und sowohl ihr Denken als auch ihr Fühlen korrigieren und weiterentwickeln. Diese Vorgehensweise ist für viele eine große Herausforderung, zu der sie oftmals erst bereit sind, wenn sie nicht weiterwissen und mit dem Rücken zur Wand stehen.

Dazu eine Anekdote von Konrad Adenauer: Als er gefragt wurde, warum er denn heute anderer Meinung als gestern sei, meinte er nur lakonisch: »*Was interessiert mich mein Geschwätz von gestern? Niemand kann mich daran hindern, jeden Tag ein wenig klüger zu werden.*« Der Nachsatz wird zumeist unterschlagen und ist doch entscheidend. Wenn Sie sich kontinuierlich persönlich weiterentwickeln und beruflich weiterqualifizieren, werden Sie selbstverständlich Ihr Denken, Fühlen und Handeln kontinuierlich erweitern und wandeln. Dieser Wandel ist jedoch kein Ausdruck vorheriger Dummheit, sondern aktueller Intelligenz.

Sowohl die Untersuchung als auch das Auflösen Ihrer dysfunktionalen Bewusstseins-Contexte erfordern **unerbittliche Empathie** seitens des contextuellen Coaches in Form einer absichtsvollen, konsequenten und wertungsfreien Untersuchung. Unerbittliche Empathie erscheint vielen zunächst als ein Paradoxon: Man ist entweder empathisch oder unerbittlich, beides zusammen scheint sich auszuschließen, ist jedoch eine besondere Qualität des contextuellen Coaches. Die Empathie ermöglicht ein tiefes Verständnis und Mitgefühl für die Erfahrung des Coachee, aber erst die Unerbittlichkeit ermöglicht, dass dieser auch emotional nicht in seiner Erfahrung stecken bleibt, sondern einen Weg hinaus findet.

Nörgelnder Ausbeuter oder fördernder Mentor

Es gibt gesellschaftlich weitverbreitete und stark negativ gefärbte Contexte, die ungefragt übernommen werden, so zum Beispiel der Context über Vorgesetzte, Chefs und Unternehmer: *habgierige Tyrannen, inkompetente Besserwisser, nörgelnde Ausbeuter etc.* Den wenigsten fällt zu ihnen *fördernder Menschenfreund, gütiger Mentor* oder gar *soziale Persönlichkeit* ein, weil diese Begriffe in diesem Zusammenhang wenig geläufig oder mehrheitlich für lächerlich gehalten werden. Das bestätigt die vermutete Negativität der Contexte über Chefs, denen häufig Sozialität und Integrität abgesprochen werden, eben **weil** sie finanziell erfolgreich sind. Diese Schlussfolgerung ist in den meisten Fällen allerdings ein Irrtum und verhindert ein Prosperieren des in diesem abträglichen Context Verhaftenden.

Wenn Sie als Selbstständiger oder Unternehmer denken, Sie würden sowohl öffentlich als auch von Ihren Angestellten positiver wahrgenommen, so ist dem mit hoher Wahrscheinlichkeit nicht so. Die Schere zwischen Selbstbeurteilung und Angestelltenbeurteilung der Chefs geht weit auseinander. Dazu ein Beispiel, wie mental-emotionale Contexte sich selbst bestätigen:

Bernd hat über seinen Chef den Context, dass dieser ein *unfreundlicher Ausbeuter* sei. Unfreundlich, weil er ihn wiederholt nicht gegrüßt hat, und Ausbeuter schon allein, weil er Unternehmer ist und ein größeres Auto fährt. Besagter Chef kommt montags in die Firma und geht geradewegs in sein Büro. Bernd *fühlt* sich in seinem Context bestätigt und denkt: *Typisch. Hat es noch nicht mal nötig, mich zu grüßen! Muss wahrscheinlich dringend sein Geld zählen!* Drei Wochen später:

Besagter Chef kommt erneut in die Firma, begrüßt Bernd mit Handschlag, fragt, wie sein Wochenende war, und geht dann in sein Büro. Jetzt denkt Bernd mit ziemlicher Wahrscheinlichkeit nicht, wie interessiert er doch an mir ist, sondern: *Was will der von mir? Ich soll wohl Überstunden machen, möglichst unbezahlt!* oder: *Er hat wahrscheinlich ein Coachingseminar besucht und weiß jetzt wenigstens, wie man grüßt!* (*... um dann mehr Überstunden zu verlangen!*)

Der Chef hat sein Verhalten zwar geändert, aber Bernd nicht seinen negativen Context über ihn. Im Gegenteil: In seinem alten negativen Context stößt sogar das freundlich veränderte Verhalten auf Skepsis und scheint diesen paradoxerweise zu bestätigen.

Würde der Chef sein Verhalten dauerhaft ändern, ist die Wahrscheinlichkeit hoch, dass Bernd seinen negativen Context jedoch auch dann nicht aufgibt, sondern stattdessen die Gunst der Stunde nutzt und nach einer Gehaltserhöhung fragt. Wird diese vom Chef gewährt, war es in Bernds Augen längst überfällig, schließlich *fühlt* er sich schon lange genug ausgebeutet. Deshalb würde er das Geld zwar nehmen, aber den negativen Context nicht aufgeben, war dieser doch so lukrativ, ihm zusätzliches Geld zu bescheren. Wird ihm dieses jedoch verwehrt, *fühlt* Bernd sich erneut in seinem negativen Context bestätigt. Ein in sich schlüssiger, contextbestätigender Teufelskreis, aus dem ein Entrinnen nur möglich ist, wenn Sie und Bernd Ihre negativen Contexte aufgeben.

Dieses Beispiel verdeutlicht, dass der mental-emotionale Bewusstseins-Context bestimmt, wie Sie das Verhalten des anderen wahrnehmen und bewerten. Diesen festgeschriebenen Meinungs-Context in Form eines bereits gefällten Urteils kann der andere durch sein Verhalten nicht ändern, sondern nur Sie selbst, indem Sie Ihr Urteil über den anderen revidieren. (lat. *re-videre* = zurückschauen, erneut anschauen)

Menschen haben über alles, auch über sich selbst einen Context, in dem sie sich selbst gefangen halten und der die

Lebensfreude auf das Maß eines sich im Hamsterrad abmühenden Hamsters reduziert. Hatten Sie schon einmal den Gedanken über sich: *Ich bin nicht gut genug!* oder *Ich bin nicht liebenswert (genug)?* Wenn dieser Gedanke einmalig ist, stellt er kein Problem dar, wenn er sich allerdings häuft und Sie sich dementsprechend fühlen, hat er sich als Ihre Identität etabliert. Ihr gesamtes Leben wird sich im wahrsten Sinne des Wortes um den Beweis drehen, dass Sie doch gut, kompetent oder liebenswert sind.

**Nur wer bereit ist,
über seine negativen Contexte im Unrecht zu sein,
ermöglicht bessere Erlebnisse und Ergebnisse.**

Diese Identität können Sie weder mit viel Arbeit noch mit besseren Ergebnissen oder einem liebenden Partner auflösen. Ihr Leben wird innerhalb dieses Contextes zwangsläufig schwer und anstrengend. Irgendwann fühlen Sie sich ausgebremst und ausgebrannt, glauben allerdings, das sei normal, da die Mehrheit so lebt. Einige hoffen, dass alles besser wird, wenn sie im vergoldeten Hamsterrad laufen, und steuern doch geradewegs in den Burn-out, egal wie erfolgreich sie sind. Auch das öffentlich und alternativ so gern proklamierte *einfache Leben* wird ihr Burn-out-Hamsterrad nicht stoppen, da sie im alten Context beweisen wollen, dass sie das einfache Leben am besten meistern. So machen sie es sich schwer mit der Leichtigkeit.

Die volle Tasse

Das folgende contextuelle Coaching-Modell illustriert, dass die Probleme **B'** aus den oft nicht bewussten Contexten auf Standpunkt **B** entstanden sind. Auf diesem Standpunkt sind bessere Ergebnisse nicht zu erreichen. Vor der reinen Wissensvermittlung, die noch keine besseren Ergebnisse garantiert, ist eine mentale und emotionale Leerung des vorhandenen Bewusstseinsspeichers von nicht (mehr) funktionierenden alten Eingaben Voraussetzung, um Platz zu schaffen für neue funktionierende Möglichkeiten. Diese entstehen nicht im

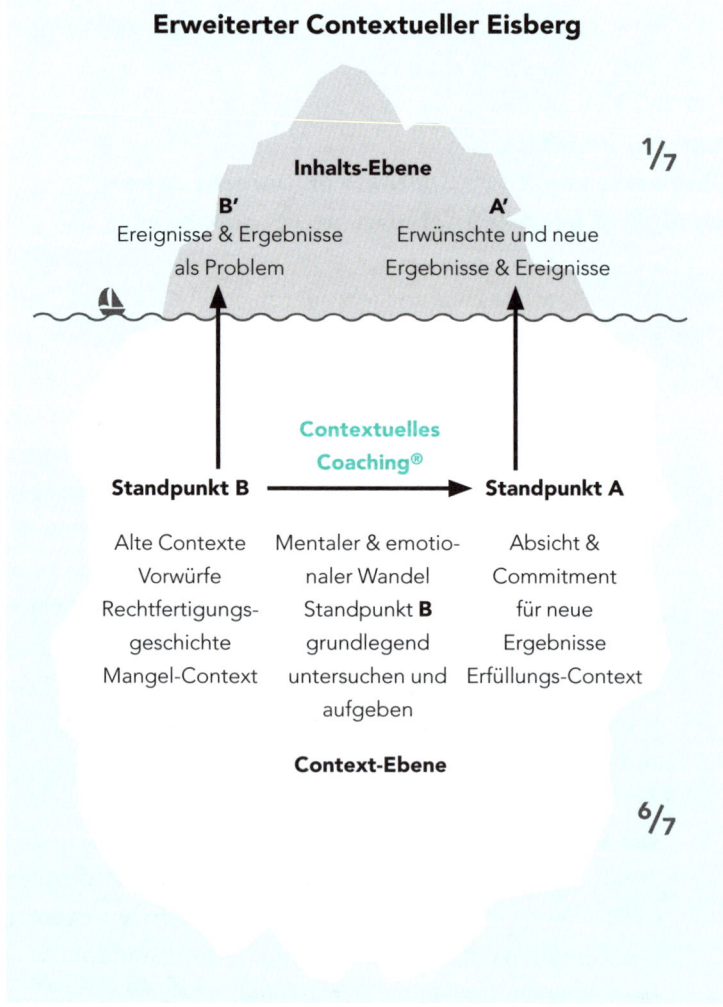

Erweiterter Contextueller Eisberg

Inhalts-Ebene

$^1/_7$

B'
Ereignisse & Ergebnisse
als Problem

A'
Erwünschte und neue
Ergebnisse & Ereignisse

**Contextuelles
Coaching®**

Standpunkt B ────────▶ **Standpunkt A**

Alte Contexte	Mentaler & emotio-	Absicht &
Vorwürfe	naler Wandel	Commitment
Rechtfertigungs-	Standpunkt **B**	für neue
geschichte	grundlegend	Ergebnisse
Mangel-Context	untersuchen und	Erfüllungs-Context
	aufgeben	

Context-Ebene

$^6/_7$

alten Denksystem, sondern erst, wenn dysfunktionale Contexte vollständig gelöscht sind. So ist der contextuelle Coach eher ein Leerer als ein Lehrer.

Ein Professor wanderte weit in die Berge, um einen berühmten Zen-Mönch zu besuchen. Als der Professor ihn gefunden hatte, stellte er sich höflich vor, nannte alle seine akademischen Titel wie auch Erfahrungen über Yoga, Meditation, Philosophie etc. und bat um Belehrung. *»Möchten Sie Tee?«*, fragte der Mönch. *»Ja, gern!«*, sagte der Professor und der alte Mönch schenkte ihm Tee ein. Der Professor redete weiter über sich und seine Sichtweise des Lebens und der Welt. Obwohl seine Tasse bald voll war, schenkte der Mönch weiter ein, bis der Tee überfloss und über den Tisch auf den Boden tropfte. *»Genug!«*, rief der Professor. *»Sehen Sie nicht, dass die Tasse schon voll ist? Es geht nichts mehr hinein.«* Der Mönch antwortete: *»Genau wie Sie! Diese Tasse ist übervoll mit Tee, so wie Sie übervoll von Ihrem Wissen und Ihren Vorurteilen sind. Um Neues zu ermöglichen, müssten Sie erst Ihre Bewusstseinstasse leeren.«*

Die Frage ist die Antwort

Um auf die Context-Ebene zu gelangen, müssten Sie als Erstes die Fragen an sich untersuchen. Viele stellen sich die Frage: *Was bringt mir das Leben?* Vor allem in sogenannten Krisenzeiten wird diese Frage gern auch folgendermaßen publiziert: *Was bringt (mir) die Zukunft?* Sobald Sie diese Frage beantworten, haben Sie schon dem erwartungsvoll befürchtenden Context zugestimmt, in dem die Frage gestellt wurde. Das Subjekt, also das Handelnde, ist laut Frage *das Leben* oder *die Zukunft.* Dem Objekt *mir* soll etwas gebracht werden. In dieser Formulierung steckt eine Erwartung in Form einer Anspruchshaltung, die lautet: *Das Leben, die Zukunft soll ausliefern, und zwar möglichst, ohne dass ich vorher investiere.* Das ist unmöglich. Weder Leben noch Zukunft können ausliefern wie ein Pizzaservice, da es *das Leben* oder *die Zukunft* an sich nicht gibt. Oder haben das Leben oder die Zukunft schon mal an Ihrer Tür geklingelt und wollten ausliefern? Mit der Unerfüllbarkeit des inhärenten Anspruchs katapultieren Sie sich auf den Opferstandpunkt und die üblichen Verdächtigen sollen Ihre Lücken schließen.

Das Objekt *mir* ist der Effekt, das Opfer, dem etwas passiert, und nicht der handelnde Urheber, der sein Leben verantwortet. Indem Sie sich selbst zum Objekt deklarieren, wie es in dieser geschickten und gebräuchlichen Formulierung zum Ausdruck kommt, hoffen Sie sich der Verantwortlichkeit für Ergebnisse und Ereignisse zu entziehen. Da Sie jedoch die Verantwortlichkeit für Ihr Leben nicht delegieren können, bleiben Sie verantwortlich für die Ablehnung und Vermeidung der Verantwortung, inklusive aller daraus resultierenden Konsequenzen.

Diese Verweigerung wiederum nährt die fatale Anspruchshaltung, dass Sie etwas zu bekommen haben, bevor Sie investieren. Damit dieser Anspruch unerfüllbar bleibt und Sie die lethargische Opferhaltung in jedem Fall beibehalten können, ist es nützlich, gar nicht erst zu wissen, geschweige denn zu sagen, was Sie wollen.

Die meisten wissen nicht, was sie wollen, sind sich aber sicher, dass sie es nicht haben.

So ist der häufig gehörte Ausspruch *Ich weiß nicht, was ich will!* oft nur eine Schutzbehauptung, um den lukrativen Opferstandpunkt zu behalten und Risiken zu vermeiden, was unweigerlich zu verminderten Ergebnissen führt. Das wiederum ermöglicht die Erfahrung, sich vom Leben betrogen zu *fühlen*. So bestätigen Sie sich den Mangel-Context und glauben eine Rechtfertigung als Ausgleich dafür zu haben, Ihrerseits auch betrügen zu dürfen. Hinzu kommt, dass Sie eine ideale Basis für positioniertes Jammern und Klagen erworben zu haben glauben, weil Sie vom Leben einfach nicht bedient und versorgt werden. Und schon *fühlen* Sie auch den gedachten Mangel.

Wirkungsmächtige Fragen, die ausdrücken, dass Sie sich nicht mehr zum Objekt/Effekt/Opfer machen und sämtliche Ansprüche ans zukünftige Leben aufgegeben haben, lauten: *Was bringe ich dem Leben? Welchen Beitrag will ich leisten? Welchen Unterschied will ich machen? Welchem Sinn gebe ich mein Leben?* und *Wem oder was stelle ich mein Leben zur Verfügung?*

Intelligente Antworten brauchen intelligente Fragen

Ein weiteres Beispiel dafür, wie sehr Contexte ungefragt übernommen werden, ist die in bekannten Magazinen immer wiederkehrend gestellte Frage: *Wie lange hält die Liebe?* oder *Warum zerbricht die Liebe?* Diese Fragen enthalten einen interessanten Context, dem man wahrscheinlich beim Lesen der Fragen innerlich zugestimmt hat: nämlich dass Liebe ein fragiles Ding sei, das zwangsläufig und ohne eigenes Zutun irgendwann zerbricht und vergeht. Schon ist man wieder Opfer, dieses Mal von der angeblich fragilen Vergänglichkeit der Liebe.

Wesentlich wirkungsvollere Fragen sind: *Warum habe ich aufgehört zu lieben? Welche Bedingungen meines Liebespartners will ich nicht (mehr) erfüllen? Wozu habe ich mich in einen anderen Menschen verliebt? Was will ich vermeiden, indem ich meine Liebe abgeschaltet habe?* und *Wann fange ich wieder an (meinen Partner) zu lieben?* Das macht den Fragenden darauf aufmerksam, dass aufzuhören zu lieben ein aktiver Vorgang und kein plötzlicher Unfalltod ist. Wer sich verlieben kann, kann sich auch entlieben, und wer sich entliebt, kann sich auch wieder verlieben, sogar in denselben Partner, ohne dass er/sie sich zuvor noch ändern müsste.

Dazu müssten Sie den mit einer scheinbar stichhaltigen Rechtfertigungsgeschichte untermauerten negativen Context sowohl über Ihren Partner als auch über das andere

Geschlecht aufgeben, selbst wenn Sie dafür noch so viele Beweise gesammelt haben. Dann wären Sie allerdings im Unrecht und Ihre jahrzehntelang mühsam zusammengezimmerte Rechtfertigungsgeschichte zum Teufel – wo sie tatsächlich auch herkommt und hingehört. Übrig bliebe die wundervolle Möglichkeit einer erfüllten Partnerschaft und die Frage, ob Sie bereit sind, dafür Ihr Bewusstsein zu transformieren, selbst wenn es hieße, nicht mehr im gesellschaftlichen Durchschnittsdenken stecken zu bleiben.

Warum ist die Banane krumm?

Die zwei gebräuchlichsten Hauptfrageworte sind **Warum** und **Wie**. Lassen Sie uns diese zunächst untersuchen. Allgemeine Warum-Fragen lauten zum Beispiel: *Warum bin ich nicht erfolgreicher? Warum hat mein Partner mich verlassen? Warum bin ich nicht selbstsicherer? Warum will ich es allen recht machen?* etc. Mit *Warum* suchen Sie einen **Grund** für die jetzige Situation zu erfragen. Wenn der Grund pädagogisch, soziologisch, psychologisch, religiös und/oder philosophisch sinnvoll und logisch erscheint, hören Sie wahrscheinlich schon wieder auf zu fragen. Nur was dann? Heißt das, wenn Sie den Grund kennen, ändern Sie Ihr Verhalten oder Ihre Absicht? Oder bietet er Ihnen nur eine zusätzliche Rechtfertigung, so weiterzumachen wie bisher?

Antworten auf die Frage *Warum bin ich nicht selbstbewusster?* könnten psychologisch lauten: *Weil die traumatische Erfahrung, mit elf Jahren vor der gesamten Klasse ausgelacht zu werden, immer noch negativ wirkt.* Soziologisch: *Weil die Gesellschaftsstrukturen die Individualität des Einzelnen zu wenig berücksichtigen.* Pädagogisch: *Weil die Schule kein Ort ist, an dem Selbstbewusstsein behutsam genährt wird.* Philosophisch: *»Selbstbewusst« stellt eine unscharf definierte psychologische Kategorie dar, deshalb lassen sich darüber keine präzisen, verlässlichen Aussagen machen.* Religiös: *Weil Sie in Sünde gezeugt wurden.*

Nützen diese akademischen Begründungen? Fühlen Sie sich damit sicherer oder tauchen Zweifel auf? Gibt es nicht auch Menschen, die in ihrer Kindheit ausgelacht wurden, in denselben religiösen und gesellschaftlichen Verhältnissen aufgewachsen und doch selbstbewusst sind? Es können somit nicht die Umstände und Erlebnisse sein, die eine Person prägen, sondern nur ihre aus diesen Umständen und aus diesen Erfahrungen gezogenen bewertenden Schlussfolgerungen. Diese gilt es genau zu erforschen und infrage zu stellen, egal wie logisch oder gültig sie erscheinen.

Wenn Sie die Warum-Frage weiter untersuchen, stellen Sie fest, dass sie zeitlich in die Vergangenheit gerichtet ist. Kinder fragen nach jeder Antwort, die sie auf ihre Warum-Frage erhalten, erneut »Warum?«, da ihnen die verneinenden Antworten nicht plausibel genug sind, wenn sie unbedingt ein Eis wollen. Nur das Eisessen ist plausibel und gerechtfertigt. Das geht so lange, bis den Erwachsenen keine pädagogisch sinnvollen Antworten mehr einfallen und sie, wenn auch genervt, ein Eis kaufen. Erwachsene hören jedoch auf, weiter »Warum« zu fragen, wenn die Antwort in ihr Plausibilitätssystem passt, egal ob die Antwort stimmt, nützt oder nicht.

Führt man die Warum-Frage zeitlich konsequent weit genug zurück, landet man biblisch bei Adam und Eva. Die Antwort auf die Frage *Warum ist es hier auf der Welt so?* müsste also demnach lauten: *Weil Adam und Eva so dämlich oder klug waren, gegen Gottes erklärten Willen die Frucht vom Baum der Erkenntnis zu essen! Jetzt haben wir den Salat!* Aber nutzt diese Antwort, um den Zustand der Welt zu transformieren? Wohl kaum! Warum-Fragen sind nützlich zum Sammeln von Informationen auf der Inhaltsebene und die Antworten dienen dazu, die geschlussfolgerten verdeckten Contexte und Absichten herauszufinden. Den Zugang zur Untersuchung der Context-Ebene eröffnet ein anderes Fragewort.

Wozu ist die Banane krumm?

Statt nach dem Grund zu fragen, fragt man mit dieser Context-Frage nach **Absicht** und **Zweck** eines Ereignisses, Ergebnisses, einer Situation oder eines Verhaltens, die häufig verdeckt sind und nur über daraus folgende Ergebnisse aufgedeckt werden können. Die wirkungsvollste Frage ist nicht: *Warum mache oder habe ich das?*, sondern: *Wozu mache oder habe ich das?* – also: *Mit welcher offenen oder verdeckt wirkenden Absicht für welchen Zweck denke, fühle und handle ich so?* Zeitlich zielt es auf ein in die Zukunft prognostiziertes Ergebnis oder einen erwarteten oder beabsichtigten Zustand. Das fragt nicht nach richtig und falsch oder gut und böse, sondern wertungs- und urteilsfrei nach dem, was funktioniert und was nicht funktioniert für die Absichten, die Sie verwirklichen wollen. Keine Absicht und kein Zweck sind an sich gut oder böse, richtig oder falsch, sondern steigern oder dämpfen lediglich die Lebendigkeit des Einzelnen und des Lebenssystems.

Warum bin ich nicht erfolgreicher? zu ändern in *Wozu bin ich nicht erfolgreicher?* eröffnet eine völlig neue Sichtweise, die den Fragenden als verantwortlichen Urheber seines eingeschränkten Erfolgs offenbart und anerkennt und nicht als das Opfer seiner Umstände.

Folgende Antworten verhindern Erfolg:

- sich nicht zu erlauben, erfolgreicher zu sein als die Eltern
- zu vermeiden, sich mit Erfolg über seine Contexte ins Unrecht zu setzen
- negative Contexte über Geld, Erfolg, Macht und Potenz zu bestätigen
- Angst vor Ablehnung und Ausgrenzung von nahe stehenden Personen
- zu beweisen, dass die Eltern Fehler gemacht und sie deshalb den Erfolg ihres Kindes nicht verdient haben
- lieber ein »guter« Mensch sein statt vom Erfolg korrumpiert

- Potenz zu verachten, die finanziellen Erfolg symbolisiert und hervorbringt

Rezeptfragen – schlechtes Essen mit guten Rezepten

Die zweite Hauptfrage nach dem **Wie** sucht nach einem sofort wirksamen und garantiert funktionierenden Rezept. *Wie finde ich den Richtigen? Wie verdiene ich mehr? Wie kann ich gelassener und souveräner sein? Wie kann ich Familie und Beruf unter einen Hut bringen? Wie bin ich selbstsicherer? Wie finde ich eine Arbeit, die mich begeistert? Wie werde ich glücklicher?* Eine Antwort auf derselben Ebene wie die, auf der sie gestellt wurde, müsste allgemeingültig für alle Wie-Fragen lauten: *Hören Sie auf, das zu tun, was zu dem geführt hat, was Sie nicht (mehr) wollen, und machen Sie stattdessen das Gegenteil von dem, was Sie bisher gemacht haben!* Um aufzuhören, das zu tun, was nicht (mehr) funktioniert, müssten Sie jedoch zuvor aufhören das zu **denken**, was zu dem geführt hat, was Sie nicht (mehr) wollen. Wenn Sie aufhören das zu denken, werden Sie aufhören das zu **fühlen**, was zu dem geführt hat, was Sie nicht (mehr) wollen. Erst diese Vorgehensweise ermöglicht powervolle Antworten.

Viele Selbsthilfebücher und einige Coaching-Anbieter preisen Handlungsinformationen auf der Inhaltsebene an, frei nach dem Motto: *Wenn Sie dies, das und jenes tun, bekommen Sie bessere Ergebnisse!* Viele können das allerdings gar nicht anwenden und erfolgreich umsetzen, weil ihre mental-emotionale »Blaupause« (Context) das nicht zulässt. Deshalb müssten sie zunächst den contextuellen Hintergrund untersuchen, vor dem sie die alten Ergebnisse erzeugt haben, die nun nach neuen Lösungen verlangen. Auf dem alten Standpunkt, im alten Context bekommen sie dauerhaft keine neuen und besseren Ergebnisse.

Wenn Sie, wie viele andere Menschen auch, Geld für die Wurzel allen Übels halten und erfolgreiche Menschen für ihren Erfolg ablehnen und verachten, verhindern Sie Ihren eigenen finanziellen Erfolg, egal wie viel Beratungstipps Sie zum Geldverdienen anwenden. Wenn Ihnen Freiheit und Unabhängigkeit das Wichtigste in Ihrem Leben sind, weil Sie Partnerschaft und Ehe für ein langweiliges Gefängnis halten, verhindern Sie vollständige Verschmelzung mit dem Partner als Ausdruck einer erfüllten Partnerschaft, egal wie viel Partnerschaftsrezepte Sie anwenden.

Hinzu kommt, dass auch in den obigen Fragen wieder trügerische Contexte enthalten sind, auf die jeder hereingefallen ist, sobald er die Frage auf derselben Ebene beantwortet, auf der sie gestellt ist. Es gibt keine Arbeit, die an sich glücklich macht. Es gibt in jeder Berufsgruppe glückliche und unglückliche Menschen. Jeder wählt, mit welcher Einstellung und welchem daraus resultierenden Gefühl er arbeitet. Nicht nur in der Gastronomie begegnet man der Einstellung, dass der Arbeitgeber zusätzlich zur Arbeitszeit nicht auch noch Begeisterung verdient hat.

Hobbyrezeptfragen – erfolgreich auf der Stelle treten

Die Frage nach dem **Was** ist eine verkappte Wie-Frage, nur mit weniger Ausrichtung, tatsächlich etwas bewegen zu wollen: *Was soll ich tun? Was brauche ich, um erfolgreich zu sein? Was ist das Richtige? Was fehlt mir, um glücklich zu sein?* Der Fragende schreibt sich hier selbst einen Mangel zu und/oder spricht sich bestimmte Fähigkeiten ab. Das ist wesentlich einfacher, als etwas zu verwirklichen und zu riskieren, dass es misslingt oder gar gegen die eigene Überzeugung gelingt.

Es gibt viele Erfolgsbücher von Menschen, die einen ungewöhnlichen Weg gegangen sind und diesen erfolgreich gemeistert haben. Nun glauben Sie vielleicht, dass das Lesen dieser Bücher und die Anwendung ihrer Inhalte Ihnen denselben Erfolg bescheren. Dabei gilt es zu bedenken, dass der Weg, also das »Wie«, sich für die Autoren erst im Handeln offenbart hat und der Weg oft korrigiert werden musste. Sie haben diese Bücher geschrieben, **nachdem** sie erfolgreich waren. Was für die Autoren funktioniert hat, passt also nicht automatisch in Ihre Lebenssituation.

Das Einzige, was auf der Inhaltsebene funktioniert, ist: eine klare Absicht und ein eindeutiges Commitment für jemanden oder etwas zu haben, Ziele dafür festzulegen und loszulegen. Wenn Sie nicht weiterkommen, untersuchen Sie auf der Context-Ebene all das, was mental und emotional im Weg steht, korrigieren die dafür erforderlichen Schritte auf der Inhaltsebene und machen so lange weiter, bis Sie angekommen sind. Lediglich neue Schritte zu machen, ohne die restriktiven Contexte aufgelöst zu haben und ohne eine bewusst deklarierte Absicht, lässt Sie weiter erfolgreich auf der Stelle treten.

Erfüllungsfragen – Schöpfer Ihres Lebens

Neben Context-Fragen, von denen wir einige oben genannt haben, ist die wichtigste Frage im Leben eines Menschen: *Wer will ich sein?* Damit ist nicht gemeint, ob Sie wie Gandhi, Bill Gates oder Mutter Theresa sein wollen – der Platz ist schon besetzt. Sondern die Frage zielt darauf, wer **Sie** sein wollen, für sich selbst und für andere. Frei nach George Bernard Shaw: Wollen Sie ein *unzufriedenes Bündel an Unpässlichkeiten und Beschwerden sein, sich darüber beklagend, dass die Welt sich einfach nicht dem Zweck verschrieben hat, Sie glücklich zu machen?* Oder wollen Sie Schöpfer, sprich Urheber Ihres Lebens sein, ein Erfüllungspionier, der sich auf den Weg macht, ein erfolgreiches und erfülltes Leben für sich und andere zu erschaffen?

Dann stellen sich auch nicht mehr die Fragen *Was soll ich tun?* oder *Was macht mich glücklich?*, sondern: *Was ist mein größter/höchster Ausdruck sowohl von Erfolg als auch von Erfüllung?* Diese Frage ermöglicht Ihnen, nicht Ihr Leben lang wie ein

Esel hinter der an einem langen Stock vor Ihnen hängenden Glücks- oder Anerkennungsmöhre herzulaufen, um dann immer wieder festzustellen, dass sie nie da ist, wo Sie gerade sind. Stattdessen erlauben Sie sich mit der Antwort auf obige Frage, mit dem, was Sie am liebsten tun, erfolgreich zu sein und die Bedingungen für ein erfülltes Leben gern zu erfüllen. Die Bedenkenträger werden dazu ausrufen: *Aber das geht nicht! Das ist unmöglich! Das sind Luftschlösser! Das Leben ist kein Wunschkonzert/Ponyhof!* Stimmt, wenn Sie im Context leben, dass Es nicht geht, geht es nicht. Zumindest für Sie, weil das Universum Ihren Bewusstseins-Contexten in Form von Ereignissen und Ergebnissen immer zustimmt. Ein Trainingsteilnehmer meinte auf die Frage, was er am liebsten mache: Er würde am liebsten feiern, damit könne man allerdings kein Geld verdienen. Doch, man kann! Es gibt bekannte Partyorganisatoren, die mit Feste feiern ihr Geld verdienen. Sie haben einen negativen Context über Menschen, die so leben? Das hat nur Auswirkungen auf Ihr Leben. Die anderen feiern weiter, vergnügen sich und verdienen gut dabei.

Das Wasser um den Eisberg
Das Bild des Eisbergs lässt sich entscheidend erweitern, indem wir zusätzlich untersuchen, was hinter beiden Ebenen, der Context- und der Inhaltebene wirkt, nämlich das Wasser als der Context, der den gesamten Eisberg umgibt und als Medium seine Existenz überhaupt erst ermöglicht. Die unteren sechs Siebtel des Eisbergs stellen die persönlichen Contexte dar, das Wasser symbolisiert die gesellschaftlichen bis hin zu universellen Contexte, in denen Menschen leben.

Der persönliche Context entsteht aus bewertenden Schlussfolgerungen über individuell erlebte schmerzhafte Erfahrungen. Die daraus abgeleiteten Rechtfertigungsgeschichten und selbst gewählte wie übernommene Lebensregeln verfestigen Sie zu einer hermetisch abgeriegelten und verkapselten Lebensphilosophie und -ideologie. Diese enthält: *Identität, Handlungsanweisung, befürchtete Erwartung ans Leben, Überlebensmuster, Erfolgsformeln und interne Verträge (Deals)* etc., deren Wirkungsweise wir in späteren Kapiteln noch eingehend erläutern werden.

Die persönliche Lebensphilosophie führt zu (Vor-)Urteilen über sich selbst, das Leben, das andere Geschlecht, andere Menschen, Beziehungen, Partnerschaft, Sex, Arbeit, Geld, Potenz, Macht und Erfolg etc. Diese Lebensideologie müssten Sie aufdecken, anerkennen und wandeln, um sich eine transformierte Seinsqualität zu ermöglichen. Das ist ein beständiger Prozess und die neu gewonnenen Sichtweisen und Contexte müssten Sie so lange täglich auf der Inhaltsebene des Lebens trainieren, bis sie etabliert und dauerhaft wirksam sind. Damit eröffnen Sie sich immer wieder neue Sicht- und Erfahrungsweisen und somit die Möglichkeit für neue Ergebnisse.

Gesellschaftlich erschaffene, kollektiv geglaubte Contexte (das den Eisberg Ihres Lebens umgebende Wasser) wirken als Hintergrund und Verstärkung Ihrer persönlichen Bewusstseins-Contexte und sind ebenso begrenzend für das Individuum. Um nicht ausgegrenzt zu werden, verhalten sich viele opportunistisch und passen ihre individuellen den gesellschaftlich mehrheitlich zugestimmten Contexten an. Dabei ist es unerheblich, welcher gesellschaftlichen Subgruppe Sie angehören. Viele übernehmen unhinterfragt die gerechtfertigt oder logisch erscheinenden Glaubensbekenntnisse der jeweils für attraktiv gehaltenen Gruppierungen, selbst wenn ihre Ansprüche auf unerfüllbaren Werten basieren.

Um die Auswirkungen auf das persönliche Leben und die Seinsqualität zu erkennen, ist es Voraussetzung, soziologische, philosophische, religiöse, soziobiologische, psychologische und pädagogische Contexte, in die wir frei nach Heidegger »hineingeworfen« sind, auf ihre Funktionalität für ein erfolgreich erfülltes Leben abzuklopfen, ohne auf ideologisch heilige Kühe jedweder Couleur Rücksicht zu nehmen. Im folgenden Absatz finden Sie dazu einige provokante Fragen, mit denen Sie geläufige Annahmen und Postulate untersuchen und infrage stellen können.

Fragen über Fragen

Wenn jemand schmerzhafte Erfahrungen in der Kindheit gemacht hat und als Erwachsener glücklich und erfolgreich ist, war er es dann trotz oder wegen seiner Kindheit? Gibt es Kinder mit einer schönen Kindheit, die als Erwachsene unglücklich sind? War es dann schlecht, eine gute Kindheit gehabt zu haben? Was ist soziale Gerechtigkeit? Ist es gerecht, Millionen an Abfindungen zu kassieren und nicht darauf zu verzichten, wenn das Unternehmen Minus einfährt? Warum gelten Menschen, die die meisten Steuern zahlen, als unsozial? Nur weil sie es können?

Wer wird geführt? Alte, Kranke, Blinde, Behinderte, Hunde und – Angestellte! Entmündigt eine Führungskraft dann die Angestellten? Was, wenn die Geführten besser sind als die Führenden? Muss man sie dann klein halten, um nicht überholt zu werden? Ist es die bequemere Lösung, geführt zu werden, um nicht verantwortlich für die Ergebnisse des Führens zu sein? Sind deshalb nur zwölf Prozent der Erwerbstätigen in der BRD selbstständig? Sind Menschen, die einer Person folgen, indem sie tun, was diese anweist, automatisch Lemminge? Verliert man, wenn man folgt? Ist nicht zu folgen, um kein Lemming zu sein, nicht auch eine Art des Folgens? Sind Kinder, die tun, was die Eltern sagen, dann Lemminge? Ob Kinder das wissen und sich deshalb wenig oder nichts sagen lassen? Genau wie Angestellte? Wozu werden große Schiffe von hinten gesteuert und nicht von oben dominiert?

Wenn Gehirnwäsche Angst auslöst, ist man dann nicht schon von denen gehirngewaschen, die vor Gehirnwäsche warnen? Wenn Menschen keine Angst haben, körperlichen Schmutz von sich abzuwaschen, warum haben sie dann Angst, ihren geistigen Müll zu entsorgen und wollen diesen stattdessen weiter mit sich herumschleppen? Wo ist die Halde für geistigen Sondermüll? Gibt es auch eine Herzenswäsche und eine Bauchwäsche? War es nicht eine die Menschheitsgeschichte neu schreibende Gehirnwäsche, dass Menschen die Idee aufgeben mussten, die Erde sei eine Scheibe? Hat es geschadet, das aufzugeben, oder neue Möglichkeiten eröffnet? Wäre bei einigen eine Gehirnwäsche im Kochwaschgang mit Vollschleudern nicht mehr als angemessen, um den geistigen Sondermüll in ihrem Bewusstsein zu entsorgen? Was, wenn es richtig und falsch, gut und schlecht, lieb und böse an sich nicht gibt? Was, wenn das Böse als mental-emotionale Vorstellung nur existiert, um selbst böse sein zu können?

Warum beginnt mit der Schule der Ernst des Lebens? Lernt man weniger, wenn Lernen Spaß macht und Freude bereitet? Arbeitet nur der, der sich abmüht? Ist man glücklicher, wenn man gedämpft, aber scheinsicher lebt? Wer lustvoll Ergebnisse produziert, arbeitet nicht? Ist es keine Arbeit, wenn man das macht, was man gerne tut? Ist es unsozial, wenn man dafür nicht nur viel Geld bekommt, sondern dabei auch noch viel Freude empfindet? Gibt erst die Anstrengung der Arbeit einen Wert? Ist viel Geld nur dann legitimiert, wenn man sich dafür abmüht, also nur, wenn man *Brot isst, bis man schwitzt?* Wozu arbeiten, wenn man mit dem, was man gern tut, das meiste Geld verdient?

Ist Regen auch in der Wüste schlechtes Wetter? Warum machen viele unterm Regenschirm ein Gesicht, als würde es darunter auch regnen? Kann man schlechtes Wetter fühlen? Wenn Moral als Wert global funktionieren würde, warum gibt es dann Pädophilie oder (Macht-)Missbrauch? Warum wurden so viele Kriege im Namen Gottes geführt, wenn Morden doch unmoralisch und teuflisch sein soll? Ist man durch Moral ein guter Mensch, auch wenn man sich schlecht verhält? Rechtfertigt Moral dazu, andere mit einem guten Gefühl und gutem Gewissen schlecht zu behandeln? Warum gibt es nur Mahnmale und keine Versöhnungsmale?

Im abschließenden Dialog untersuchen wir contextuell die Frage eines Trainingsteilnehmers: *Warum kann ich mich nicht gut verkaufen?*

Trainings-Dialog
Anerkennung oder Geld?

Maria & Stephan Craemer (Craemer[2]): Deine Frage hat mehrere Aspekte. Was genau verkaufst du?
Teilnehmer (TN): Mich selber im Prinzip.
Craemer[2]: Du kannst dich nicht selber verkaufen. Das ist nur in einem ganz bestimmten Gewerbe möglich.
TN: Doch, meine Fähigkeiten, selbstverständlich, die verkaufe ich.
Craemer[2]: Bist du deine Fähigkeiten oder hast du Fähigkeiten?
TN: Noch mal zum Verstehen die Frage, bin ich oder hab' ich Fähigkeiten?
Craemer: Ja. Bist du deine Fähigkeiten oder hast du sie?
TN: Ich habe sie.
Craemer[2]: Dann kannst du nicht dich verkaufen, sondern nur deine Fähigkeiten, die du hast, aber nicht bist. Was verkaufst du? Bist du Lebensberater?

TN: Nein, ich bin keine Lebensberatung, um Gottes Willen.

Craemer²: Was heißt um Gottes Willen? Was genau ist dein Angebot?

TN: Mein Angebot ist, ich habe Bäckermeister gelernt, habe gute Produkte, bin ich fest von überzeugt, bestätigen mir auch Tausende von Leuten. Aber ich bin nicht in der Lage, hinzugehen und zu sagen: *Ich habe hier super Brote und ich weiß, du hast den nächsten Kurs und die brauchen alle frisch belegte Brötchen und ich liefere sie dir!* Das könnte ich nicht. Aber ich könnte hingehen und sagen: *Da ist Firma Meyer und die hat eine tolle Bäckerei und die hat tolle Brötchen und die musst du einfach haben!* Das könnte ich bringen. Und die würde ich dir auch verkaufen. Nur meine eigenen nicht.

Craemer²: Bist du selbstständig?

TN: Das ist der eine Teil. Ja. Der andere Teil ist, ich habe irgendwann angefangen, weil mir das zu langweilig wurde, andere Sachen zu machen. Ich habe also Moderation von Radiosendungen gemacht. Ich organisiere Sportveranstaltungen, sonstige Veranstaltungen, Straßenfeste etc. Also in dem Bereich tobe ich mich auch aus. Ich sage das bewusst, tobe ich mich aus, weil mir das auch Spaß macht.

Craemer²: Macht dir das mehr Spaß als Brötchen zu verkaufen?

TN: Ja.

Craemer²: Du hast also eine Trennung in deiner Arbeit, die eine dient zum Brötchenverdienen, die macht nicht so sehr Spaß, und die andere macht Spaß, aber bringt weniger ein?

TN: Mir fehlt einfach der finanzielle Erfolg dabei.

Craemer²: Ist dir Freiheit ein hoher Wert?

TN: Auf jeden Fall. Ich will nicht so ein langweiliges Spießerleben.

Craemer²: Jetzt hast du ein spannendes Antispießerleben in Freiheit, aber kriegst nicht den entsprechenden Gegenwert in Geld für deine Arbeit!

TN: Richtig. Nicht nur meiner Meinung nach, sondern überhaupt.

Craemer²: Was würdest du sagen, verdienst du nicht genug oder zu wenig?

TN: Erheblich zu wenig.

Craemer²: Du bist also von allem frei. Sogar von Geld!

TN: Das kann man wohl so sagen.

Craemer²: Und wer glaubst du zu sein, dass du wenig Geld hast?

TN: Ich bin da nicht hart genug, nicht konsequent genug.

Craemer²: Wenn du nicht hart und konsequent genug bist, wie bist du dann?

TN: In dem Bereich bin ich einfach zu weich und zurückhaltend.

(An dieser Stelle folgt ein längerer Dialog über seine persönliche Identität, die ihn sein Leben so hat aufbauen lassen.)

Craemer²: Wie würdest du mit einem Hauptwort oder vielleicht mit einer treffenden Umschreibung jemanden bezeichnen, der konsequent sein Geld fordert?

TN: In der Richtung bin ich einfach zu schwach, nicht hart genug, nicht stark genug. Ansonsten habe ich so viel Selbstbewusstsein, dass ich in der Lage bin, hier ein Referat zu halten über ein Thema, was mir vorgelegt wird.

Craemer²: Und bist du selbstbewusst genug, für deinen Vortrag 5.000 € Honorar zu verlangen und weitere finanzielle Bedingungen zu stellen, die weit über das hinausgehen, was du bisher bekommst?

TN: Noch mal langsam, um das zu verstehen.

Craemer²: Wer wärest du, wenn du finanzielle Bedingungen stellst, die weit über das hinausgehen, was du bisher an Geld bekommst?

TN: Weil ich ganz klar dann immer an meinen Partner denke, an mein Gegenüber, meinen Geschäftspartner in diesem Falle und stelle mir vor, wie das da finanziell aussieht, welcher Background da ist und dann einfach dem zu weit entgegenkomme, anstatt hart zu bleiben.

Craemer²: Also, wer wärest du dann?

TN: Ein egoistischer Abzocker.

Craemer²: Um das zu vermeiden, kommst du dem anderen entgegen und entfernst dich von dir selbst. Was ist dir wichtiger als viel Geld?

TN: Wohlwollen.

Craemer²: Die Rückseite davon ist, nicht abgelehnt zu werden. Das heißt anders ausgedrückt, du willst in den Augen der anderen kein Abzocker sein. Du arbeitest dann nicht für Geld, sondern für Anerkennung.

TN: Na gut, dann wäre ich ja enttäuscht, dass das Angebot nicht angenommen wird, weil mein Preis zu hoch wäre.

Craemer²: Deine Enttäuschung resultiert aus der Absicht, dir Anerkennung statt Geld geben zu lassen. Was denkst du über Menschen, die sagen: mein Haus, mein Auto, meine Yacht?

TN: Die finde ich ganz fürchterlich.

Craemer²: Das haben wir uns gedacht. Wenn du darüber eine negative Meinung hast, dann wirst du nicht sagen: mein Haus, mein Geld, mein Auto, sondern meine Schulden, mein Fahrrad, meine durchgelaufenen Schuhe und meine politisch korrekte Einstellung. Damit bist du ein Sog für Kunden, die dir viel Ablehnung geben und den Preis drücken, schlecht bezahlen und die du oft anmahnen musst. Dein Konto- und Vermögensstand repräsentieren deine gesamten Contexte, die du eben geäußert hast.

Wir fassen mal zusammen: Dir ist Freiheit so wichtig, dass du sogar frei von Geld bist. Da du dich in Freiheit ungern festlegst, hast du zwei Arbeitsbereiche und somit immer eine

Rechtfertigung für Misserfolg, weil du immer den Misserfolg der einen Unternehmung mit der zusätzlichen Arbeit der anderen Unternehmung begründen kannst. Zudem hast du eine negative Meinung über Geld und über Menschen, die viel Geld haben. Zu denen willst du nicht gehören, sondern lieber ein vorgeblich guter Mensch sein, und du arbeitest für Anerkennung statt für Geld. Als Letztes willst du dir mit der Anerkennung deiner Kunden Wert geben. Stimmt das so weit?

TN: Das hört sich nicht gerade nach einem Erfolgsrezept an.

Craemer[2]: Und doch warst du damit bislang sehr erfolgreich: Mit den in deinem Bewusstsein verankerten, selbst gewählten, Context erzeugenden, bewertenden Standpunkten und daraus resultierenden Aversionen hast du erfolgreich **vermieden, viel Geld zu haben.** Bist du bereit, das Training dafür zu nutzen, dieses gesamte dysfunktionale contextuelle System zu verlassen und nicht mehr deinen Wert beweisen zu wollen?

TN: Ja, selbstverständlich.

Craemer[2]: Bist du bereit, über die Maßen viel Geld zu verdienen?

TN: Wenn es sich nicht vermeiden lässt, gerne. Ich werde mich nicht wehren.

Craemer[2]: Bis heute hast du dich erfolgreich gewehrt und du hast es gerade wieder getan. Wir wissen, dass dein Verstand sein Überleben bedroht sieht. Der hat dich gerade wie einen Automaten reagieren lassen. Das ist nicht falsch. Werde dir nur bewusst darüber, denn damit verhinderst du bessere Ergebnisse. Dann nutze die folgende Übung und das gesamte Training, um deine erfolgsverhindernden Contexte grundlegend aufzugeben, wenn du das willst. Vielen Dank!

TN: Euch auch vielen Dank für die Erkenntnisse!

4. Strohballen auf der Rennstrecke des Lebens

Um sich gegen unwägbare Risiken und infolgedessen befürchtete Härten des Lebens zu wappnen und Erklärungsmuster für unterschiedliche Lebensabläufe zu bekommen, eignen sich die meisten Menschen im Laufe ihres Lebens unterschiedliche Kontrollmechanismen an. Mit denen glauben sie, die Ereignisse ihres Lebens kontrollieren und ihr Überleben sichern zu können.

So hoffen die einen durch rational und die anderen durch emotional getriebenes Verhalten das Leben besser verstehen, Risiken minimieren oder unangenehme Erfahrungen aus ihrem Leben heraus kontrollieren zu können – und somit ultimativ zu überleben. Die Einseitigkeit beider Kontrollmechanismen garantiert allerdings kein gesichertes Überleben, sondern erhöht sogar die Gefahr. Die Absicht, Leben kontrollieren zu wollen, ist schon Ausdruck des zugrunde liegenden Mangel-Contextes und der inhärenten Angst vor Schmerz und Verlust. Die Wahrscheinlichkeit schmerzhafter Erfahrungen wird durch die Kontrolle sogar erhöht, damit die vorherige Angst gerechtfertigt war.

Im Laufe Ihres Lebens müssten Sie die Wirksamkeit Ihrer Kontrollmechanismen überprüfen und anhand der Ergebnisse ihre Dysfunktionalität anerkennen. Das tun die wenigsten, denn das hieße, ihre einseitige, kontrollierende Lebensweise grundsätzlich infrage zu stellen, was sie befürchten lässt, nicht mehr weiter zu überleben, da sie dann vertrauen müssten statt zu kontrollieren. Da Misstrauen ein weiterer Ausdruck ihres Mangel-Contextes ist, tun sie stattdessen mehr desselben in der vergeblichen Hoffnung, irgendwann die erhoffte und erwartete Sicherheit herbeikontrollieren zu können, wenn sie nur noch rationaler beziehungsweise noch gefühliger sind und handeln.

Was beide Vorgehensweisen ignorieren, ist der grundlegende Misstrauen erzeugende Mangel-Context, der sie zwingt, kontrolliert zu leben. Je mehr sie ihr entweder rationales oder ihr emotionales Kontrollprinzip anwerfen, umso mehr verstärken sie ihr grundsätzliches Misstrauen: in sich, das Leben und andere Menschen. Nur das Anerkennen und Aufgeben der Misstrauen erzeugenden Rechtfertigungsgeschichte beendet den Kontrollzwang.

Die Prinzipien dieser beiden Kontrollmechanismen können Sie am Beispiel eines Rennfahrers auf der Rennstrecke verstehen, wenn Sie das Fahren auf der Rennstrecke mit der Steuerung Ihres Lebens vergleichen. So wie Reifenstapel und Strohballen als Auffangbegrenzungen an gefährlichen Kurven Schutz vor Verletzungen und Schaden bieten, soll der Kontrollmechanismus das Überleben gewährleisten.

Ich denke, also bin ich (sicher)

Genau wie Reifenstapel und Strohballen den Rennfahrer und die Zuschauer schützen sollen, will sich der rational gesteuerte Mensch mithilfe einer scheinbar vernünftigen Lebensweise ebenfalls vor Schäden und Verlust absichern. In diesem Fall symbolisieren die Strohballen seine Zweifel/Bedenken/Vorbehalte/Vorurteile/Urteile/Kritik/Zynismen etc. – *Ich zweifle und kritisiere, weil ich damit Recht habe, und deshalb überlebe ich.*

Rational gesteuerte Menschen hoffen, dass sie das Lebensrisiko kontrollieren und Schäden minimieren können, wenn sie nur lange genug überlegen, spontane Entscheidungen entwerten und als unüberlegt vermeiden, alles und jeden anzweifeln, Veränderungen immer erst bedenklich finden und vor allem eine kritische Distanz wahren, speziell Neuem gegenüber.

Mit dieser Vorgehensweise gelangen Sie irgendwann an Ihre Grenzen und können Ihre Absichten nicht mehr oder nur noch begrenzt verwirklichen, weil Sie mit Ihrer auf Vorsicht und

Spontaneität will wohlüberlegt sein.

Maria & Stephan Craemer

Kontrolle bedachten, sogenannten kritischen Vernunft jegliche Begeisterung, Kreativität und außergewöhnlichen Visionen im Keim ersticken. Auf diese Weise werden Sie auf Dauer an Ihren eigenen Zweifeln verzweifeln, weil Ihr Spielfeld zwar abgesichert und wohldurchdacht ist, Sie aber gelangweilt und unzufrieden, weil unlebendig und begrenzt sind.

Genauso wie die Strohballen auf der Rennstrecke haben auch Kritik und Zweifel ihre absichernde Berechtigung. So könnten Sie vor der Fahrt aus Zweifeln an der Sicherheit Ihres Autos zusätzliche Sicherheitsvorkehrungen einbauen lassen. Bedenken über die Sicherheit im Falle eines Feuers könnten Feuerlöscher entlang der Strecke zur Folge haben und vielleicht führt dauerhafte Kritik über die Umweltverschmutzung sogar zu einem reduzierten Benzinverbrauch, selbst bei hohem Tempo.

Zweifler und Bedenkenträger zweifeln alles an außer ihre Zweifel und Bedenken, die halten sie für wahr.

Zweifel und Bedenken haben so lange ihre Berechtigung, bis Sie den Rennwagen fahren und ins Ziel kommen wollen. Halten Sie dann immer noch an Ihren Zweifeln fest, wäre das so, als würden Sie die Strohballen direkt auf die Strecke legen, um sie nicht aus den Augen zu verlieren. Sicherer wird es dadurch nicht.

Stellen Sie sich vor, Sie fahren mit 190 km/h auf eine gefährliche Kurve zu. Was müssten Sie zu dem Zeitpunkt mit Ihren Zweifeln tun, um nicht aus der Kurve zu fliegen, sondern diese sicher zu meistern? Bedenklich langsam fahren oder gar zweifelnd vollbremsen? Ganz schlechte Wahl, dann fährt Ihnen der Nachfolgende ungebremst auf. Vollgas geben? Auch schlecht, dann fliegen Sie mit Sicherheit aus der Kurve. Um sicher durch die Kurve zu gelangen, müssten Sie ab einem bestimmten Punkt Ihre Zweifel, Bedenken und Vorbehalte im wahrsten Sinne des Wortes links liegen lassen und Ihrer Absicht folgen, die Kurve erfolgreich zu nehmen, um das Ziel sicher zu erreichen.

Das ist für Ratio-Typen das größte zu vermeidende Risiko, da sie ihren Zweifeln mehr vertrauen als sich selbst. In kritischen Momenten ist es gefährlicher, auf Rationalität zu vertrauen, als das Risiko einzugehen, diese aufzugeben. Wer seine Zweifel behält, bekommt das Ergebnis, das seine Zweifel rechtfertigt, um über seine Vorgehensweise recht zu behalten. Dann hat man zwar recht, aber schlechte Ergebnisse. Das ist der Preis.

Wenn Sie Ihre Zweifel nicht links liegen lassen, sondern unbedingt im Auge behalten wollen, werden Sie direkt auf die Zweifel, sprich Strohballen zusteuern und aus der Kurve fliegen. In den Auffangbegrenzungen gelandet, können Sie allerdings sagen: *Siehste, hätte ich doch mehr auf meine Zweifel gehört!* – nicht ahnend, dass Sie sich selbst mit Ihren Zweifeln dorthin gesteuert haben, um die Berechtigung Ihrer Zweifel zu bestätigen.

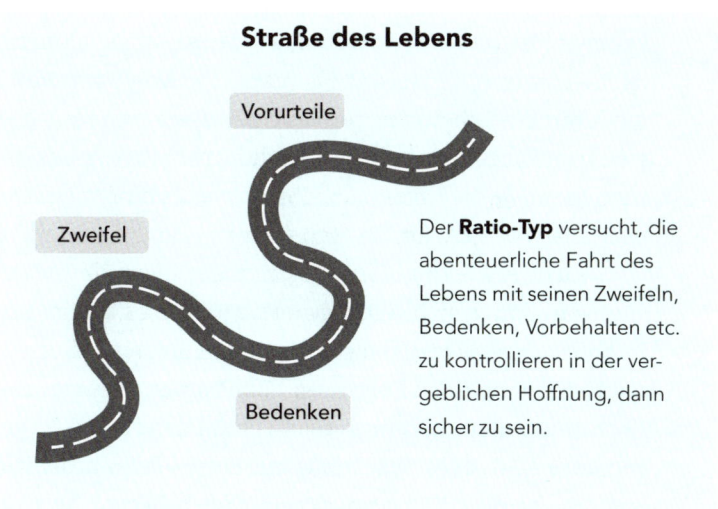

Straße des Lebens

Vorurteile

Zweifel

Bedenken

Der **Ratio-Typ** versucht, die abenteuerliche Fahrt des Lebens mit seinen Zweifeln, Bedenken, Vorbehalten etc. zu kontrollieren in der vergeblichen Hoffnung, dann sicher zu sein.

Stärken rationaler Menschen

Rational gesteuerte Menschen wägen sämtliche Vor- und Nachteile gründlich ab und handeln entsprechend besonnen, dadurch minimieren sie fahrlässige Entscheidungen. Ihre strukturierte und gewissenhafte Vorgehensweise dient sowohl der Qualitätssicherung als auch der Qualitätsoptimierung. Zudem lassen sie sich auch in kritischen Situationen nicht aus der Ruhe bringen oder von Gefühligkeiten leiten, sondern behalten die Nerven und handeln planvoll, was in Notsituationen Leben rettet. Zudem sind sie meistens loyal und verlässlich, weil berechenbar, eindeutig, gefühlsneutral oder gefühlsnüchtern, das heißt, nicht von ihren Gefühlen gebeutelt.

Schwächen rationaler Menschen

Ihre Gefühlsneutralität lässt sie wenig herzlich und begeistert sein. Sie überblicken zwar Struktur und Ablauf von Situationen und wollen diese beeinflussen, nehmen dabei aber zwischenmenschliche Stimmungen und Störungen nicht wahr oder ignorieren diese. Sollte der andere ihre teils rigiden Ansichten nicht teilen oder ihre strikten Vorgaben nicht erfüllen und Schwierigkeiten in der Umsetzung haben, werden sie ungehalten und unleidlich bis hin zu Arroganz, Ignoranz und Dominanz. Ihr Zwang, nicht nur Ergebnisse, sondern auch Prozesse und Menschen rigide kontrollieren zu wollen, verhindert kreative neue Ideen und Lösungen. Für die Umsetzung ihrer angeblich richtigen Ideen übergehen sie gern andere und wirken nach außen herzlos.

Sie achten nicht auf ihre eigenen Gefühlsindikatoren und sind somit auch sich selbst gegenüber herzlos, indem sie zum Beispiel körperliche Grenzen überschreiten, was häufig Burnout zur Folge hat. Zu Folgen und Konsequenzen eines zweiflerisch-rationalen Umgangs mit sich und den Herausforderungen der Realität ein Ausschnitt aus einem Trainings-Dialog mit einer 35-jährigen Lehrerin: *Kontrolle durch Zweifel.*

Trainings-Dialog

Zweifel oder Risiko?

Teilnehmer (TN): Ich muss immer zweifeln und langsam stört mich das.

Maria & Stephan Craemer (Craemer²): Was ist für dich Sinn und Zweck des Zweifelns?

TN: Bestätigung finden.

Craemer²: Bestätigung wofür?

TN: Für mich, meine Taten und meine Gefühle.

Craemer²: Und welche Aussage soll die Summe deiner Taten und Gefühle dann nicht über dich machen?

TN: Hm, so hab ich noch nicht darüber gedacht.

Craemer²: So zu denken ist auch ungewohnt. Wir untersuchen, wozu du zweifelst, also mit welcher Absicht zu welchem Zweck du das tust. Deshalb die Frage: Wer glaubst du zu sein, dass du Bestätigung brauchst? Und wir fragen bewusst: *Wer glaubst du zu sein?*, nicht: *Wer bist du?*.

TN: Dass ich dann alles richtig mache.

Craemer²: Die Zweifel sollen dich davor schützen Fehler zu machen und wenn du Fehler machst, was bekommst du dann?

TN: Ja, ich weiß, ich würde sagen, wirklich Bestätigung und Trost.

Craemer²: Worin sollen sie dich bestätigen und wofür trösten?

TN: Für mich. Dass ich dadurch weiß, was ich will, wer ich bin.

Craemer²: Gibst du dir dann mit den Zweifeln Sicherheit?

TN: Ja, also wenn ich dadurch Bestätigung bekomme, schon.

Craemer²: Also wenn du nicht zweifeln und dann Fehler machen würdest, würdest du dich verurteilen oder befürchtest, dass andere das tun?

TN: Ja, dann wäre das Fehlermachen entschuldigt. Dann war ich ja nicht naiv.

Craemer²: Hoffst du, durch Zweifel Fehler ausschließen zu können?

TN: Ja, genau.

Craemer²: Und du willst Fehler ausschließen, um dir selbst keine Vorwürfe machen zu müssen oder welche zu bekommen. Denn wenn du etwas falsch machst, was denkst du dann über dich?

TN: Dass ich immer etwas falsch mache.

Craemer²: Und wer glaubst du zu sein, dass du »immer« was falsch machst? Wie nennst du so jemanden?

TN: Versager.

Craemer²: Solange du denkst, *ich bin ein Versager,* willst du dich mit Zweifeln vor Fehlern schützen, um dich nicht als Versager zu fühlen. Du bist kein Versager, aber du denkst das über dich mit den dazugehörigen Gefühlen. Noch mal zu den Zweifeln: Hast du schon mal viel gezweifelt und doch nicht das Ergebnis bekommen, was du wolltest?

TN: Vor Kurzem erst. Ich habe lange gezweifelt, ob ich die Stelle in einer anderen Stadt annehme, und dann war sie weg.

Craemer²: Also schützen Zweifel nicht wirklich vor Fehlern, es fühlt sich danach nur besser an. Manchmal verhindern Zweifel sogar Ergebnisse.

TN: Ja, aber ich kann sie so schlecht loslassen.

Craemer²: Das glauben wir. Wie fühlst du dich, wenn du zweifelst?

TN: Sicher.

Craemer²: Um das System mal contextuell zusammenzufassen: Du zweifelst, um keine Fehler zu machen. Fehler willst du vermeiden, um dich nicht als Versager zu fühlen. Aber weil du dich als Versager fühlst, zweifelst du.

TN: Ja, genau. Stimmt. Wie komm ich denn da raus?

Craemer²: Wenn es möglich wäre, dieses contextuelle System aufzugeben, wärest du dazu bereit?

TN: Ja, aber das kann ich mir nicht vorstellen.

Craemer²: Du zweifelst wahrscheinlich gerade wieder, oder?

TN: Ja, stimmt.

Craemer²: Wie du da rauskommst? Schritt für Schritt. Im Laufe des Trainings kannst du emotional erfahren, dass »Versager« nur eine mentale Schlussfolgerung ist, auch wenn sie sich für dich wahr anfühlt. Bist du zu diesem Zeitpunkt bereit, den Automatismus zu unterbrechen, zweifeln zu müssen, um sicher zu sein?

TN: Ja, deswegen bin ich hier. Ich bin die Zweifel auch leid.

Craemer²: Das glauben wir. Wer zu viel zweifelt, ist irgendwann auch verzweifelt. Das heißt übrigens nicht, dass du nie mehr etwas infrage stellst. Es ist auch nützlich zu hinterfragen, ob etwas für dich funktioniert oder nicht. Aber du wirst nicht mehr gezwungen sein zu zweifeln, um dich sicher und nicht als Versager zu fühlen. Jetzt wurde deine Landkarte mental aufgedeckt, der nächste Schritt ist, den emotionalen Automatismus zu stoppen.

Ich fühle, also bin ich (sicher)

Bei emotionalen, gefühlsgetriebenen Menschen symbolisieren die Strohballen am Rande der Rennstrecke des Lebens ihre Sorgen/Ängste/Ärger/Gefühligkeiten/Launen etc. Sie hoffen, das Risiko des Lebens kontrollieren zu können, wenn sie sich nur lange genug Sorgen machen über alles, was passieren könnte, viel über ihre Ängste reden und sich maßlos aufregen, sobald etwas nicht so läuft, wie sie es für richtig halten. *Ich jammere und leide, also hab' ich recht und überlebe.* Damit fahren sie auch ganz gut – wenn sie sich überhaupt noch ins Auto setzen und auf die Straße des Lebens trauen –, bis sie ebenfalls an die Grenzen ihres Kontrollmechanismus stoßen und vor lauter Gefühligkeiten die Rennstrecke verfehlen und ins Kiesbett rutschen.

Auch hier haben die Emotionen ihre absichernde Berechtigung, solange sie lediglich als Warnsignal wahrgenommen werden und nicht das Steuer übernehmen. So könnten Sie vor der Fahrt aus Angst vor einem Unfall erneut die Reifen überprüfen oder aus Ärger über nachlässiges Streckenpersonal die Sicherheitsvorkehrungen nachbessern lassen.

Wenn Sie das Fahrzeug dann allerdings ängstlich oder verärgert fahren, führt das definitiv zu Fehlverhalten und Unfällen. Wer aus lauter Angst vor der Kurve eine Vollbremsung macht, fliegt aus der Bahn oder provoziert einen Auffahrunfall. Wer vor Wut über die Kurve mit Vollgas hindurchfahren will, landet garantiert in den Auffangbegrenzungen. In beiden Fällen können Sie dann zwar auch wieder sagen: *Siehste, hätte ich doch mehr auf meine Gefühle gehört!* – nicht wissend, dass Sie sich selbst in das hineingesteuert haben, was Sie mit Angst vermeiden oder mit Wut nivellieren wollten.

Sorgen sind kein Zahlungsmittel, mit dem man sich von negativen Erfahrungen freikaufen kann.

Zudem sollen die schnelleren Fahrer eine unfreiwillige Gefühls- und Verhaltensumerziehung absolvieren und gezwungen werden, hinter den angstbesessenen langsameren Fahrern zu bleiben. Wenn sie trotzdem überholen, werden sie als herzlos geächtet, weil sie auf die *Gefühle* der Langsamen keine Rücksicht nehmen.

Wenn der Emotionsgetriebene ein Hindernis sicher meistern will, dann bleibt auch hier ab einem bestimmten Punkt nur, alle Ängste, Sorgen und scheinbar sicheren Gefühligkeiten links liegen zu lassen und sich selbst und seiner Absicht zu

vertrauen, und zwar unabhängig von den jeweiligen Gefühligkeiten. Das ist das größte Risiko.

Um das Risiko zu vermeiden, sich selbst und ihrer Absicht
vertrauen zu müssen, werden Emotionsgetriebene betonen,
dass sie schon immer das *Gefühl* hatten, es wäre besser gewesen, langsam oder gar Fahrrad zu fahren, oder besser noch,
zu Fuß zu gehen, statt sich einem vermeintlich gefährlichen
Abenteuer auszusetzen. Doch dann machen sie die Erfahrung, dass sogar Radfahrer und Fußgänger unangenehme
Überraschungen erleben, vor allem von einseitig gesteuerten
anderen Lebensverkehrsteilnehmern. Spätestens wenn Ärger
und permanente Sorgen körperliche Auswirkungen zeitigen
und die gepflegte Langeweile als sogenannter Alltag einsetzt,
müssen Sie wählen, ob Sie diese Steuerung aufgeben oder sich
Ihr Leben weiter schön- oder schlechtreden wollen.

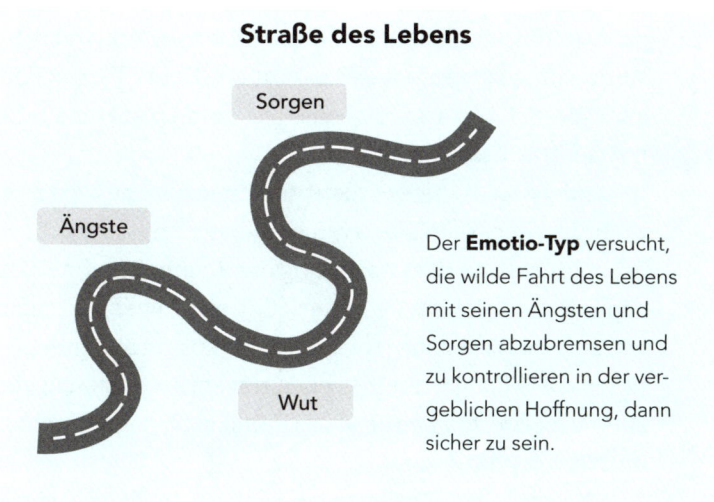

Straße des Lebens

Sorgen

Ängste

Wut

Der **Emotio-Typ** versucht,
die wilde Fahrt des Lebens
mit seinen Ängsten und
Sorgen abzubremsen und
zu kontrollieren in der vergeblichen Hoffnung, dann
sicher zu sein.

Stärken emotionaler Menschen

Sie sind einfühlsam, oft grundlos herzlich, schnell für ungewöhnliche Wege zu gewinnen und können andere Menschen leicht für sich und neue Möglichkeiten begeistern. Stimmungsveränderungen anderer Menschen nehmen sie unmittelbar wahr und handeln oft entsprechend empathisch. Damit tragen sie erheblich zu wertschätzender und fantasievoller Atmosphäre bei. Häufig bringen sie unkonventionelle Ideen ein und sind kreativ bei deren Umsetzung. Ob ihres grundsätzlichen Mitgefühls fühlen sich andere bei ihnen sicher, was einen vertrauten Umgang ermöglicht.

Schwächen emotionaler Menschen

Weil sie ihre Gefühle an die erste Stelle setzen, fordern sie permanente Rücksichtnahme auf ihre Gefühligkeiten und Launen, was das Produzieren von Ergebnissen erschwert oder gar verhindert. Für sie ist das wichtigste Ergebnis, permanent gute Gefühle zu haben, und diese sollen andere und die Umstände ihnen erzeugen und garantieren. Vor allem sollen alle anderen sich so verhalten, dass sie zumindest keine schlechten Gefühle bekommen.

Andere Menschen werden von ihnen gern entweder als Gefühlskellner oder als Gefühlsmülleimer missbraucht. Die missbräuchliche Übersteigerung der Wichtigkeit ihrer Gefühle benutzen sie gern als Rechtfertigung gefühliger Manipulationen wie auch emotionaler Erpressung auf Kosten anderer. Diese sollen sie gefälligst durchs Leben tragen, am besten in einer stark gepolsterten Sänfte, da es ihnen ja ob der befürchteten und realen Widrigkeiten des Lebens schon schlecht genug gehe.

Mit ihren Gefühligkeiten und Launen wollen sie vermeiden, am Ergebnis gemessen zu werden, und haben zudem eine gute Begründung für schlechte Ergebnisse. Damit machen sie sich schwer erreichbar und entwerten unausgesprochen diejenigen, die produktiv ihr Wort leben. Ihr spontanes Handeln ermöglicht zwar kreative Ideen, nur stehen ihnen ihre Gefühligkeiten bei der Verwirklichung häufig im Weg.

Sie sind oft so sehr mit sich und ihren Gefühlen beschäftigt, dass sie keinen langfristigen Einsatz für andere zeigen, außer sie fühlen sich dabei langfristig gut. Oft nutzen sie ihre Gefühle, um Vereinbarungen oder ihr Wort nicht zu halten, eben weil sie sich gerade nicht danach *fühlen*. Damit machen sie sich unberechenbar, was sie auch sein wollen, um alle anderen dahin zu erziehen, sich gefälligst nach dem Allerwichtigsten, nämlich ihren Gefühlen zu richten. Gefühle halten sie für *richtiger, wahrer* oder *echter* und besonders ihre persönlichen Gefühle sollen deshalb mehr Gewicht haben als alles andere.

Menschen dieses Typs laufen Gefahr, Effekt oder Opfer ihrer Gefühligkeiten und Launenhaftigkeit zu werden und dann nicht mehr weiter zu wissen, weil sie jede andere Vorgehensweise als verwerflich, weil zu rational ablehnen.

Der nächste Dialogausschnitt mit einer 24-jährigen Studentin verdeutlicht, wie stark Angst vor Schuldgefühlen als emotionaler Kontrollmechanismus wirkt.

Trainings-Dialog
Angst oder Wachsamkeit?

Teilnehmer (TN): Ich hab mit einer Sache einen richtigen Knall.
Maria & Stephan Craemer (Craemer[2]): Du sprichst sehr dramatisch.
TN: Ja, weil mich das immer ärgert über mich selbst.
Craemer[2]: Und musst du deine Gefühle dramatisieren?

TN: Nein, ich könnte es lassen, das wäre vielleicht einfacher für mich.

Craemer²: Das stimmt. Die Frage ist, ob du es einfach haben willst. Die meisten Menschen lieben Drama und die Medienindustrie profitiert davon.

TN: Ich habe seit meiner Kindheit eine bestimmte Angst, und zwar davor, dass eine Katastrophe passieren kann, wenn ich nicht wirklich ganz gut aufpasse. Das hat mit einer Situation von früher zu tun, dass ich anscheinend mal eine Stalltür offen gelassen habe und mein Vater hat mir starke Vorwürfe gemacht, dass das Pferd vor ein Auto auf die Straße hätte rennen können. Und wenn ich Pferde so wahnsinnig liebe, wie kann ich dann so doof sein, dass ich die Tür auflasse und damit so ein Risiko eingehe?

Craemer²: Du bist nicht doof, du hast eine Tür offen gelassen. Er hat etwas gemacht, was viele Eltern machen, er hat dich mit Angst erziehen wollen. Nach dem Motto, du hättest Angst haben und als Folge davon besser aufpassen müssen, dann hättest du die Tür abgeschlossen.

TN: Ja, genau, und seitdem habe ich das halt und ich habe auch das Gefühl, dass ich manchmal zwei oder drei Mal wieder hingucke oder kontrolliere, obwohl ich weiß, dass die Tür zu ist, und ich habe das mit einigen anderen Dingen auch. Ich kriege das manchmal ohne Angst geregelt und manchmal überhaupt nicht und das war auch eigentlich mein Ziel, womit ich ins Training gekommen bin, dass ich dachte, wenn mir das gelingen könnte, dass ich diese Angst loswerde. Aber es ist, denke ich, mehr eine etwas andere Angst. Ich habe das Gefühl, als wenn meine ..., wenn mein Über-Ich mich wieder zurückruft.

Craemer²: Ein Über-Ich gibt's nicht, außer bei Freud. Der glaubte daran, weil diese Interpretation scheinbar unerklärliche Zusammenhänge erklärlich machen sollte. Das heißt nicht, dass diese Interpretation stimmt. Der Nachteil ist, dass du dich damit machtlos machst. Und dann wirst du unsicher als Opfer deiner eigenen Interpretation.

TN: Aber irgendwas ruft mich wieder zurück und sagt: Du kannst nicht gehen, du musst kontrollieren, ob die Tür zu ist, denn du kriegst das mit deinem Gewissen nicht auf die Reihe. Wenn hier was passiert, das überlebst du nicht.

Craemer²: Doch, das wirst du überleben, aber die Pferde vielleicht nicht.

TN: Aber das Gefühl oder die Angst habe ich halt, dass ich das nicht überlebe.

Craemer²: Du kannst in der Absicht leben, alles zu sichern, und hast trotzdem keine Garantie. Stell' dir vor, du hast sichergestellt, dass die Tür verriegelt ist, und dann brennt die Hütte ab. Hättest du die Tür aufgelassen, wären die Tiere rausgekommen. Noch mal, wie würdest du deine Angst benennen? Angst vor einer Katastrophe oder zu versagen?

TN: Und wenn das mein Fehler war, dass das passiert ist?

Craemer²: Tod gehört untrennbar zum Leben. Du kannst den Tod nicht ins Krankenzimmer neben den Fahrstuhl packen. Du müsstest anerkennen, dass der Tod eine weitere Form – so paradox es klingt – des Lebens ist. Eine endgültige und gleichzeitig eine neue, unbekannte Form.

TN: Und dass ich mich dann halt nicht schuldig fühlen brauche?

Craemer²: Ja, du brauchst dich überhaupt nie schuldig fühlen, du bist nie ein schlechter Mensch, es gibt keine schlechten Menschen. Es gibt nur schlechtes oder besser gesagt nicht funktionierendes oder schädliches Handeln.

TN: Es geht nie mehr darum, wenn es mein Verschulden wäre?

Craemer²: So wie du sprichst, hört es sich an, als hättest du Angst davor, dich schuldig zu machen. Stimmt das?

TN: Ja, genau, ich will unbedingt Fehler vermeiden, vor allem tödliche.

Craemer²: Selbst wenn durch dein unterlassendes Handeln die Tiere gestorben wären, wärest du nicht schuld. Du wärest verantwortlich. Und wenn du verantwortlich bist, hat es Konsequenzen. Die Konsequenz ist aber nicht, dass du ein schlechter Mensch bist. Die Konsequenz ist, dass du als Ausgleich für das Ergebnis irgendwie aufkommst. Und eine emotionale Konsequenz wäre, du wärest traurig. Du kannst diese Übung nutzen, um dich zunächst emotional von der Angst zu verabschieden. Die Angst, dich schuldig zu machen. Danach werden wir die Funktion von Angst noch theoretisch untersuchen.

TN: Ja, Angst sich schuldig zu machen, sogar mehr als nur Schuldgefühle. Das trifft es.

Craemer²: Was du statt Angst brauchst, ist Wachsamkeit im Sinne von Aufmerksamkeit. Und die Absicht, das zu tun, was für dein beabsichtigtes Ergebnis notwendig ist. Du kannst dich in der nächsten Übung nicht für immer von Angst verabschieden, aber du kannst den Automatismus stoppen, Angst zu haben und kontrollieren zu müssen. Der Rest ist ein langjähriges, mental-emotionales Training.

TN: Danke. Werd' ich üben.

Craemer² : Und du hast keinen Knall. Du kontrollierst nur drei Mal, ob die Tür zu ist, und dramatisierst gern. Das ist alles. Das kannst du machen, musst es aber nicht.

Der gefühlsgebeutelte Zweiflerclub

Das Fatale ist, dass Menschen irgendwann nicht mehr mit Zweifeln oder Ängsten kontrollieren, sondern von ihren Zweifeln und Ängsten kontrolliert werden. Sie **haben** dann nicht nur Zweifel oder Ängste, sie **sind** ihre Zweifel und Ängste. Das Ergebnis? Sie fahren keine aufregenden Rennen mehr, sondern gehen nur noch überschaubare kurze Strecken zu Fuß, beschweren sich jedoch darüber, dass sie nicht mehr dahin kommen, wo sie eigentlich hin wollen und das Leben langweilig geworden sei. (Langeweile wird zu 80 Prozent als Grund für den grassierenden Alkoholmissbrauch genannt.) Sie entwerten und verachten diejenigen, die sich ein abenteuerliches Leben erlauben, mit dem auf Schadenfreude hoffenden Mantra, dass sie schon noch sehen werden, was sie davon haben, und irgendwann ebenfalls aus der Kurve fliegen.

Denjenigen, die sich diesem gefühlsgebeutelten Zweiflerclub verweigern, wird der Ratio-Typ eine systemkonforme, weil unkritische Einstellung und der Emotio-Typ unsoziales Verhalten vorwerfen. Ihre rechthaberische Positioniertheit scheint beiden Typen das gemeinsame Ausharren im gemütlichen Elend erträglich zu machen.

Die wilde Fahrt genießen

Eine völlig andere, integrative Möglichkeit, die Fahrt des Lebens zu genießen, ist eine intentionale Lebenssteuerung. Sie setzen sich nicht dafür ein, Ihr Leben zu kontrollieren und Risiken zu vermeiden, sondern im Context des Vertrauens in Ihre Absicht sicher ans Ziel zu steuern. Dabei vernachlässigen oder entwerten Sie weder Rationalität noch Emotionalität, sondern nutzen beide Vorgehensweisen sinnvoll. Sie setzen Rationalität ein, um durch eine kritische Herangehensweise eventuelle Schwachstellen herauszufinden und zu beheben. Gefühle nutzen Sie als Indikator, um weitere Lücken im System zu schließen.

Dogmatische Ratio führt zu Hartherzigkeit, dogmatische Emotio führt zu Gefühligkeit, emotionale Vernunft führt zu Weisheit.

Sobald Sie jedoch ins Fahrzeug steigen, geben Sie diese Kontrollmechanismen auf und vertrauen sich selbst, Ihrer Absicht und Ihrem Commitment, das Ziel zu erreichen. Was nicht heißt, dass Sie garantiert sicher ankommen, schließlich sind eine Menge Bedenkenträger und Gefühlszombies unterwegs, die sich auf der Straße des Lebens gern als Hindernis zur Verfügung stellen. Doch werden risikobereite Menschen garantiert die wilde Fahrt genießen und im Ziel feiern, unabhängig davon, welchen Platz sie erreicht haben.

Unterwegs nutzen Sie nicht nur beherzt Bremse und Lenkrad, um sicher ans Ziel zu steuern, sondern Sie setzen definitiv auch kühn das Gaspedal ein, um lustvoll und risikobereit Ihre Absichten zu verwirklichen. Weder erhabene Zweifel noch sittenstrenge Gefühligkeiten werden die erfolgreich erfüllte Fahrt vermiesen oder gar unmöglich machen. Abenteuerlustige BeabsichTiger erwartet das attraktivste Risiko: ein erfolgreich erfülltes Leben.

5. Die Spirale des Lebens

Ins Leben hineingeboren zu sein garantiert noch nicht zu überleben. Um zu überleben, zwingt uns das Universum, entsprechende Bedingungen zu erfüllen. Wenn wir das verweigern, ist unser Überleben bedroht. Die Grundbedingungen zum Überleben sind einfach und teilweise dauerhaft vorhanden, allerdings ohne Garantie.

Als Erstes braucht der Mensch **Sauerstoff** zum Atmen, also Luft zum Leben. Als Nächstes benötigt der Organismus flüssige und feste **Nahrung** zum Systemerhalt. Drittens erfordert das Überleben einen gewissen **Schutz** vor den Unbilden der Natur und vor gefährlichen Lebewesen in Form von Kleidung und Behausung. Viertens bedarf es zum Überleben eines bestimmten Maßes an physischer und sozial-emotionaler **Nähe**; Kleinstkinder sterben, wenn sie nach der Geburt ausschließlich Nahrung, aber keine körperliche und emotionale Zuwendung bekommen. Abschließend verlangt der menschliche Organismus nach **Licht**, ohne das die Hypophyse im Gehirn versagen würde.

Sauerstoff und Licht sind naturgegeben genug vorhanden; Nahrung, Schutz und Nähe müssen wir uns beschaffen. Um es zu bekommen, sind wir gezwungen, bestimmte Ergebnisse zu produzieren, also das zu erzeugen, was uns fehlt. Hier ist das Universum dominant, das heißt, es lässt uns keine Wahl – auch wenn vielen der universelle Zwang nicht gefällt, zum Überleben entsprechende Ergebnisse produzieren zu müssen.

Aufgrund des Trägheitsprinzips, möglichst wenig Energie für die Produktion zum Überleben benötigter Ergebnisse aufwenden zu müssen, haben Menschen die Tendenz, sich ihr Leben tunlichst bequem zu gestalten und einzurichten. Bequem heißt: größtmögliche Abwesenheit übermäßiger Anstrengungen und Schutz vor als zu groß oder zu schwer bewerteten Herausforderungen und vor allem Schutz vor potenziell bedrohlichem Leid. Viele wollen mit der zum Überleben benötigten Ergebnisproduktion nur begrenzt behelligt werden. Die damit zusammenhängenden unliebsamen Aufgaben sollte, insbesondere ohne Gegenleistung, bevorzugt jemand anderes übernehmen (Eltern, Partner, Kollegen, Vorgesetzte, Gesellschaft, Staat etc.)

Gemütliches Elend

Der mit einer Bequemlichkeitsabsicht ausgestaltete und eingenommene Lebensbereich lässt sich der Einfachheit halber als **Komfortzone** bezeichnen und nicht zufällig bequem als KFZ abkürzen – denn was gibt es Bequemeres für die Fortbewegung als ein KFZ (Kraftfahrzeug), um eigene Anstrengungen zu vermeiden? Die Komfortzone umschreibt einen alltäglichen Lebenszusammenhang, der Menschen vertraut und bekannt ist, weil sie ihn sich erschaffen haben und die meiste Zeit darin bequem und unbehelligt von der Erfüllung zusätzlicher Ansprüche verbringen wollen. Viele halten zudem die Erfüllung der Bedingungen für Erfolg und Erfüllung für zu aufwendig und verharren deshalb lieber in ihrer KFZ.

Da es in der Komfortzone auf Dauer nicht möglich ist, sich vor Bedrohungen, Herausforderungen und Leid zu schützen, geschweige denn sich der Erfüllung der Überlebensbedingungen zu entziehen, bleiben sie mit der Notwendigkeit konfrontiert, Ergebnisse zum Überleben produzieren zu müssen, egal wie sehr sie sich in ihrer Komfortzone eingeigelt haben. Einige sind jedoch davon inspiriert, nicht nur die Überlebensbedingungen, sondern sogar die Bedingungen für Erfolg und Erfüllung zu erfüllen, können sie sich damit doch vollständig und erfolgreich zum Ausdruck bringen.

Andere hingegen lehnen sogar das Erfüllen einfachster Überlebensbedingungen mit unterschiedlich evidenten Rechtfertigungsgeschichten ab. Die daraus resultierenden schlechteren Ergebnisse quittieren sie mit Unzufriedenheit, sind jedoch nicht bereit, in eine bessere Lebensqualität zu investieren. Wiederum andere geben sich mit schlechten bis mittelmäßigen Ergebnissen zufrieden, da ihnen diese meist zum Überleben reichen sollen.

Die daraus resultierenden, selbst erschaffenen finanziellen und emotionalen Lücken soll bevorzugt jemand anderes schließen: Eltern, Partner, Kinder, Chefs, *Vater Staat* etc. Vater Staat kommt diesem Ansinnen gern entgegen, indem er auf Kosten anderer Steuerzahler gönnerhaft paternalistisch den Mangel ausgleicht, sei es mit Sozialhilfe, Dauersubventionen oder Krediten in Milliardenhöhe, um mit einem sozialen Schutzanstrich (= Kauf von Wählerstimmen) als Regierungspartei wiedergewählt zu werden. So tappt Vater Staat mit seinem Fürsorgepostulat in die Anspruchsfalle, die er selbst aufgestellt hat.

Wer auf Kosten anderer leben will, muss den Standpunkt »Ich bekomme nicht, was ich will« beibehalten, um den Anspruch auf Ausgleich und Entschädigung aufrechterhalten zu können.

Lieber das bekannte Elend als das unbekannte Glück

Für die meisten Ergebnisproduktionsverweigerer zeichnet sich die Komfortzone durch irgendeine Form von Mangel aus: permanente Schulden oder sonstige Geldprobleme, wiederkehrender Streit mit der Familie, dem Partner, Arbeitgeber, Kunden, gesundheitliche Probleme und Beeinträchtigungen, ständige Unzufriedenheit oder beständiger Zeitdruck. Geldprobleme bleiben vielen vertraut, egal wie hoch ihr Einkommen oder wie groß ihr Vermögen ist.

Das Komfortable daran ist, dass dieser Mangel dem Betreffenden bekannt und vertraut ist und sein Überleben, wenn auch auf niedrigem Niveau, bis heute gesichert hat. Dafür leistet er sich die Bequemlichkeit und kann so die den mittelmäßigen Mangelzustand erzeugenden Standpunkte und Rechtfertigungsgeschichten konservieren. Vor Veränderungen, die ihre vertraute Komfortzone bedrohen, haben viele Menschen Angst, weil sie befürchten, dass es dann noch schlechter wird, als es schon ist. Sie wollen lieber das bekannte Elend als das unbekannte Glück, da es sicherer, weil vertrauter erscheint.

Alles soll besser werden, aber bleiben, wie es ist

Warum Menschen im gemütlichen Elend verharren, lässt sich im Wesentlichen auf folgende vier Motive reduzieren: Schönreden, Recht-haben-Wollen, Angst vor Neuem, Angst vor Selbstentwertung.

Beginnen wir mit dem **Schönreden.** Um mit ihren Ergebnissen (Zeitmangel, Geldmangel, Umsatzrückgang, Unzufriedenheit, Ärger, Bluthochdruck, Streit etc.) nicht konfrontiert zu sein, beschönigen viele ihren Lebenszustand mit Plattitüden: *In jeder Ehe gibt es Alltagstrott; alle haben Geld- und Zeitmangel; man kann nicht alles haben; die Wirtschaftslage gibt nicht mehr her; Geld macht auch nicht glücklich; es ist ja nicht schlecht; das Leben ist nun mal kein Wunschkonzert/Ponyhof!* etc. Da der Verstand selten die *Wahrheit* wissen, geschweige denn zugeben will, hat diese Vernebelungstaktik zur Folge, dass sie nicht zufrieden **sind**, sondern sich wie viele andere allenfalls zufrieden **geben** und mit den sedierend trivialen Allgemeinplätzen im mittelmäßigen Mangelbewusstsein stecken bleiben.

Um nicht schlechter dazustehen, wird das Leben gegenüber anderen besser dargestellt, als es ist, allerdings auch nicht zu gut, sondern immer mit einem Quäntchen Unzufriedenheit und Wehklagen. Diejenigen, die aus der allgemeinen Unzufriedenheit ausscheren und ihr Leben wie ein erfolgreiches Abenteuer beschwingt gestalten, werden von ihnen als bedrohlich, weil zu lebendig und erfolgreich, abgelehnt, entwertet und ausgegrenzt.

Das zweite Motiv, die Komfortzone nicht verlassen zu wollen, basiert auf dem wohl signifikantesten Merkmal des Verstandes: selbst wider besseres Wissen um jeden Preis **recht haben zu wollen,** weil er befürchtet, dass sein Überleben bedroht ist, wenn er im Unrecht ist. Da sich die meisten Menschen mit ihrem Verstand und dessen Funktionsweisen identifizieren, glauben sie, dass ihr Überleben bedroht ist, wenn sie nicht im Recht sind. Allerdings wird *Im Unrecht gewesen* selten als Todesursache diagnostiziert. Im Gegenteil: Im Unrecht über dysfunktionale Standpunkte und Contexte zu sein ist eine heilsame Erfahrung. Beinhaltet sie doch ungeahnte Möglichkeiten der Weiterentwicklung und Kurskorrektur zu Erfolg und Erfüllung, die – ohne im Unrecht über ihre Verhinderungsrechtfertigungen zu sein – unmöglich wären.

Viele sind lieber im Recht und unglücklich als im Unrecht und glücklich.

So bleiben Sie erfolglos

Wenn Sie einen Ihnen von Angesicht zu Angesicht gegenüber stehenden Menschen bitten, gleichzeitig mit Ihnen nach links zu zeigen, wird er in die Ihnen entgegengesetzte Richtung zeigen und genau wie Sie recht haben, weil er in die von seinem Standpunkt ausgehende Richtung nach links zeigt. Wenn Sie beide gefragt werden, was genau Sie wahrnehmen, werden Sie je nach Blickrichtung völlig unterschiedliche Wahrnehmungen beschreiben. Nun könnten Sie sich beide heftig echauffieren und den anderen von der Richtigkeit Ihrer eigenen Sichtweise lautstark überzeugen. Das endet im Streit und die Quintessenz des Streits ist die Frage: *Wer hat recht über seine Sichtweise?* In diesem Fall beide.

Wenn keiner seinen Standpunkt aufgibt und stattdessen auf der Richtigkeit seiner Sichtweise beharrt, führt das nicht nur zu Streit, sondern auf Dauer zu Krieg über die angeblich rechtmäßige Richtigkeit ihrer Werte, die richtige Politik, das richtige Wirtschaftssystem, das richtige Geschlecht, den richtigen Gott etc.

Bis heute hat noch niemand endgültig nachweisen können, was richtig und falsch ist, ändert sich das doch kontinuierlich, je nach verfolgter Absicht und Weltepoche. Wenn Sie also Frieden wollen, müssten Sie sich zumindest für eine Weile auf den Standpunkt des anderen stellen, dann wüssten Sie, wo sein *Links* ist, und könnten ihm zustimmen, auch wenn Sie seinen Standpunkt nicht dauerhaft einnehmen wollen, weil Sie konträre Absichten verfolgen.

Es ist nicht besonders erleuchtet
esoterisch zu begründen
nicht erfolgreich zu sein.

Worüber viele Menschen im Recht bleiben wollen, ist der nicht nur im Handwerk weitverbreitete Standpunkt: *Das geht nicht!* Wenn Sie auf diesem Standpunkt stehen, dann gibt es zwei Möglichkeiten: Es ging tatsächlich nicht und Sie haben Misserfolg oder es ging doch und Sie haben Erfolg. Das Fatale ist, dass auf dem Standpunkt *Das geht nicht* der Misserfolg ein Erfolg ist, weil Sie dann recht über Ihren Standpunkt bekommen haben und zumindest *Siehste* sagen können. Damit machen Sie die Tür für Misserfolg weit auf.

Wenn Sie auf einem Unmöglichkeitsstandpunkt stehen, laufen Sie Gefahr, vom Erfolg ins Unrecht gesetzt zu werden, was Ihr Verstand zu verhindern sucht. So bleiben Sie erfolglos – zum Preis des Recht-haben-Wollens. Die Unwilligkeit, dysfunktionale Standpunkte aufzugeben, drängt unweigerlich in wirtschaftliche und emotionale Bedürftigkeiten, die dann mithilfe benebelnder Substanzen und esoterischer Affirmationen wieder schöngefärbt werden sollen.

Weisheit der Mäuse

Zu den Konsequenzen des Recht-haben-Wollens eine Fabel, die wir aus einem bekannten psychologischen Experiment abgeleitet haben:

Der Versuchsleiter legt in einem Labyrinth in einem versteckten Gang ein Stück Käse als Köder für eine Maus aus, die er ins Labyrinth setzt. Was macht die Maus? Sie läuft schnüffelnd herum, hat weder Erwartungsdruck noch Stress und findet irgendwann den Käse und frisst ihn. Vielleicht ist sie dabei sogar auch noch glücklich. Der Versuchsleiter führt dasselbe Experiment einige Hundert Mal durch, bis die Maus so weit ist, dass sie nicht mehr durch alle Gänge läuft, um den Käse irgendwo zu finden, sondern konditioniert ist, also gelernt hat, wo der Käse liegt, und auf direktem Weg zum Käse geht. Sie ist konditioniert, genauer gesagt dressiert, weiß es aber nicht. Sie braucht nicht mehr den langen Weg, sondern hat den direkten Weg zum Käse gefunden.

Um den Versuch abwechslungsreich zu gestalten und herauszufinden, wie die Maus auf Veränderungen reagiert, legt der Versuchsleiter den Käse an eine andere Stelle im Labyrinth. Was macht die Maus jetzt? Sie geht direkt zur alten Stelle und findet den Käse nicht. Jetzt hat sie mehrere Möglichkeiten:

Die **Ärgermaus** denkt: *Der Käse ist weg! Das ist eine Frechheit. Welcher Idiot hat das getan? Das ist ungerecht, musste ich doch gerade erst mühsam lernen, wo der Käse zu finden ist. Ich weigere mich weiter mitzumachen und verlange, nein fordere kategorisch, dass der Käse wieder an derselben Stelle wie immer liegt!* Derweil schnellt ihr Blutdruck in die Höhe und auch Herz- und Magenprobleme werden diagnostiziert.

Was denkt die **Jammermaus**? *Immer passiert mir so was. Der Käse ist weg. Keiner hilft mir. Nie kriege ich, was ich will, obwohl ich mir doch* *immer so viel Mühe gebe. Ich bin einfach ein Versager. Das muss an meinen Eltern liegen, die haben mich auch nie beachtet. Immer sind die anderen besser dran und die gesellschaftlichen Umstände benachteiligen mich.* Auch bei ihr werden starke somatische Störungen diagnostiziert. Beide Male verhungert die Maus im leeren Gang, recht haben wollend, dass die imponderable Veränderung der Verhältnisse ungerecht, unverschämt und anmaßend ist. Die als Unwilligkeit kaschierte Angst vor einem erneuten Risiko hat gesiegt, sich aufgrund geänderter Verhältnisse auf einen neuen Weg machen zu müssen, um zu bekommen, was man braucht und will.

Daraufhin wurde ein Betriebsrat gewählt, der diese Ungerechtigkeit öffentlich anprangern und ausmerzen soll, und zwar auf Kosten der angeblich unrechtmäßigen Käsebesitzer. Auch wurde eine Selbsthilfegruppe zum gemeinsamen Jammern und Klagen für alle vernachlässigten Mäuse gegründet, deren Antrag auf staatliche Zuschüsse und langfristige Transferleistungen auf Kosten der Steuerzahler bereits genehmigt wurde.

Die eher selten anzutreffende **Transformationsmaus** erkennt an, dass es an der bisherigen Stelle keinen Käse mehr gibt. Die Situation und die Verhältnisse haben sich geändert. Ohne sich lange darüber aufzuregen, stimmt sie der Veränderung zu und macht sich erneut auf den Weg, den Käse da zu finden, wo er jetzt sein könnte. Auch sie hat Angst vor Neuem, lässt sich aber nicht von der Angst abhalten, sondern von der Absicht leiten, zu bekommen, was sie will. Während sie losmarschiert, hört sie noch die anderen Mäuse hetzen, sie sei eine leichtgläubige Opportunistin und eine unsolidarische Verräterin. Wie gut, dass Menschen so viel weiser reagieren als Mäuse!

Schatten an der Wand

Das dritte wesentliche Motiv, die Komfortzone nicht zu verlassen, ist die erlernte und oftmals unbegründete **Angst vor Neuem** und generell vor allem Unbekannten. Ist Neugier im Kindesalter noch ein völlig normaler und Abenteuer versprechender Zustand, wird daraus im Erwachsenenalter verhaltene Neuvorsicht. Sind Sie noch neugierig oder schon neu-vorsichtig? Dazu das bekannte Höhlengleichnis von Platon, einem griechischen Philosophen der Antike.

Stellen Sie sich Menschen vor, die von Jugend auf in einer Höhle an Schenkeln und Hälsen in Fesseln eingeschmiedet sind, sodass sie dort unbeweglich sitzen und nur vorwärts schauen und links und rechts die Köpfe wegen der Fesselung nicht umzudrehen vermögen. Sie können voneinander und von Dingen, die hinter ihnen vorübergetragen werden, nur die Schatten sehen, die ein Oberlicht und ein Feuer hinter ihnen auf eine Wand vor ihnen werfen. Da sie daran gewöhnt sind und es nicht anders kennen, halten sie die zweidimensionalen Schatten an der Wand für die einzig gültige Wirklichkeit. Platon spricht in diesem Zusammenhang von *Irrwahn*, da die Schattengestalten im Bewusstsein der Wahrnehmungsbeschränkten mehr Realität hätten als die realen Gestalten. Würde man sie losbinden und sie könnten die Menschen und die Dinge betrachten als das, was sie sind, dann würden sie sich dagegen sträuben, weil dies u. a. mit vom hellen Schein des Feuers in ihren Augen ausgelösten Schmerzen verbunden wäre und das Schauen des dreidimensional Existenten ihre zweidimensionale Schattenrealität gegen ihren Willen sprengen würde.

Noch schmerzlicher wäre es, würde man sie aus der Höhle herauszerren und sie nötigen, die Sonne selbst zu sehen. Nachdem sich ihre Augen allerdings ans Licht gewöhnt hätten, würden sie allmählich alle Dinge und sich selbst als real und dreidimensional erkennen und sich wahrscheinlich freuen, kein zweidimensionaler, vom Feuerschein abhängiger Schatten an der Wand mehr zu sein. Die Erkenntnis dieser Wahrheit wäre zwar ein schmerzlicher Vorgang, der womöglich nur langsam vonstatteginge; wer diesen Erkenntnissprung jedoch vollzogen hat, der wird nicht mehr in die alte Höhle zurückwollen.

Platon postuliert allerdings, der Erkennende müsse in die Höhle zurückgehen, da es seine Aufgabe sei, die Wahrheit an die in der Höhle Zurückgebliebenen weiterzugeben. Auch wenn er dieses Höhlengleichnis in erster Linie nutzt, um die Sonne als Lebensquell zu verherrlichen, lässt sich seine Höhle gut mit der Komfortzone vergleichen. Die Höhle ist ein Symbol der bequem unbequem eingeschränkten Wahrnehmungs- und Handlungsmöglichkeiten, die nur noch ein gemütliches Elend zulassen. Das ist zwar unangenehm, weil einschränkend, aber zumindest nicht (mehr) riskant. Es ist zu vermuten, dass die Menschen ablehnend, skeptisch und unwirsch bis feindselig auf diejenigen reagieren, die ihnen von den ungeahnten dreidimensionalen Möglichkeiten, also jenseits ihrer Vorstellungsmöglichkeiten, außerhalb ihrer geistigen und emotionalen Höhle berichten.

Die meisten Menschen haben sich in ihre Identität stiftende Höhle zurückgezogen und häuslich eingeigelt in der irrigen Annahme, durch Vermeiden von Risiken keine schmerzlichen Erfahrungen mehr machen zu müssen und so keine Enttäuschungen und vor allem kein Leid mehr zu erleben. Das täuscht!

Am Ende des Holzwegs
Das vierte und letzte wesentliche Motiv, warum Menschen ihr gemütliches Elend nicht verlassen, ist die **Angst vor Selbstentwertung**. Anstatt den Ereignissen und Ergebnissen zuzustimmen, um sie dann zu korrigieren, haben viele Menschen die Tendenz, sich für das zu entwerten, was ihnen nicht gelungen ist oder was sie in ihrem Leben angeblich falsch gemacht haben. Um dieser Selbstentwertung auszuweichen, nehmen sie keine Kurskorrektur vor, denn jede Veränderung hieße, der bisherige Weg wäre falsch gewesen und ihre Selbstvorwürfe und Selbstentwertung wären berechtigt. Also beharren sie darauf, dass es schon irgendwann besser wird, wenn sie sich nur genug anstrengen und mehr von dem machen, was sie

Risiko = Gefahr
vor Ergebnis
Kein Risiko = Gefahr
ohne Ergebnis

Das größte
Risiko ist,
nichts zu riskieren.

Maria & Stephan Craemer

bisher getan haben. Damit erschweren sie eine Kurskorrektur und verunmöglichen einen außergewöhnlichen Wandel und sind so gezwungen, ihren Holzweg bis zum bitteren Ende weitergehen zu müssen.

Vorwürfe führen zu Selbstentwertung
Zustimmung führt zu Selbstliebe
Selbstliebe löst Vorwürfe auf

So wie es ist, so sollte es sein

Diesen Zusammenhang verdeutlicht die nachfolgende Grafik:

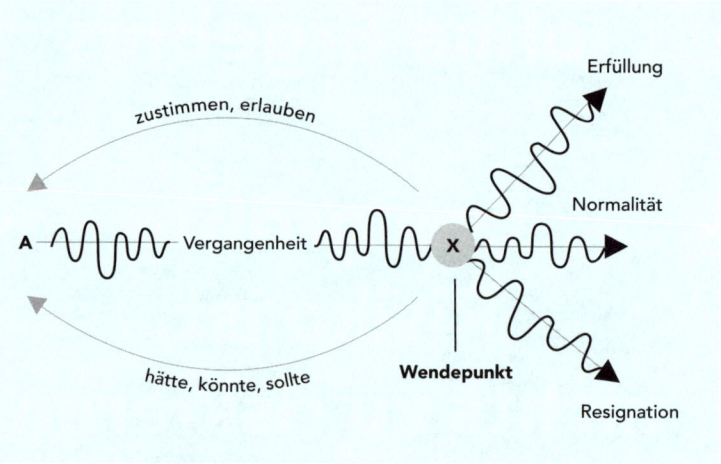

Selbstentwertung

Vom Ausgangspunkt **A** bis zum Wendepunkt **X** war Ihr Leben vielleicht noch in Ordnung oder hatte in einigen Bereichen sogar einen steigenden Mittelwert, in anderen Bereichen ließ die Qualität dagegen stark zu wünschen übrig. So waren Sie möglicherweise beruflich erfolgreich, aber nicht mehr vital, oder Sie hatten alles, was Sie wollten, Partner, Job, Kinder, Haus etc., nur setzte die damit erhoffte Seinsqualität nicht ein. Jetzt stehen Sie an einem Wendepunkt, entweder hervorgerufen durch Leidensdruck oder durch neue Erfüllungsmöglichkeiten. Wenn Ihr Leben ab dem Wendepunkt **X** kontinuierlich eine bessere Lebens- und Seinsqualität bekommt, wären Sie über alles, was Sie vorher gemacht, gedacht und gefühlt haben im Unrecht, weil das eben nicht diese Qualitäten zur Folge hatte.

Dann haben Sie zwei Möglichkeiten: Entweder machen Sie sich Vorwürfe und entwerten sich selbst und Ihre vergangenen Erfahrungen, indem Sie die Zeit als vertan oder vergeblich bewerten. Dann werden Sie sich mit einem nagenden Gefühl der Bitterkeit quälen und zwangsläufig auch den Überbringer der frohen Botschaft feindselig entwerten, dass ein erfolgreiches und erfülltes Leben jenseits des Holzweges möglich sei. Oder Sie stimmen Ihrer Vergangenheit vollständig zu und erkennen sie als notwendige Voraussetzung an, um genau an den Wendepunkt zu gelangen, der Ihnen eine neue Seinsqualität eröffnet. Der untere Weg scheint zunächst der leichtere zu sein, zumal Sie sich nicht aus Ihrer Höhle herausbewegen müssen und sowohl Mitgefühl als auch Solidarität von Gleichgesinnten auf dem gemeinsamen Holzweg bekommen. Der aufsteigende Weg ist risikoreicher, aber auch lebensfroher, abenteuerlicher und erfüllter, angereichert mit ähnlich beschwingten Gefährten.

Die vier genannten Kernmotive mögen sich stimmig anfühlen und Sie bekämen dafür viel Verständnis. Andererseits können Sie diese auch als Schutzbehauptungen benutzen, um sich dem Erfüllen unbequemer Bedingungen zu entziehen, sei es lediglich zum Überleben oder gar für Erfolg und Erfüllung. Selbst wenn sie ungemütlich geworden ist, verlassen Menschen ihre gemütliche Komfortzone manchmal nur äußerst ungern, weil es entweder zu unbequem oder zu riskant erscheint. Viele kennen das Postulat: *Träume nicht dein Leben, lebe deinen Traum.* Mit dieser Aufforderung wird unterschlagen, dass es einfacher ist, sein Leben zu träumen, da das in der Komfortzone stattfinden kann. Das Träumen birgt zumindest ersatzweise die Hoffnung auf Mitgefühl, wenn Sie Ihren Lebenstraum nicht verwirklichen.

Seine Lebensträume zu verwirklichen findet zumeist außerhalb der Komfortzone statt, weil dafür anspruchsvollere Herausforderungen als zum Träumen zu meistern sind. Schlimmstenfalls könnten Sie mit Ihren Absichten und Unternehmungen scheitern, was Sie allerdings schon vorwegnehmen, solange Sie in der Komfortzone träumend auf bessere Zeiten warten. Das von den meisten ignorierte größere Risiko ist allerdings, entgegen ihrer befürchteten Erwartungen über die Maßen erfolgreich zu sein. Um über ihre befürchteten Erwartungen nicht im Unrecht zu sein, sorgt ihr negierender Verstand instinktiv dafür, nicht erfolgreich zu sein. Vielen gelingt das erfolgreich.

Überforderung beim Lottogewinn
Die vielfältigen Anlässe, die Komfortzone zu verlassen, lassen sich im Wesentlichen in zwei Grundkategorien zusammenfassen: Weiterentwicklung für und durch bessere Ergebnisse oder Leidensdruck.

Sie verlassen natürlicherweise Ihre Komfortzone, wenn Sie sich erlauben und beabsichtigen, nicht nur erfolgreich, sondern auch erfüllt zu sein. Für viele andere gilt dieser Zusammenhang ebenfalls umgekehrt: sich zu erlauben und zu beabsichtigen, nicht nur erfüllt, sondern auch erfolgreich zu sein. Im Prozess des Lebens finden Sie heraus, wie Sie beides verwirklichen können. Das ist kein direkter oder immer leichter Weg, er ist auch mit äußeren Hindernissen, inneren Widerständen und Rückschlägen gepflastert. Ihre Absicht der Weiterentwicklung wird Sie in schwierigen Zeiten beflügeln und ermächtigende Menschen anziehen.

Zudem bewegen Sie sich unvermeidlich aus der Komfort-zone durch positive Ergebnisse und Ereignisse wie Beförderung, Gewinnsteigerung, Hochzeit, Kinder etc. Diese Weiterentwick-lung durch Ergebnissteigerung sprengt auf jeden Fall die engen Grenzen Ihrer vorherigen Komfortzone. Werden die Ergebnisse besser, brauchen Sie neue Kenntnisse und verbesserte Metho-den, um die gesteigerten Ergebnisse nicht wieder zu verkleinern oder zu verlieren.

Steigt das Gehalt, brauchen Sie Möglichkeiten der Vermö-gensbildung, steigt der Gewinn, brauchen Sie Möglichkeiten, diesen zur Expansion Ihres Unternehmens zu investieren. Heiraten Sie, brauchen Sie ein neues gemeinsames Zuhause und eine neue gemeinsame Vision für Ihr Zusammenleben, die Sie alleinstehend nicht brauchten. Bekommen Sie Kinder, verändert sich das Zusammenleben komplett und Sie brauchen Lösungen und Strategien nicht nur für das Zusammenleben in Ihrer neuen Familie, sondern insbesondere auch für Ihre be-reits bestehende Partnerschaft, wenn sie nicht auf der Strecke bleiben soll – und damit unweigerlich die Stabilität der Familie gefährden würde. Sind Sie nicht mehr Spielball Ihrer Gefühle, brauchen Sie wahrscheinlich neue Freunde, die statt ihrer Ge-fühligkeiten lieber ihr Wort leben.

Der seltene Sonderfall des Lottogewinns und der etwas we-niger seltene Fall der reichen Erbschaft katapultieren Menschen schon deshalb aus ihrer Komfortzone, weil sie ohne Vorbereitung auf die plötzlichen Veränderungen reagieren müssen. Da einige damit überfordert sind, ist der Zugewinn nach einiger Zeit ver-wirtschaftet und sie befinden sich häufig in einer schlechteren Lage als vorher, weil sie auch noch ihren Job gekündigt und sich oft finanziell überfordert haben. Da die Neid- und Missgunst-grenze in Deutschland bei ca. 33.000 € liegt, verlieren sie dabei häufig einen Teil ihrer alten Freunde und neue lassen sich vom unerwarteten Zugewinn auch nicht oder nur zeitweise kaufen.

Stimmen sie der aktiven Weiterentwicklung und der damit einhergehenden Verbesserung ihrer Lebensumstände durch gesteigerte Ergebnisproduktion zu, können sie allerdings neue Freunde finden, die auch den Weg der Weiterentwicklung gehen und gegangen sind. Verbesserte Lebensumstände zwingen Menschen unweigerlich dazu, ihre zuvor eng gesteckten Grenzen auszudehnen, wenn sie die Ergebnisse nicht wieder verlieren wollen.

Sie haben also immer die Wahl, ob Sie sich permanent weiterentwickeln wollen und dafür immer wieder, auch wenn es manchmal unangenehm ist, die einengende Komfortzone verlassen oder ob Sie vom Leben gezwungen werden, die Komfortzone zu verlassen, weil Ihr Leidensdruck ein bestimmtes, häufig sehr hohes Maß überstiegen hat und sogar Ihr Überleben gefährdet ist. Das führt zum zweiten, wesentlich häufigeren Anlass, die Komfortzone zu verlassen.

In der Elendszone
So kann es nicht weitergehen! Sie werden durch **Leidensdruck** gezwungen, die Komfortzone zu verlassen, wenn Ihr Leben aufgrund gravierender Veränderungen unerträglich bis bedrohlich geworden ist. Das geschieht zumeist durch negative Ereignisse wie Kündigung, Insolvenz, Scheidung, Krankheit, Burn-out etc. Ihre bisherigen vertrauten und bekannten Lebensumstände und Ihre damit verkoppelten Sichtweisen und Standpunkte lassen sich nicht mehr ohne Weiteres aufrechterhalten und Sie sind gezwungen, Lösungen außerhalb Ihrer Komfortzone zu finden. Das mögen Sie spontan als anmaßend bis ärgerlich bewerten, wenn Ihnen die überlebenserhaltende, scheinsichere Komfortzone wichtiger als Ihre Weiterentwicklung ist. Dieser rückwärtsgewandte Standpunkt führt Sie allerdings selten bis gar nicht zu verbesserten Lebensumständen, sondern günstigenfalls zum Erhalt Ihres Status quo.

So gelingt es zum Beispiel den meisten nach einem Burn-out ihre Gesundheit wieder einigermaßen herzustellen und sich zurechtzufinden, aber nur wenige nutzen diese Erfahrung für einen grundsätzlichen Wandel, indem sie die unweigerlich zum Burn-out führenden mental-emotionalen Contexte aufgeben und sich neu ausrichten. Selbst Überlebende des Anschlags auf die Twin Towers in New York 2001 berichteten ein Jahr danach, dass sie sich eigentlich vorgenommen hatten, ihr Leben grundlegend zu verändern, es dann aber doch unterlassen hätten.

Wenn Sie sich nicht weiterentwickeln, laufen Sie Gefahr, dass aus Ihrer eben noch gemütlichen Komfortzone im Laufe der Zeit eine ungemütliche Elendszone wird. Selbst wenn Ihr Leid groß ist, ist die Wahrscheinlichkeit hoch, dass Sie in Ihrer Komfortzone verharren und damit möglicherweise Ihr mittlerweile schon ungemütliches Elend vergrößern. Viele glauben und hoffen, wenn sie nur lange und intensiv genug leiden, erwerben sie sich dadurch einen Anspruch auf Hilfe. Mit dieser bedürftigen Anspruchshaltung verfestigen sie jedoch nur ihren Opferstandpunkt und zementieren ihre Elendszone.

Viele Menschen fügen ihrem Leid noch dauerhaft intensive Gefühle hinzu; als wäre Leid allein nicht schon genug, müssen sie auch noch darunter leiden. Indem sie dem objektiven tatsächlichen **Leid** noch subjektives persönliches **Leiden** hinzufügen, soll das Leid bekräftigt und der Opferstandpunkt bestätigt werden. Diese Beurkundung des Leids durch gefühltes Leiden verlängert allerdings die Leidenszeit und vergrößert das Leid, das auf diese Weise zum identitätsstiftenden Context der Komfortzone wird. Damit beginnt die Spirale nach unten. Andererseits kann es ohne Leid und Leiden in einer risikoarmen Komfortzone auf Dauer langweilig werden, deshalb greifen viele zu Alkohol, Drogen und maßloser Zerstreuung, um die risikoarme Langeweile einigermaßen erträglich zu machen.

Die Absicht, durch kontinuierliche Weiterentwicklung erfolgreich und erfüllt zu leben, ist die weitaus seltener gewählte Variante, seine Komfortzone zu verlassen. Viele verlassen ihre vertraute Komfortzone erst und nur, wenn der Leidensdruck unerträglich hoch geworden ist – und einige tun es selbst dann nicht. Die Komfortzone beinhaltet allerdings auch eine nützliche Absicht, die Sie mit dem Skifahren vergleichen können. Selbst die schönste Abfahrt können Sie nicht zehn Stunden fahren. Abgesehen davon, dass es einen solch hohen Berg gar nicht gibt, wäre spätestens nach dreistündiger Abfahrt das spannende Abenteuer anstrengend und langweilig geworden. Stattdessen fahren Sie nach einer schönen und herausfordernden Abfahrt mit dem Lift oder in einer Gondel wieder hoch. Manchmal dauert diese Aufwärtsfahrt nur wenige Minuten und manchmal länger als eine halbe Stunde. Dabei können Sie sich gut erholen und neue Abfahrtspläne schmieden. Genauso ist die Komfortzone ein wichtiger und nützlicher Teil eines produktiven Lebens. Ihre Absicht besteht darin, dass Sie sich in Anerkennung für das Erschaffene entschleunigen, erholen und vitalisieren. Wenn sich Ihre KFZ erfüllt hat, gehen Sie wieder auf die Bretter des Lebens und genießen das Abenteuer.

Laufen lernen

Da sich die dem Leben immanente Weiterentwicklung nicht aufhalten, geschweige denn kontrollieren lässt, zwingt das Universum die Menschen zur permanenten Anpassung, genauer gesagt zum kontinuierlichen Meistern der sich stetig verändernden Lebensumstände. Ob Sie mit der Absicht zur Weiterentwicklung die Komfortzone verlassen oder durch Leid herauskatapultiert werden, Sie landen unweigerlich auf unbekanntem Terrain: der **Lernzone**. Dort ist das bisherige Funktionieren gestört, weil Sie sich nicht mehr an das vorher

Probleme kann man niemals mit derselben Denkweise lösen, durch die sie entstanden sind.

Albert Einstein

Vertraute und Selbstverständliche halten können. Das heißt, mit Ihrem alten Denken, Fühlen und Handeln – Ihrer vertrauten Landkarte – kommen Sie nicht mehr zu neuen, geschweige denn besseren Ergebnissen.

Jedes Mal, wenn Sie oder andere Ihre Lebensumstände ändern, landen Sie unweigerlich in der Lernzone, einem neuen Lebensbereich: wenn Sie sich trennen, aber auch wenn Sie heiraten; wenn Sie Ihren Job verlieren, aber auch wenn Sie einen neuen Arbeitsplatz bekommen; wenn Sie insolvent, aber auch wenn Sie selbstständig erfolgreich werden. Sie landen sogar in der Lernzone, wenn Sie erben oder in der Lotterie gewinnen, weil Sie sich jedes Mal nicht nur physisch, sondern auch mental-emotional neu ein- und ausrichten müssen. Dann werden Sie feststellen, dass Sie mit Ihrer alten Landkarte die neuen Lebensumstände nicht mehr meistern können. Davon sind viele so verunsichert, dass sie sich ihre vorherigen Umstände zurückwünschen, was in den meisten Fällen jedoch ausgeschlossen ist. Lehnen Sie Ihre Weiterentwicklung in der Lernzone ab, bekommen Sie mit großer Wahrscheinlichkeit ein beschwerliches Leben. Heißen Sie diese willkommen, werden Sie Ihre mental-emotionale Landkarte erweitern – was natürlicherweise bessere Ergebnisse, Ereignisse und Gefühle zur Folge hat.

Der leichteste Weg, die Lernzone zu meistern, ist, Ihr althergebrachtes (Anspruchs-)Denken zu überprüfen und aufzugeben, um neue Ideen für neue Lösungen zuzulassen und Ihr Bewusstsein neu zu strukturieren. Dem folgen im Prozess Ihres Lebens auf natürliche Weise neues, angemessenes Verhalten und angenehme Gefühle. Sie können Ihre persönliche Weiterentwicklung allerdings auch mit geändertem Verhalten und Handeln initiieren, müssen es allerdings so lange durchhalten, bis sich dadurch Ihr Denken und Fühlen nachhaltig gewandelt haben – was nicht immer leicht ist, da Sie das bisherige Denken und Fühlen zurück in die Komfortzone ziehen will. Da Gefühle sehr langsam sind, ist der schwierigste Weg, mit geändertem Fühlen die Lernzone meistern zu wollen, da die wenigsten in der Lage sind, ihre Gefühle zielgerichtet zu steuern, und ein rationales Gefühlsmanagement als Gefühlsvergewaltigung entwerten.

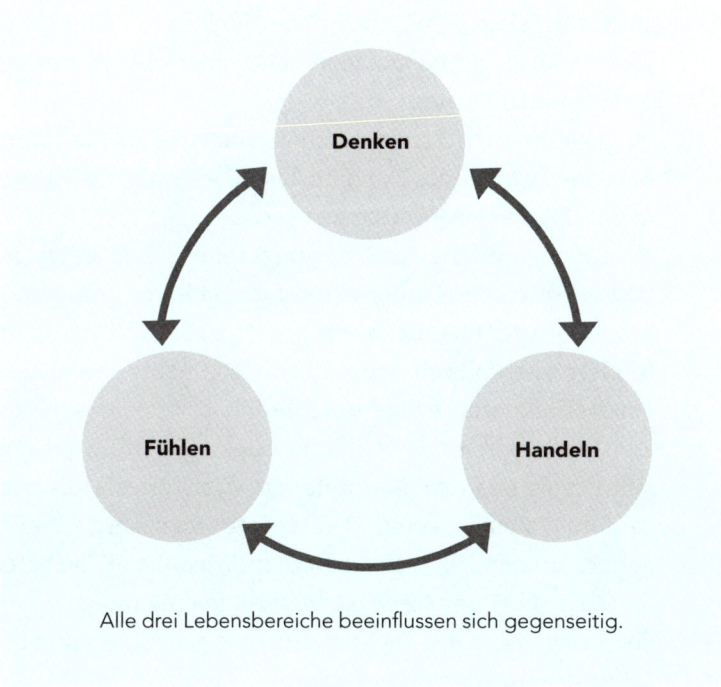

Alle drei Lebensbereiche beeinflussen sich gegenseitig.

Viele erleben Veränderungen als Bedrohung, was sie im Komfortzonenbewusstsein auch sind, weil sie etwas Neues anfangen und dabei nicht auf Vertrautes zurückgreifen können. Wie ein Kind lernen sie neue Griffe, Bewegungsabläufe, Denk- und Verhaltensweisen, bei denen sie zunächst ein komisches, weil fremdes Gefühl haben, was einige veranlasst, vorzeitig aufzugeben. Dieser Entwicklungsablauf ist mit dem Laufenlernen vergleichbar, das ebenfalls neue Handlungsabläufe, Erfahrungen und vor allem das Bilden neuer Synapsenverbindungen im Gehirn zur Folge hat. Pädagogen und Psychologen postulieren oft die These, Kinder würden über Versuch und Irrtum Laufen lernen: Aufstehen – Laufen – Fallen – Aufstehen – Laufen – Fallen etc. Das Aufstehen und Laufen repräsentiere den Versuch, das Fallen den Irrtum. Zum Glück kennen Kinder dieses psychopädagogische Konzept nicht, sonst würden sie vermutlich nie laufen lernen.

Sie lernen eben nicht durch Versuch und Irrtum, sondern über wiederholendes Handeln, bis sie die Aufgabe gemeistert haben. Dabei bewerten sie weder das Stehen und Laufen noch das Fallen, sondern alle Bewegungsabläufe sind lediglich Teil und Ausdruck des Laufenlernens und gehören zum Erlebnisprozess untrennbar dazu. Für Kinder ist Fallen kein Irrtum, sondern allenfalls ein schmerzhaftes Erlebnis und meistens ein dysfunktionales Ergebnis im Hinblick auf das angestrebte Ziel. Kinder lernen nicht über Versuch und Irrtum – das ist eine draufgesattelte Interpretation –, sondern sie lernen über Laufen – Fallen – Laufen – Fallen – etc., bis sie nicht mehr anders können, als sicher zu laufen. Wie oft sind Sie bereit, für die Verwirklichung Ihrer Lebensträume hinzufallen und wieder aufzustehen, bis Sie Ihre Aufgaben gemeistert und Ihren Lebenstraum verwirklicht haben?

Was das Lernen erleichtern würde, wäre zu wissen, dass man gar nicht lernen kann, weil Lernen letztlich nur eine Interpretation eines Handlungsvorgangs ist. Man tut nur das, was man gerade tut, und trainiert dabei sein Gehirn und seinen Körper. Dazu ein kurzes contextuelles Coaching-Gespräch mit einer Geigerin, die Probleme hatte, ihre Partituren für eine Prüfung an der Musikhochschule zu meistern.

Trainings-Dialog
Üben oder Spielen?

Teilnehmer (TN): Ich habe so viele Probleme, nachmittags zu üben, das muss ich aber machen, da ich sonst das Examen als Geigerin nicht bestehe.

Maria & Stephan Craemer (Craemer²): Du kannst Geige nicht *üben*!

TN: Doch, ich übe immer nachmittags. Wir bekommen bestimmte Partituren, die wir dann können sollen. Aber sobald es drei Uhr ist, werde ich müde und hab' keine Lust mehr zu üben.

Craemer²: Spielst du gern Geige in der Uni?

TN: Ja, total. Ich liebe es, Geige zu spielen.

Craemer²: Ich behaupte nach wie vor, du kannst nicht üben. Beschreibe mal, was genau du nachmittags machst.

TN: Ich übe.

Craemer²: Nein, beschreibe nur die Tätigkeit.

TN: Ich nehme die Geige in die linke Hand, lege sie unters Kinn und streiche mit der rechten Hand mit dem Bogen über die Saiten.

Craemer²: Wie nennst du diesen Vorgang?

TN: Geige spielen.

Craemer²: Also spielst du Geige, oder? Man kann Geige nur *spielen*, nicht Geige üben. Im Context von *Ich muss üben* macht dir das Spielen allerdings keinen Spaß. Du hast das Spielen zu Hause in einen anderen Context gestellt und denkst, wer noch üben muss, ist eigentlich unzulänglich. Das heißt, zu üben bestätigt dir unzulänglich zu sein und dagegen wehrst du dich. Das macht keinen Spaß.

TN: Das stimmt, denn in der Uni ist das anders, da spiele ich gern. – Also muss ich gar nicht üben, sondern darf immer wieder einfach nur spielen!

Kinder haben die natürliche Absicht, sich weiterzuentwickeln: Sobald sie gehen können, wollen sie rennen, wenn sie das können, wollen sie klettern, wenn sie das können, wollen sie zunächst Dreirad, Laufrad und danach Fahrrad fahren, bis sie als Jugendliche Freeclimbing, Rudern, Reiten, Segeln, Surfen oder Moped, Auto und Motorrad fahren wollen. Spätestens mit Schulbeginn beginnt eine künstliche Dämpfung der natürlichen Weiterentwicklung, basierend auf einem gesellschaftlich etablierten Context über Lernen und Weiterentwicklung, der zu Schulbeginn häufig nicht nur in der Presse verbreitet wird: *Jetzt beginnt der Ernst des Lebens!* (Also: *Schluss mit Lustig!*)

Dieser Context nimmt der natürlichen Weiterentwicklung die spielerische und lustvolle Komponente. Der ursprünglich natürliche Vorgang wird als ernsthafte, langweilige und mühevolle, sogar schmerzliche Erfahrung tradiert. Das scheint eine der Ursachen zu sein, warum Menschen die Lernzone mehr als Stress denn als Vergnügen erfahren und deshalb glauben sie meiden zu müssen. Deshalb werden sie mit künstlichen Anreizen oder sonstigen Versprechungen wieder motiviert, nur um dann zu erfahren, dass sie vor lauter Gier nach Belohnung vergessen haben, auf dem Weg ihr Leben zu genießen.

Kinder erfahren bis zu einem bestimmten Alter die Lernzone als Spaß und Vergnügen, ist es für sie doch weniger eine ernste Angelegenheit als ein lustvolles Spiel. Die Erwachsenen haben aus diesem Spiel im Laufe ihres Lebens eine ernsthafte, bedeutungsschwangere Angelegenheit gemacht: Wenn es ums Überleben geht, hören Spaß und Vergnügen angeblich auf. *Mit Essen und Geld spielt man nicht!* Was sie dabei ignorieren: Alles

Geld ist Spielgeld und alles Denken, Fühlen und Handeln ist ein Ausdruck des Spiels und eine Form des Spielens.

Mit dem Heranwachsen lassen Kinder sich von der verkürzten, lustfeindlichen Haltung der Erwachsenen dazu hinreißen, aus dem vergnüglichen Spiel eine mühsame, stressige Angelegenheit zu machen – und auch noch zu glauben, das wäre die einzige gültige Möglichkeit, weil die Mehrheit diesem zur Leidkultur mutierten Glauben verfallen ist. So können die lustfeindlichen Miesepeter die öffentliche Meinung und die Stimmung in der Gesellschaft dominieren. Wie fatal, denn bessere Stimmung bringt nicht nur in der Wirtschaft bessere Zustände und Ergebnisse.

Neu ausrichten

In der Lernzone müssen Menschen sich zwangsläufig neu ausrichten. Die Frage ist, in welche Richtung. Sie befinden sich in einer **expandierenden** Lernzone, wenn Sie im ersten Schritt Ihr Bewusstseinssystem der alten Standpunkte und Contexte wertungsfrei untersuchen, mit dem Sie Ihre bisherigen Ergebnisse hervorgebracht haben, und nicht nach einem Schuldigen suchen. Im zweiten Schritt erkennen Sie deren Dysfunktionalität, geben die alten Standpunkte auf und wählen, funktionale und ermächtigende Standpunkte und Contexte zu leben; erst das ermöglicht beim nächsten Mal bessere Ergebnisse. Dabei bestimmt das Commitment zur Erfüllung der Absicht die Qualität und Schnelligkeit des Lernens.

Wenn Sie in der inspirierenden Absicht leben, sich weiterzuentwickeln, entsteht immer wieder eine **Kann-Absicht** für geistige und emotionale Evolution und Revolution, wissend und anerkennend, es gibt wesentlich mehr, was Sie nicht wissen als was Sie wissen. Begreifen Sie Weiterentwicklung als lohnende Möglichkeit, besteht kein Anlass, die bisherigen Ergebnisse negativ und Veränderungen als bedrohlich zu werten, unabhängig davon, ob Sie sie selbst initiiert haben oder nicht, auch wenn sie Ihr bestehendes (komfortables) Ordnungssystem durcheinandergebracht haben. Die Kann-Absicht hat nicht nur inspirierende und beschwingte Zustände zur Folge, sondern auch viele gute Gefühle und bessere Ergebnisse während der Weiterentwicklung.

Wenn Sie sich jedoch auf den Opferstandpunkt stellen und einen Schuldigen für Ihre belastenden Lebensumstände suchen, befinden Sie sich stattdessen in der **restriktiven** Lernzone. Sie sind zwar aus der Komfortzone heraus, befinden sich aber in einer Lernzone, die wegen Ihrer Schuldzuschreibungen keine besseren Zustände, geschweige denn bessere Ergebnisse bewirkt.

Wenn Sie sich aus dem trügerischen Paradies des gemütlichen Elends der Komfortzone durch äußere Umstände herausgetrieben fühlen, weil ungeliebte Veränderungen vermeintlich von außen erzwungen wurden, entsteht eine **Muss-Absicht.** Dann ist die Wahrscheinlichkeit hoch, dass Sie sich wegen der Unfreiwilligkeit neuen Möglichkeiten verweigern, die durch und in der Lernzone entstehen. Sie werden das Leben als schwer, ungerecht und mühselig empfinden und aufgrund der Weiterentwicklungsverweigerung die gleichen Erfahrungen potenziell wiederholen. Dabei transportieren Sie Ihre alten mental-emotionalen Contexte aus der restriktiven Komfortzone in die Lernzone und hadern mit dem Schicksal, dass Sie auf Ihren alten beschränkten Standpunkten keine neuen Ergebnisse bekommen. Die Muss-Absicht kann nicht nur entwertende und beängstigende Zustände zur Folge haben, sondern auch schlechte Gefühle und wenig gute Ergebnisse.

Lernzone bei Trennung

In der **restriktiven** Lernzone suchen die meisten vom Opferstandpunkt aus einen Schuldigen für das Ergebnis *Trennung* und werden schnell beim ehemaligen Partner fündig. Er eignet sich am offensichtlichsten, da er ihre Bedingungen und vor allem ihre *gefühlten* Bedürfnisse nicht erfüllte. Dann gibt es Krieg, lange Prozesse, Streit um die Kinder und beim nächsten Partner wird es nach einiger Zeit wieder genauso oder gar schlimmer. Dieser soll gefälligst in die althergebrachte Landkarte passen, und zwar gleich von Anfang an. Das erschwert das Finden eines neuen Partners immens oder verhindert es sogar.

In der **expandierenden** Lernzone wählen Sie, dem gemeinsam mit Ihrem Partner produzierten Ergebnis der Trennung zuzustimmen. Keiner ist schuld und jeder nicht nur zu fünfzig, sondern zu hundert Prozent verantwortlich. Auf dem Urheberstandpunkt finden Sie heraus, mit welchen Contexten über sich selbst, Ihren Partner, das andere Geschlecht, Partnerschaft, Bedingungen, Liebe etc. Sie diese Erfahrung produziert haben und welche Ihrer Beziehungsmuster, Überlebensformeln und unerfüllbaren Anspruchshaltungen Sie zu diesem Ergebnis geführt haben. Das Untersuchen und Aufgeben der zur Trennung führenden contextuellen Ergebniskiller hat zur Folge, dass Sie sich mental und emotional weiterentwickelt haben. Das wiederum ermöglicht mit dem nächsten und vielleicht sogar jetzigen Partner wieder bessere Ergebnisse und Erfahrungen in Form von Liebe, Erfüllung, Verschmelzung, Begeisterung und Erfolg.

Zuschauer- versus Spielerergebnisse

Ergebnisse hängen von Absichten ab, in denen man lebt. Wer im Leben nur zuschaut, bekommt Zuschauerergebnisse: keine Schmerzen, außer eventuell emotionalen, aber auch keinen Pokal. Die Risiken sind zwar minimiert, die Ergebnisse allerdings auch. Wer auf dem Spielfeld spielt, bekommt Spielerergebnisse: sowohl angenehme als auch unangenehme emotionale und körperliche Zustände, unersetzbare Erfahrungen, mögliche Weiterentwicklung plus das Resultat des Spiels und obendrauf vielleicht sogar noch einen Pokal plus Prämie.

Wenn das kein attraktives Angebot ist? Dafür müssten Sie allerdings herausfinden, welches Spiel Sie für welche Ergebnisse am liebsten spielen wollen. Schon diese Aufgabe treibt viele in die ungeliebte, weil ungemütliche Lernzone. Haben Sie dort Ihre Kompetenzen genug weiterentwickelt und sich in die Lage versetzt, die Aufgaben und Herausforderungen langsam, aber sicher zu meistern, sodass Sie auf einer neuen Ebene bessere Ergebnisse produzieren, neigt sich diese Lernzone ihrem Ende zu. Für das Meistern der Lernzone brauchen Sie eine klare Absicht, ein eindeutiges Commitment, konstruktive Ziele und die Bereitschaft, sich auf dem Weg der Erfüllung so lange immer wieder zu korrigieren, bis Sie unabhängig von emotionalen Zuständen und äußeren Umständen Ihre deklarierten Ziele erreichen und Ihre Absichten erfüllen. In der Lernzone leben Sie bildlich gesprochen auf Ihren Fußspitzen, um beweglich und angemessen sowohl auf unvermeidliche Veränderungen reagieren zu können als auch selbsttätig nützliche Erneuerungen herbeizuführen.

Man hat entweder gute Ergebnisse oder gute Begründungen, warum nicht. Gute Begründungen bringen keine guten Ergebnisse.

Sind die Ergebnisse schlechter als zuvor, kann das zum einen ein Ausdruck von Verweigerung sein, das aufzugeben, was zu den bisherigen Ergebnissen geführt und bessere Ergebnisse verhindert hat. Zum anderen der Verweigerung, sich in der Lernzone das anzueignen, was nötig gewesen wäre, um bessere Ergebnisse zu erzielen. Mit den weiterhin schlechten Ergebnissen bringen Sie zum Ausdruck, recht über alte Standpunkte behalten zu wollen: *dass Es nicht geht; dass jemand anderes schuld ist* oder *dass die Umstände es verunmöglichen.* Damit zementieren Sie den Opferstandpunkt und die Spirale geht weiter abwärts.

Airbag um die Komfortzone

Wenn die Ergebnisse nicht besser werden, versucht der Verstand zu suggerieren, dass es nicht anders ging oder geht – und die meisten fallen darauf rein. Das Finden und Anführen von Begründungen ist zwar eine mentale Transferleistung, verbessert allerdings nicht im Geringsten die Zustände innerhalb der Komfortzone, sondern verschließt nur noch mehr den Ausgang. Auf diese Weise entwickeln viele einen imaginären *Airbag* um ihre Komfortzone, mit dem sie sich vor der ständigen Bedrohung durch Veränderung und den daraus entstehenden Ansprüchen, Bedingungen und Erwartungen schützen wollen. Die Schutzbehauptungen lauten dann: *Ich würde ja gern etwas ändern, aber keine Zeit, kein Geld, kenne ich nicht, bin zu alt, zu jung, zu unsicher* etc.

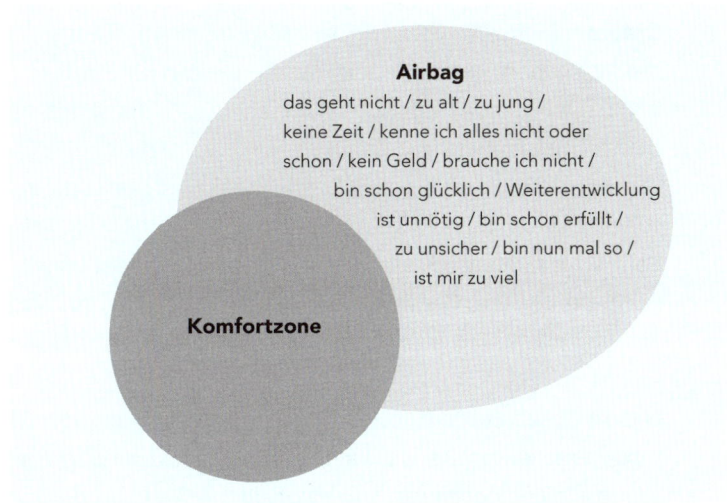

Airbag
das geht nicht / zu alt / zu jung /
keine Zeit / kenne ich alles nicht oder
schon / kein Geld / brauche ich nicht /
bin schon glücklich / Weiterentwicklung
ist unnötig / bin schon erfüllt /
zu unsicher / bin nun mal so /
ist mir zu viel

Komfortzone

Trainings-Dialog

Airbag-Begründungen

So hört sich ein Trainings-Dialog mit Airbag-Begründungen an:

Teilnehmer (TN): Mein Traum wäre es, Medizin zu studieren, habe aber den Numerus Clausus nicht. Dann studiere ich wahrscheinlich auf Lehramt.

Maria & Stephan Craemer (Craemer[2]): Wie lange müsstest du warten, um Medizin studieren zu können?

TN: Wahrscheinlich ein bis zwei Jahre.

Craemer[2]: Wäre dir die Verwirklichung deines Traums diese Zeit wert?

TN: Dann wäre ich irgendwie zu alt.

Craemer[2]: Wie alt bist du jetzt?

TN: 19 Jahre.

Craemer[2]: Diese Zeit würdest du nicht investieren wollen? Du wärest mit 21 ja noch nicht sooo alt.

TN: Für mich aber zu alt.

Craemer[2]: Wärest du bereit, für ein Medizinstudium ins Ausland zu gehen, wenn du dort eher anfangen könntest?

TN: Ich weiß nicht, irgendwie bin ich da zu unsicher. Außerdem kann ich nicht gut Englisch.

Craemer[2]: Würdest du dein Englisch im nächsten halben Jahr so verbessern, dass es kein Hindernis mehr ist?

TN: Dann müsste ich einen Sprachkurs machen. Das ist mir zu teuer. Das Geld habe ich nicht.

Das Fazit des contextuellen Coaching-Gesprächs war: Die junge Frau erkannte, dass sie für die Verwirklichung ihres Traums nicht bereit war ungewöhnliche Wege zu gehen und sie ihre Komfortzone mit einem Airbag von Begründungen geschützt hatte. Auch ihre Freunde konnten sie gut verstehen, was ihr allerdings wenig nützte. Sie *musste* dann anerkennen, dass sie Medizin nur als Traum haben wollte und es ihr sicherer schien, Lehramt als zweite Wahl zu studieren, weil sie dann von Anfang an gute Begründungen für eventuelles Scheitern oder weniger günstige Ergebnisse hätte. Bei der zweiten Wahl könnte sie gebremst losgehen und bräuchte das Risiko der ersten Wahl nicht eingehen. Nach unserem contextuellen Coaching-Gespräch wählte sie neu.

Man kann immer zweite Wahl bekommen,
aber es ist schwer,
genug davon zu bekommen.

Alle Begründungen und Rechtfertigungen, sich nicht aus der Komfortzone herauszubewegen, nützen auf Dauer nicht, da die Welle der Veränderungen doch über die Menschen hinwegschwappt. Sie bleiben auf der Strecke, wenn sie nicht meistern, auf der Weiterentwicklungswelle zu surfen, wodurch es sogar möglich würde, die Ergebnisproduktion zu beschleunigen. Anders ausgedrückt heißt das: Um in eine neue **Ergebniszone** zu gelangen, ist es unabdingbare Voraussetzung, die Bedingungen der dazugehörigen Lernzone zu meistern. Das gelingt nur, wenn Sie bereit sind, immer wieder herauszufinden, was zur Verwirklichung Ihrer Absicht und für das Erreichen Ihrer Ziele am besten funktioniert und was nicht. Unabhängig davon, wie Sie sich dabei fühlen oder ob Sie das gut oder schlecht, richtig oder falsch finden, sondern nur daran gemessen, ob Ihr eingenommener Standpunkt und das entsprechende Handeln funktional für das Erzielen Ihrer beabsichtigten Ergebnisse sind. Das heißt nicht, über Leichen zu gehen oder dass der Zweck die Mittel heiligt, da es auf Dauer auch nicht funktioniert,

Ergebnisse mit Nicht-Integrität zu produzieren. Sie bekommen dann zwar Ergebnisse, aber die Nicht-Integrität verhindert, dass Sie diese lange behalten.

Keine Arme, keine Kekse

Gesellschaftlich betrachtet wird die Unwilligkeit, sich weiterzuentwickeln, leider gefördert, ja sogar belohnt. Dazu ein Beispiel aus einer Gerichtsverhandlung am Arbeitsgericht Bielefeld aus dem Jahr 2005:

Ein Arbeitgeber wollte seiner fünfzigjährigen Buchhalterin kündigen, da sie sich in den letzten fünf Jahren geweigert hatte, die Benutzung des Computers zu erlernen. Stattdessen wollte sie weiterhin die umfangreiche Buchhaltung und Buchführung des Unternehmens mit der Hand machen, was ungefähr fünf Mal mehr Zeit in Anspruch nahm als mit einem elektronischen Rechner. Der Unternehmer wirkte beunruhigt und überfordert und erklärte dem Richter, dass das zu lange dauere und für das Unternehmen wirtschaftlich nicht mehr tragbar sei. Er habe der Frau angeboten, dass sie sich auf seine Kosten weiterbildet und dafür zusätzlichen Urlaub bekommt, aber sie habe sich hartnäckig geweigert. Das schien den Richter wenig zu beeindrucken.

Als der Arbeitgeber merkte, dass er den Prozess verlieren würde, warf er noch einmal alles in die Waagschale und meinte, dass er sie ja weiter beschäftigen würde, aber er könne sie sich nicht leisten. Er habe die Firma in den letzten Jahren immer so gerade über Wasser halten und die Gehälter für zwanzig Angestellte zahlen können (er war in der Baubranche tätig) und fühle sich auch dafür verantwortlich, dass die Firma überlebe, damit nicht nur sein Einkommen, sondern auch das der anderen Angestellten erhalten bliebe. Nur brauche sie entschieden zu lange, sodass er immer mehr Überstunden zahlen müsse, was er sich dauerhaft nicht leisten könne. Wenn sie die PC-Kenntnisse nicht erwerbe, aber die Buchführung termingerecht fertigstelle und die zusätzlichen Stunden nicht abrechne, wäre er auch einverstanden. Auch das schien dem Richter nicht zu imponieren und der Unternehmer wurde zu 15.000 € Abfindung verklagt. Ihm standen vor Verzweiflung die Tränen in den Augen, führte ihn dieses Urteil wahrscheinlich an den Rand der Insolvenz und seine bereitwilligen Angestellten zum Arbeitsamt.

Der Richter hat die Komfortzone bestärkt und verfestigt, nämlich die Verweigerung der Buchhalterin, sich fachlich weiterzubilden. Und er hat mit seinem Urteil ihren Begründungen zugestimmt, ihre Komfortzone nicht zu verlassen. Genau dieses sozialpolitische Pampern der Verweigerer führt dazu, dass Menschen ihre Standpunkte nicht aufgeben und damit in ihrer Komfortzone bleiben. Jeder Unternehmer macht die Erfahrung: *keine Arme, keine Kekse!* Das heißt: keine hinreichende Qualifikation = keine Einnahmen = kein Geld zum Leben = auf Dauer Konkurs. Die Buchhalterin aber hat gelernt: Wenn sie sich die Arme = die Qualifikation nicht aneignet, geht sie nicht pleite, sondern wird stattdessen von der ihrer Verweigerung zustimmenden Gesellschaft gefüttert. Hinzu kommt, dass sie in ihrem Alter ohne diese Qualifikation nur schwer einen neuen Arbeitsplatz findet, mit der Konsequenz, durch dann fällige staatliche Transferleistungen auf Kosten bereitwilliger Steuerzahler zu leben. Das funktioniert auf Dauer nicht.

Wissen, dass wir nicht wissen
Sobald Sie die Lernzone gemeistert haben und in der Lage sind, neue Ergebnisse zu erschaffen, wird nach einiger Zeit auch diese Ergebniszone natürlicherweise wieder zu einer neuen Komfortzone, in der Sie sich häuslich einrichten. Das ist für einige Zeit interessant und erholsam, bis sich die Spirale des Lebens nach einiger Zeit erneut weiterdreht. Dann zählt aber-

mals die Absicht für mental-emotionale wie auch fachliche Weiterentwicklung und Sie gewinnen durch erneutes Eingehen von Risiken wieder neue Kompetenzen und Ergebnisse hinzu.

Verweigern Sie sich der natürlichen Weiterentwicklung, werden die Ergebnisse tendenziell wieder schlechter, bis Sie Ihre Verweigerungshaltung aufgeben müssen, weil Sie sich Ihre Ergebnisse nicht mehr leisten können.

Da die Weiterentwicklung des Lebens unaufhaltsam ist, treibt es einen in der heutigen sogenannten schnelllebigen Zeit in kürzer scheinenden Zeitintervallen immer wieder in eine neue Lernzone. Viele leben allerdings in der starken, unerfüllbaren Hoffnung, dass ihr Leben sich hauptsächlich in der Komfortzone abspielen sollte, insbesondere nach Beendigung der Ausbildungszeit. Da das nicht der Fall ist, fühlen sich viele in ihrem Komfortzonenbewusstsein durch jede kleine Veränderung bedroht und nehmen dieses Bedrohungsgefühl als rechtfertigenden Anlass und Beweis für Widerstand und Verweigerung. Die dadurch erzeugten schlechteren Zustände sollen andere ausgleichen, insbesondere die angeblich schuldigen Veränderungsverursacher.

Durch diese drei Bereiche (Komfortzone, Lernzone, Ergebniszone) bewegen Sie sich kontinuierlich wie auf einer Spirale langsam, aber sicher entweder nach unten oder nach oben. Gleichzeitig dreht sich die Spirale des Lebens weiter, sodass Sie nach unten durchrutschen, wenn Sie sich nicht weiterentwickeln. Dadurch wird Ihre Komfortzone immer unangenehmer. Sobald Sie die natürliche Weiterentwicklung willkommen heißen und Ihr Bewusstseinssystem transformieren, bewegen Sie sich infolgedessen auf der Spirale des Lebens wieder nach oben.

Weiterentwicklungsspirale
Bleiben Sie auf dem **Opferstandpunkt** (als Folge einer Trennung, Kündigung oder eines Umsatzrückganges), bewegen Sie

sich auf der Spirale weiter nach unten. Stellen Sie sich indes auf den **Urheberstandpunkt** und nutzen Ihre Ergebnisse zur Überprüfung Ihrer Bewusstseins-Contexte, um daraus ein neues Bewusstsein zu entwickeln, bewegen Sie sich auf der Spirale wieder nach oben.

In der Lernzone leben Sie die meiste Zeit in bewusster Inkompetenz. Sie stoßen an die Grenzen dessen, was Sie noch nicht wissen oder können. Je nach Aufgabenschwierigkeit kann der Zeitraum der bewussten Inkompetenz lang sein. Sie können ihn jedoch verkürzen, wenn Sie Ihr dysfunktionales Denken schnell transformieren. Frei nach Sokrates: *Ich weiß, dass ich nicht weiß,* sind die wenigsten bereit, ihren Zustand des Nicht-Wissens anzuerkennen und zuzulassen. Sie empfinden ihn als Stress, den sie sich selbst machen, indem sie über Aneignen der Kompetenz einen negativen Context legen.

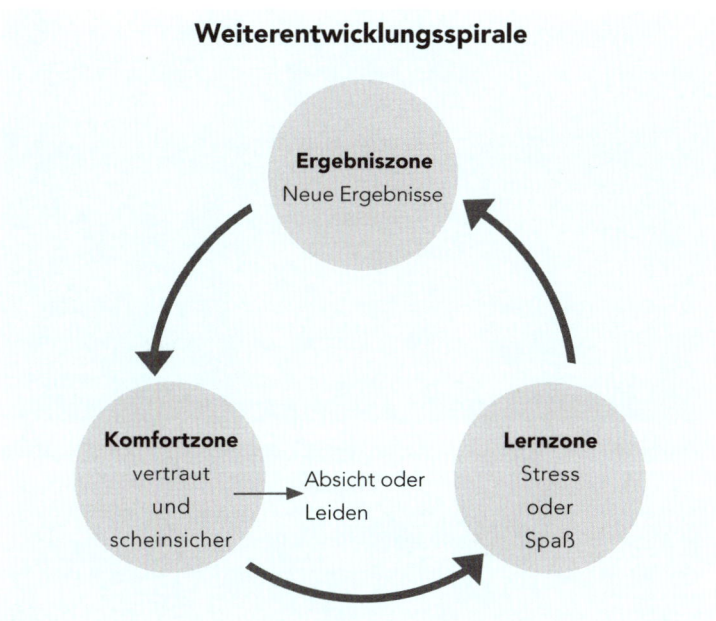

Weiterentwicklungsspirale

Ergebniszone
Neue Ergebnisse

Komfortzone
vertraut
und
scheinsicher

Absicht oder
Leiden

Lernzone
Stress
oder
Spaß

Kinder haben mehr Spaß und Vergnügen in der Lernzone und gestalten sie als natürliches, lustvolles Spiel, da sie nicht den Anspruch haben, jemals *fertig* sein zu müssen, und ihr Nicht-Wissen nicht als dauerhafte Inkompetenz erfahren. Schon im Begriff *Reifeprüfung* (wie früher das Abitur genannt wurde) steckt der Anspruch, reif, also fertig zu sein, vor allem in Bezug auf menschliche Reife. Das ist zu dem Zeitpunkt jedoch eher selten der Fall.

Weil dem Universum Ihre Komfortzone gleichgültig ist, bewegen Sie sich im Laufe Ihres Lebens unaufhaltsam immer wieder durch diese drei Lebenszonen, da niemand in der Lage ist, die kontinuierliche Weiterentwicklung der Welt aufzuhalten. Was Ihnen bleibt, ist die Wahlmöglichkeit, gegen die Unaufhaltsamkeit Widerstand zu leisten oder sich pro-aktiv weiterzuentwickeln, weil Sie Spaß daran haben. Je nachdem, welche Wahl Sie treffen, so zeigt sich Ihnen Ihr Leben.

6. Unterbrechungen

Menschen erleben im Laufe ihres Lebens eine beständige Abfolge von Ereignissen und Ergebnissen, die in ihrem Bewusstsein als scheinbar kontinuierlicher Film abläuft, in dem sie mehr oder weniger wach leben. Meistens weniger als mehr. Diesen im Hintergrund des Bewusstseins ablaufenden Film nehmen sie entweder gar nicht oder neutral wahr, solange keine stark nach oben oder unten ausschlagenden, von der gewöhnlich erwarteten Normalität abweichenden Ereignisse geschehen oder abträgliche Ergebnisse produziert werden. Abweichungen interpretieren Menschen als Unterbrechungen, wenn sie von ihrem Verstand durch das Über- oder Unterschreiten einer vertrauten Durchschnittslinie als beunruhigend bis hin zu bedrohlich für ihr Überleben bewertet werden. Unterbrochen wird die Erwartung eines gesicherten Ereignisses oder Ergebnisses. Als Folge eines als Unterbrechung interpretierten Ereignisses oder Ergebnisses verdüstert der Verstand seine Gedanken, was verschlechterte Gefühle zeitigt und natürliches Handeln beschränkt.

Was der Verstand als störende Unterbrechung bewertet, hängt auch von in ihrem Bewusstseinsfilm eingebetteten, individuell persönlichen Vorstellungen von *Richtigkeit* ab, der die Gewährleistung von Sicherheit zugeschrieben wird: Richtigkeit/richtig = Sicherheit/sicher. Werden die erwarteten und geforderten Bedingungen für Richtigkeit gleich Sicherheit nicht erfüllt, interpretiert das Verstandesbewusstsein eine inakzeptable Unterbrechung der erwarteten und geforderten Richtigkeit = Sicherheit, was sie verunsichert und aufgebracht bis irrational handeln lässt. Das führt im Endeffekt zum Krieg des vermeintlich Richtigen gegen das vorgeblich Falsche, gerechtfertigt durch willkürlich als Unterbrechung interpretierte Ereignisse und Ergebnisse.

An sich ist eine Unterbrechung lediglich ein Ereignis oder Ergebnis; erst die vom Verstand erzeugte Bewertung als unerwünschte Störung der vorgeblichen Normalität und Richtigkeit macht es zu einer Unterbrechung. Offen bleibt hier die Frage, ob der Verstand objektiv rational oder subjektiv irrational bewertet. Letzteres ist empirisch wahrscheinlicher, gemessen daran, wie oft und wie sehr triviale Ereignisse und Ergebnisse öffentlich dramatisiert werden.

Leid als Unterbrechung

Auf was man sich als durchschnittlich neutral einigt, bestimmen zum einen persönliche Erwartungen an Menschen, das Leben und sich selbst und zum anderen das jeweilige kollektive Bewusstsein und das daraus resultierende kulturelle Einverständnis. Der individuelle und kollektive Bewusstseinsfilm bestimmt das jeweilige Ausmaß der Unterbrechung und somit die Gefühlsausprägung und Intensität. So wird zum Beispiel die Erfahrung von Sterben und Tod kulturell unterschiedlich gewertet.

In vielen Kulturen werden Sterben und Tod von heftigen und lang anhaltenden Emotionen begleitet. Die Mehrheit lebt dort offensichtlich in der anspruchsvollen Erwartung, solch leidvolle Unterbrechungen nicht erfahren zu müssen, obwohl Sterben und Tod unausweichlicher Teil des Lebens sind. Das verdrängen einige so lange erfolgreich, bis sie damit konfrontiert sind, gefolgt von entsprechend heftigen Emotionen als Folge ihrer abträglichen Bewertungen. In anderen Kulturen wird keine intensive und lang andauernde Trauer erwartet. Im Gegenteil, sie feiern den Tod eines geliebten Menschen sogar ausgelassen als dessen zeitweise Erlösung vom Leid des Lebens und dem Rad des Karmas.

Sogar wirtschaftliche Unterbrechungen werden kulturell unterschiedlich bewertet. Eine Insolvenz wird in den USA wesentlich weniger dramatisch gewertet als in Westeuropa und dem Insolventen wird dort mehr als eine Chance zugebilligt, mit seinen Unternehmungen wieder erfolgreich zu werden. Selbst ein unpünktlicher Zug wird in Indien anders als in Deutschland gewertet, was andere Gefühle und eine andere Gefühlsintensität zur Folge hat.

Jede Art von Verlust kann als Unterbrechung gewertet werden: sei es Arbeitsplatz, Partner, Einkommen, Gesundheit, Freunde, Vermögen als auch der Verlust von Zugehörigkeit durch Ausgrenzung aus sozialen Gruppen (Mobbing) oder aber Unfälle, Schmerzen, Krankheiten und Behinderungen. In allen Fällen wird die Erfüllung bestimmter selbstverständlicher Erwartungen in Form von Bedürfnissen, Hoffnungen, Ansprüchen oder Forderungen unterbrochen.

Die Forderung nach permanenter Pünktlichkeit erschwert ein gelassenes Leben, die Kritik des Chefs gefährdet den Anspruch auf einen sicheren Arbeitsplatz und den Erhalt des Lebensstandards, die schlechten Noten des Kindes gefährden die Hoffnung auf ein erfolgreiches Leben ebenso wie der Streit mit dem Partner die Hoffnung auf eine dauerhaft glückliche Ehe; das Bedürfnis, zu einer Gruppe zu gehören, wird genauso durch Ausgrenzung zerstört, wie Verletzung und Krankheit das Bedürfnis nach Vitalität erschüttern.

Solche Erfahrungen werden von vielen als Unterbrechung der bis dahin ungestört normalen Kontinuität der Ereignisse wahrgenommen und interpretiert, eben weil sie aus der zur Norm deklarierten, scheinbar sicheren Durchschnittlichkeit herausfallen. Die Erfüllung aller Erwartungen nehmen sie so lange als selbstverständlich an, bis sie unterbrochen wird. Diese Selbstverständlichkeit lässt es häufig an Dankbarkeit mangeln, wenn das Erwartete vorhanden ist, nicht aber an Empörung, wenn es fehlt.

Der Bewusstseinsfilm ist zudem durch persönliche Erfahrungen zusammengesetzt, aus denen die unerfüllbare Erwartung abgeleitet wird, dass der Anspruch auf ein störungsfreies Leben garantiert sein soll. Weder das Universum noch eine höhere Wesenheit hat mit den Menschen einen Vertrag auf ein störungsfreies Leben unterschrieben und somit entfällt jedwede Gewährleistung. Selbst Reklamationen bleiben unberücksichtigt.

Trennung oder Scheidung

Eine der größten Unterbrechungen mit sehr hohem Leidenspotenzial für mittlerweile mehr als ein Drittel aller Paare ist eine Scheidung. Nicht nur die Lebensfreude wird unterbrochen, sondern auch die Absicht der Verwirklichung einer gemeinsamen Vision und die Möglichkeit, dauerhaft Familie zu leben. Für die meisten ist nicht nur der Ablösungsprozess leidvoll, sondern auch die Zeit danach. Häufig hat eine Trennung sogar dauerhafte Auswirkungen auf darauffolgende Partnerschaften. Viele ziehen die Schlussfolgerung, dass sie entweder sich selbst oder dem anderen Geschlecht nicht mehr vertrauen können, und vermeiden aus Angst vor ähnlich leidvollen Erfahrungen, sich wieder hundertprozentig einzulassen.

Dabei übersehen sie völlig, dass sie Angst und Misstrauen aus Ex-Partnerschaften oder als geistiges Erbe ihrer Eltern mitgebracht hatten und beides durch Unterbrechungen in ihrer Partnerschaft aktiviert und bestätigt wurde. Diese Aktivierung ist nur möglich, weil sie die ursprünglichen Unterbrechungen, die lange vor ihrer Partnerschaft zu Angst und Misstrauen geführt hatten, nicht vollständig contextuell aufgelöst haben. Durch das Konservieren der leidvollen Ursprungsunterbrechungen wird der alte Vorwurfsbehälter bei der ersten Unterbrechung in der bestehenden Partnerschaft wieder hervorgeholt und sie glauben irrtümlicherweise, durch Distanz und Trennung vor erneuten Unterbrechungen geschützt zu sein.

Menschen vertrauen dem Misstrauen und misstrauen dem Vertrauen.

Maria & Stephan Craemer

Wunder als Unterbrechung

Eine Unterbrechung ist ein unerwartetes Ereignis oder Ergebnis, welches das alltäglich gewöhnliche Dasein stört und in eine ungewollte Richtung dreht. Dieselbe Definition bezeichnet auch ein Wunder, weshalb für viele ein Lotteriegewinn genauso eine Unterbrechung wie sich zu verlieben sein kann. Selbst positiv bewertete Ereignisse lösen kein dauerhaftes Hochgefühl aus.

Schnellt der Glückskoeffizient direkt nach einem Lotteriegewinn rapide in die Höhe, pendelt er sich nach einem halben Jahr wieder auf Normalmaß ein. Manchmal fällt er sogar darunter, wenn man mit der Unterbrechung der Erwartung konfrontiert wird, dass viel Geld dauerhaft glücklich mache, und gleichzeitig eine soziale Ausgrenzung aus der bisherigen Gruppenzugehörigkeit erleben muss. Selbst die hochgefühlschwangere Verliebtheitsphase pendelt sich nach einiger Zeit wieder auf ein emotional durchschnittliches Normalmaß ein, manchmal sogar darunter.

In beiden Fällen wird der normale Alltag unterbrochen und in eine ungewohnte Erfahrungsrichtung gedreht. Weil einige diese drastische Veränderung der bisherigen Erfahrungsrichtung ablehnen oder glauben, den damit einhergehenden Konsequenzen nicht gewachsen zu sein, haben sie Schwierigkeiten, mit Wundern angemessen umzugehen, selbst wenn sie diese noch so sehr herbeigesehnt hatten. Das wiederum führt häufig zum Verlust der Erfahrung, indem sie im Laufe der Zeit den Zugewinn wieder verlieren, sei es den Lotteriegewinn oder die Nähe zum Partner, denn sie müssen sich nach dem Wunder neu ausrichten und stoßen schnell an die Grenzen ihres gewohnten Denkens, Fühlens und Handelns.

Unterbrechungen sind unvermeidlich

Egal wie bequem und sicher Sie es sich in Ihrer Komfortzone eingerichtet haben und wie sehr Sie hoffen, durch Rückzug und nicht mehr hundert Prozent mitspielen den Schmerz zu vermeiden: Unterbrechungen sind im Leben unvermeidlich. Sie bergen ein hohes Potenzial an Leid und Leiden, was eine körperlich, geistig und emotional belastende Grunderfahrung des Lebens zu sein scheint. Würden Sie bestimmte Ereignisse oder Ergebnisse nicht reflexartig als Unterbrechung interpretieren, könnten Sie die Erfahrung von Leiden reduzieren. Das scheint im Alltagsbewusstsein allerdings kaum durchgängig möglich zu sein, zumal immer mehr Einflüsse von außen auf Sie einströmen, von denen Sie sowohl körperlich als auch geistig und vor allem emotional betroffen sind.

Viele hoffen nach einer Trennung, dass die nächste Unterbrechung nicht so schmerzhaft wird, wenn sie weniger erwarten, und lassen sich nur noch mit Zweifeln, Vorbehalten, Misstrauen und reduziertem Gefühlseinsatz auf den anderen ein. Dann liegt der eigentliche Schmerz darin, diesen emotional gepanzerten und mental unfreien Weg überhaupt gehen zu müssen, auf dem Nähe, Begeisterung, Erfüllung oder gar Verschmelzung nicht mehr zu finden sind.

Selbst ein Dalai Lama hegt die Erwartung, dass sein Koffer pünktlich ankommt, und regt sich auf, wenn dieser vermisst wird, wie er in einem Interview zugab. Dann ist es mehr als verständlich, dass auch Sie als normal erleuchteter Bürger sich über diese Unterbrechung ärgern, zumal Sie nicht nur Ihren Koffer suchen, sondern parallel dazu auch noch Ihre übermüdeten Kinder unterhalten müssen. Die Frage ist, wie lange Sie an der Unterbrechung festhalten und Ihren Ärger unterhalten. Dem Koffer ist Ihr Ärger egal und Ihre Kinder werden dadurch nur noch quengeliger.

Einige Religionsideologien postulieren Achtsamkeit, Gelassenheit oder Barmherzigkeit als adäquaten Umgang mit Leiderfahrungen bis hin zum Aufgeben sämtlicher Erwartungen. Das ist unerfüllbar und diese Unerfüllbarkeit verleitet häufig zu Fatalismus oder Resignation. Es ist nicht möglich und auch gar nicht erforderlich, dass Sie alle Ihre Erwartungen aufgeben. Einfacher ist, Ihren Anspruch aufzugeben, dass alle Ihre Erwartungen erfüllt werden müssten, sei es von anderen Menschen, vom Leben, von der Gesellschaft oder gar von Ihnen selbst. Diese erleuchtete Einstellung hat wesentlich weniger Unterbrechungen und somit weniger negative Gefühle zur Folge.

Es ist nicht erleuchtet, keine Erwartungen zu haben. Erleuchtet ist, die Erwartung aufzugeben, Erwartungen müssten erfüllt werden.

Leid versus Leiden

Auch wenn *Leid* als Folge von Unterbrechungen unvermeidlich scheint, so ist langes *Leiden* nicht unbedingt nötig, da es auf bereits entstandenes Leid draufgesattelt wird, was unterschiedliche Ursachen hat. Indem sie über das erfahrene Leid leiden, wollen viele Menschen ihrer Leiderfahrung und damit sich selbst Wert und Bedeutung verleihen, die in der Erfahrung an sich nicht enthalten sind. Oder sie wollen dem vermeintlichen Verursacher – besonders Eltern, Ex-Partner und Chefs – vor Augen führen, was sie bei ihnen angerichtet haben. Wie sollte man auch sonst die nötige Aufmerksamkeit für sein Leiden bekommen, um so die Freistellung von der Erfüllung von Bedingungen erzwingen zu können? Einige wollen durch Leiden ihrem Leid mehr Gewicht verleihen, um zu bekommen, was sie wollen: Häufig wälzen sich gefoulte Spieler auf dem Fußballfeld leidvoll theatralisch hin und her, um den Schiedsrichter zum Zücken einer gelben oder gar roten Karte gegen den Foulenden zu verleiten, worauf Unerfahrene auch gern hereinfallen.

Nützliche Unterbrechungen

Unterbrechungen sind nicht nur unvermeidlich, sondern auch nützlich, weil niemand ohne Erwartungen lebt und jeder verdeckte Erwartungen hegt, die erst nach deren Unterbrechung bewusst werden. Unterbrechungen sind daher nützlich, um sich seiner Erwartungen in Form von Ansprüchen, Bedürfnissen und Bedingungen bewusst zu werden. Dieses Bewusstwerden ist für ein harmonisches oder gar erfülltes Zusammenleben wichtig, da es dadurch möglich wird, die Erfüllung der verdeckten Ansprüche, Erwartungen und Bedingungen zu kommunizieren.

Sie können sowohl Unterbrechungen mit der physischen Materie als auch mit anderen Menschen und sogar mit sich selbst haben. Der normale Umgang damit ist, dass Sie sich aufregen, um das Gewünschte emotional herbeizuerpressen und Schuldige für Ihre schlechten Gefühle zu suchen. Meistens sind selbige schnell gefunden, Sie sind dann allerdings keinen Schritt weiter.

Ein contextuell förderlicher Umgang mit Unterbrechungen wäre, dass Sie nicht den Auslöser, sondern sich selbst als verantwortlich für die eigenen Gefühle anerkennen, die Sie mit der negativen Bewertung Ihres unerfüllten Erwartungsanspruchs ausgelöst haben. Danach finden Sie die Bedingungen heraus, die der andere nicht erfüllt hat, verhandeln und vereinbaren selbige mit dem Betreffenden, statt deren Erfüllung als stillschweigenden Erwartungsanspruch vorauszusetzen und unkommuniziert einzufordern. Dabei korrigieren Sie sich so lange, ergebnisrelevante Bedingungen zu stellen und zu erfüllen, bis Sie das beabsichtigte Ergebnis erzielt haben.

Wie sehr Menschen Beziehungskonstellationen mit verdeckten Erwartungsansprüchen überfrachten, die zwangsläufig eine Unterbrechung nach sich ziehen müssen, kann man am gängigen Sinnspruch ablesen: *Bei Geld hört die Freundschaft auf!* Wenn Freunde sich untereinander Geld leihen, dann setzt der Geldverleiher häufig wie selbstverständlich voraus, dass der Empfänger es in einem angemessenen Zeitrahmen zurückzahlt. Freundschaft scheint Vereinbarungen und Verträge überflüssig zu machen.

Der Geldverleiher hat allerdings häufig andere Konditionen als der Geldempfänger im Kopf, der findet, dass Freundschaft doch der ideale Grund sei, die Rückzahlung hinauszuzögern oder das Geld zu behalten. Schließlich hat der andere so viel Geld, dass er es verleihen kann, und wahre Freunde fordern keine Rückzahlung. Sollte der Geldverleiher auf einem Vertrag bestehen, wird das vom Geldnehmer oft als Misstrauensbeweis gedeutet. Als solcher kann er auch gesehen werden, und zwar vom Geldverleiher. Denn hätte der Empfänger die klare Absicht, das Geld zügig zurückzuzahlen, hätte er keine Einwände gegen einen Vertrag.

Diesen Konflikt der unterschiedlichen Deutung von Freundschaft und die damit einhergehenden Erwartungen wollen viele vermeiden und bestehen wegen der Freundschaft nicht auf vertraglichen Vereinbarungen, nicht wissend, dass sie damit in fast allen Fällen die Freundschaft riskieren. Ein wahrer Freund hätte jedoch keine Unterbrechung damit, wenn man seine Geldanfrage vertraglich vereinbarte oder gar ablehnte.

Bewusstseinswecker
Unterbrechungen sind Erwartungswecker für das schläfrig träge Bewusstsein, wobei die meisten keine günstigen Assoziationen zum Wecker haben, stört er doch den wohligen Tiefschlaf und katapultiert einen wieder in den sorgenvollen Alltag, vor allem montags. Je tiefer das menschliche Bewusstsein schläft, umso heftiger sind die Weckereignisse, die das Bewusstsein in Form von Unterbrechungen so lange wachrütteln, bis es vollständig wach ist – erst dann ist die Wahrscheinlichkeit für Unterbrechungen enorm verringert.

Verkehrsunfälle geschehen häufig, weil jemand nicht wach genug für die aufkommende Situation war. Einige Autofahrer sehen hinterm Steuer auch so aus, als wäre niemand in ihnen zu Hause. Solange Autofahrer nicht für jede aufkommende Situation wach genug sind, wird die Bestrebung für Geschwindigkeitsbegrenzungen und Verkehrskontrollen steigen. Will man das nicht, bleibt einem nur die Möglichkeit vollständiger Wachheit des Bewusstseins, nicht nur im Straßenverkehr. Ein vollständig waches Bewusstsein braucht zudem entgegen vermeintlicher Annahme wesentlich weniger Energie als ein schläfriges. Wenn Ihr Bewusstsein im Halbschlaf vor sich hin dämmert, kostet es viel Energie, dieses Defizit auszugleichen, so als würden Sie 150 km/h schnell fahren und gleichzeitig die Handbremse ziehen. Egal wie viel Gas Sie geben, es wird nicht schneller. Im Gegenteil, Ihr Vehikel nimmt Schaden bis zur Funktionsuntüchtigkeit.

Selbst gezimmertes Unglück

Selbst nach leidvollen, mit starken Gefühlen einhergehenden Unterbrechungen können Sie wählen, ob diese lebenslanges, intensives Leiden zur Folge haben und Sie Ihr Vertrauen in sich und Ihr Leben aufgeben oder ob Sie die Unterbrechungen als Möglichkeit zur Weiterentwicklung durch Transformation nutzen. Auch diese kann zunächst von unangenehmen Gefühlen begleitet sein, aber Sie werden diese weniger intensiv, weniger häufig und vor allem weniger lang andauernd erleben.

So wurde in Untersuchungen festgestellt, dass Menschen, die durch einen Unfall querschnittsgelähmt sind, häufig nach einem halben Jahr wieder denselben Glückskoeffizienten wie gesunde Menschen haben, obwohl dieser direkt nach dem Unfall signifikant niedriger war. Die Wahl, ob eine solche Erfahrung zu lebenslangem Trauma oder zu Transformation führt, muss bewusst getroffen werden.

Sie liegt häufig hinter der persönlichen und gesellschaftlichen Vorstellung wie auch hinter der vieler wissenschaftlicher Disziplinen. So findet zum Beispiel nach einem körperlichen und emotionalen Missbrauch ein lebenslanges Trauma wesentlich mehr psychologische Anerkennung und gesellschaftliche Zustimmung als eine Transformation dieser Erfahrung.

Als Folge davon sitzen einige im mental-emotional gerechtfertigten Rollstuhl, mit dem sie ihre Lebensfreude beschränken, was sie nicht zwangsläufig müssten, würde die Möglichkeit der Transformation leidvoller Erfahrung nicht nur akademische Zustimmung bekommen.

Weil der Verstand alles ansammelt, was unvollständig ist, speichert er Unterbrechungen als unvollständige Erfahrung ab. Hingegen vergisst er im Laufe der Zeit jene Erfahrungen, in denen Sie keinen Verlust oder sonstigen Schaden erlitten haben, eben weil sie unterbrechungsfrei vollständig erfahren wurden. Das sind erfahrungsgemäß die angeblichen Selbstverständlichkeiten, wie zum Beispiel zum Geburtstag beschenkt zu werden. Die meisten Geschenke vergessen Sie bald, wenn sie Ihren Erwartungen entsprochen haben. Ist das Geschenk außergewöhnlich schön, behalten Sie es eine Weile in guter Erinnerung, auch weil Sie es mit anderen Menschen geteilt haben und sich somit immer wieder daran erinnern. Dabei ist es egal, was es ist; was dem einen seine teuren Diamanten ist dem anderen sein individuell selbst Gebasteltes.

Besonders registrieren Sie jedoch, wenn Sie etwas nicht bekommen haben, das Sie sich sehnlichst gewünscht haben, oder wenn es statt der Diamanten das Selbstgestrickte war und umgekehrt. Diese Unterbrechungen werden lange gespeichert, eben weil sie unvollständig sind. Die Unvollständigkeit lässt sich daran erkennen, dass Sie aus dieser Unterbrechung Schlussfolgerungen über sich oder den Schenkenden gezogen haben: *Wenn mir das geschenkt wurde, dann bin ich dem anderen nicht gut genug* oder *Ich bin seine Liebe nicht wert* oder *Sie/Er ist ignorant etc.!*

Da Ihr Verstand über seine willkürlichen Schlussfolgerungen im Recht bleiben will, wird er im Laufe des Lebens in seinen Schlussfolgerungen bestätigt und sucht und findet zukünftig in vielen Geschenken immer wieder bewiesen, dass der andere sich nicht genug Mühe gegeben hat. Sie *fühlen* sich erneut unwichtig, nicht geliebt oder gar wertlos und zudem in der negativen Meinung über den Schenkenden bestätigt. Da Frauen mehr als Männer ihren Wert im Geschenk bestätigt finden wollen, laufen sie häufiger Gefahr, ihre schädlichen Schlussfolgerungen über sich und ihre Meinung über den anderen immer wieder bestätigt zu bekommen. Das führt bei vielen Männern dazu, dass sie die Geschenktage am liebsten überspringen würden.

Einige Unterbrechungen haben nachhaltige Konsequenzen zur Folge, was nicht an der Intensität oder Qualität der Unterbrechung liegt, sondern daran, dass Menschen aus ihren Schlussfolgerungen nachhaltig wirkende Contexte bilden: über sich *(Ich bin nicht gut genug etc.)*, das Leben *(Leben ist ungerecht etc.)*, Autorität *(Unternehmer sind Ausbeuter etc.)*, das andere Geschlecht *(Frauen/Männern kann man nicht vertrauen etc.)*, Partnerschaft *(Ehe ist ein Gefängnis etc.)*. Nicht die erlebten Unterbrechungen beeinträchtigen Ihr Leben, sondern mit den daraus gebildeten nachteiligen Contexten beschränken Sie dauerhaft sowohl Ihre Lebensfreude als auch Ihren Erfolg.

Eine Differenzierung zwischen dem Ereignis und den daraus gezogenen Schlussfolgerungen ist in psychologischen oder philosophischen Ratgebern kaum zu finden und wenn, dann wird sie nicht konsequent umgesetzt. Solange Sie glauben, dass Ihr Unglücklichsein von der Unterbrechung an sich verursacht wurde, sind Sie Gefangene Ihres erlebten Unglücks. Innerhalb dieser mental-emotionalen Gefangenschaft ist es unmöglich, wieder dauerhaft glücklich zu sein, egal wie viel Glücksbücher Sie lesen, wie viel Reichtümer Sie anhäufen, wie viel Diäten Sie machen, auf wie viel Heilsversprechen Sie reinfallen oder wie viel Partner Sie wie Trophäen um sich versammeln; Sie bleiben unglücklich, beweisen wollend, dass Sie es nicht sind.

Anzuerkennen, dass man sein mental-emotionales Gefängnis selbst erschaffen hat, scheint die schwierigste Aufgabe zu sein und doch ist das im wahrsten Sinne des Wortes der Schlüssel zu einem erfolgreich erfüllten Leben, denn nur so kann man sein selbst gezimmertes Gefängnis wieder aufschließen.

Erwartungen und Folgen

Unausgesprochene Erwartungen treten im Moment der Nicht-Erfüllung ins Bewusstsein. Ob Sie mit der Nicht-Erfüllung eine Unterbrechung haben, können Sie an Ihren Gefühlen, Gedanken, Ihrem Verhalten und letztlich an Ihrer Physiognomie und Physiologie erkennen. Diese verändern sich nach einer Unterbrechung erfahrungsgemäß selten zum Angenehmen, da Sie Unterbrechungen meist negativ bewerten, als etwas, das nicht hätte passieren dürfen oder unbedingt hätte passieren sollen.

Wenn Sie immer wieder ähnliche Unterbrechungen erleben, sei es mit Autoritäten, der physischen Materie, dem anderen Geschlecht etc., leben Sie auf dysfunktionalen Anspruchs- und Erwartungsstandpunkten, die ein erfolgreich erfülltes Leben verhindern. Nach jeder Unterbrechung können Sie zwischen mindestens zwei Möglichkeiten wählen: 1) Sie verwenden weiter die alte Erwartungslandkarte mit Ihren Ansprüchen und nicht kommunizierten Bedingungen in der unerfüllbaren Hoffnung, die Landschaft in Ihre vorgefertigte Landkarte pressen zu können, oder: 2) Sie gleichen Ihre Landkarte mit der Landschaft ab und passen sie entsprechend der Landschaft an. Im nächsten Schritt können Sie dann Ihre Landschaft entspre-

Unterbrechungsmodell

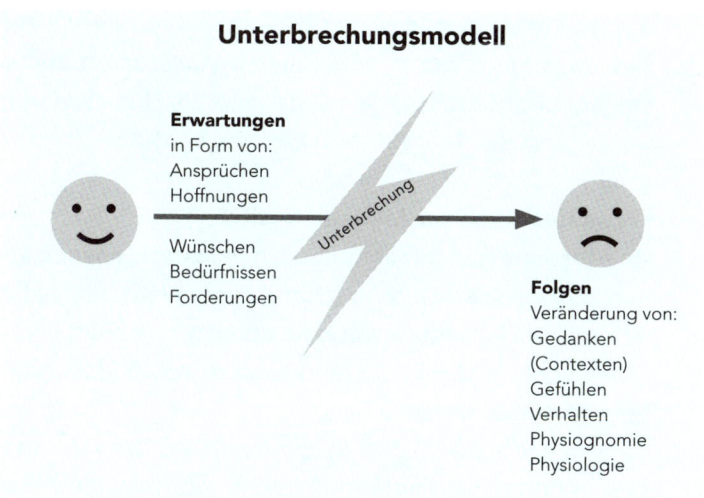

Erwartungen
in Form von:
Ansprüchen
Hoffnungen

Wünschen
Bedürfnissen
Forderungen

Unterbrechung

Folgen
Veränderung von:
Gedanken
(Contexten)
Gefühlen
Verhalten
Physiognomie
Physiologie

chend Ihren Vorstellungen weiterentwickeln. Einige wählen noch eine dritte, zutiefst dysfunktionale Möglichkeit, nämlich 3) gegen die Landschaft, also die vom Universum gesetzten Bedingungen Amok zu laufen. Sowohl die erste als auch die dritte Variante führt unweigerlich zu völlig überflüssigem Leid und Leiden, weil es Ihnen nicht möglich ist, die Bedingungen des Universums nach Ihrem Gutdünken zu korrigieren, egal wie viel Widerstand Sie dagegen leisten.

Die zweite Variante funktioniert am besten, denn Sie kommen mit einer stimmigen Landkarte besser in der vorgefundenen Landschaft zurecht und erzeugen dementsprechend dauerhaft bessere Ergebnisse und Gefühle. Dazu bedarf es einiges an persönlicher Richtigkeitsideologie aufzugeben, mit der Sie Ihr Bewusstsein gefüttert und Ihre Landkarte zusammengeflickt haben.

Wer mit dem Wandeln der persönlichen Landkarte einen unerwünschten Gesichtsverlust verbindet, wird die alte Landkarte behalten und mit den aus seinem Widerstand resultierenden Konsequenzen weiter leiden müssen. Selbst wenn das Gesicht gewahrt würde, wird mit dem Anspruch, damit bessere Ergebnisse zu erzielen, bereits der nächste Unterbrechungs-wecker gestellt, der garantiert klingeln wird.

Wenn das Auto zur Mistkarre wird

Unterbrechungen mit der physischen Materie können andere Konsequenzen als Unterbrechungen mit Menschen haben, was sich an zwei Beispielen von Auto und Partnerschaft verdeut-lichen lässt, die wir im Folgenden unter verschiedenen Aspek-ten betrachten werden.

Viele Autofahrer leben in der Erwartung, dass ihr Anspruch auf ein funktionierendes Auto immer erfüllt wird und es sie rechtzeitig zum Ziel befördert. Wenn das Auto diese Erwartung nicht erfüllt, erleben sie das als Unterbrechung ihrer selbstver-ständlichen Anspruchserwartung. Ob es eine Unterbrechung ist, wenn das Auto nicht anspringt, hängt allerdings auch von der Automarke und vom Alter des Autos ab; manche sind eher überrascht, wenn ihr Auto gleich beim ersten Mal anspringt.

Kaum jemand setzt sich jedoch mit dem Affirmations-mantra ins Auto: *Ich erwarte jetzt das Anspringen des Motors*. Diese selbstverständliche Erwartung wird erst dann präsent, wenn der Motor nicht zündet und Ihnen bewusst wird, dass es eben nicht so läuft, wie Sie es so gewohnt waren. Springt das Auto nicht an, reagieren die meisten auf diese Unterbrechung mit negativ wertenden Gedanken und das Auto wird vom beleidigten Bewusstsein zur Mistkarre degradiert und Witte-rungsbedingungen, Vorbenutzer, Beifahrer, Automarke oder die allgemeinen Umstände werden als Begründung für das missfallende Ereignis herangezogen.

Contextuell spricht man von einer Änderung der Kognitio-nen, also einer Wahrnehmungsveränderung, genauer von einer Informationsumgestaltung im Bewusstsein. Die vom Bewusstseinsfilm konstruierte Realität ändert sich dadurch schlagartig; sie wird emotional negativer und dunkler wahrgenommen als vor der Unterbrechung, weil das Ereignis als latent bedrohliche Störung der als sicher erwarteten Realität interpretiert wurde. Als Folge davon ändern sich auch die mental-emotionalen Contexte über die für die Unterbrechung vermeintlich Schuldigen.

Wenn der Traumpartner zum Albtraum wird

Anders als beim Auto werden Unterbrechungen im zwischenmenschlichen Bereich von den Erwartungen beider Parteien ausgelöst. Die liebevolle Mitteilung der Partnerin, sie koche zum Abendessen etwas ganz Besonderes, ist begleitet von ihrer Erwartung, dass er dieses aufwendige Unterfangen mit Pünktlichkeit würdigt. Wenn er unpünktlich erscheint, ist es für sie eine Unterbrechung, obwohl keine ausdrückliche Terminvereinbarung getroffen wurde.

Die Erfüllung ihrer unausgesprochenen Erwartung der Pünktlichkeit war für sie so selbstverständlich, dass sie glaubte, diese deutlich kommuniziert zu haben. So ist sie verärgert, wenn er ihre Anspruchsbotschaft überhört hat und die Anerkennung ihrer Arbeit wie auch ihre Absicht nach Gemeinsamkeit nicht erfüllt, wenn er später erscheint. Andererseits ist er ob des gänzlich unerwarteten und völlig unfreundlichen Empfangs enttäuscht, als er später nach Hause kommt.

Vor allem im zwischenmenschlichen Bereich ist zu beobachten, dass bei wiederholtem Fehlverhalten des anderen sich die Gedanken zu der Person nicht nur temporär ändern, sondern der gesamte mental-emotionale Context nachhaltig negativiert wird. Hatte man zunächst nur einige Vorbehalte *(er sieht mich gar nicht; sie ist auch kleinlich)*, türmen sich diese zu generellen Vorwürfen auf *(immer lässt er mich hängen; nie kann sie mal was locker sehen)* und enden häufig in einem vernichtenden, weil entwertenden Urteil.

Der unpünktlich erscheinende Partner wird vom strahlenden Helden zum rücksichtslosen Egoisten und die Partnerin von der feinfühligen Traumfrau zur nörgelnden Ziege degradiert. Diese Urteile werden im Laufe der Zeit zu Contexten manifestiert, die sich selbst bestätigen und die Beziehungsqualität nachhaltig verringern, ohne dass es den Paaren bewusst ist. Spätestens dann kommen Aussagen wie: *Meine Gefühle haben sich verändert; der normale Alltag hat sich eingeschlichen* oder: *Die Liebe ist gegangen* – die Frage ist wohin? Leider finden die meisten sich damit ab, anstatt ihre Unterbrechungen contextuell zu vervollständigen.

Sich durch Unterbrechungen seiner unausgesprochenen Erwartungen bewusst zu werden ist besonders wirksam in der Kommunikation und Beziehung mit Menschen, seien es Lebens- oder Arbeitspartner. Viele Ansprüche werden nicht kommuniziert, weil erwartet wird, dass diese selbstverständlich zu erfüllen seien oder sie angeblich stillschweigend vereinbart wären. So wird jede Unterbrechung entweder zum Kommunikationskiller oder zum Kommunikationswecker.

Wenn dem Auto Ihr Ärger egal ist

Die wertenden Gedanken und der auf Dauer daraus resultierende Contextwandel dominieren die Emotionen, Gefühle und Stimmungen des Wertenden.

Hatte man beim Einsteigen ins Auto noch ganz gute oder zumindest keine schlechten Gefühle, ist man erst mal verärgert über die veränderte Situation oder besorgt, seinen Termin zu verpassen. Die Anspruchserwartung des selbstverständlichen Funktionierens wurde unterbrochen.

Dann kommen Gedanken auf wie: *Heute ist nicht mein Tag, immer läuft alles schief, warum hab ich kein besseres Auto, würden die Kinder weniger Zeit kosten, wäre ich nicht so spät dran etc.* und schon hat man sich zum Opfer der Umstände deklariert, was noch mehr negative Gefühle zur Folge hat. Dabei bietet diese Situation eine ideale Möglichkeit, etwas über Gefühle zu lernen: *Meine Gefühle kommen nicht vom Auto!* Kämen sie vom Auto, müssten Sie sich immer freuen, wenn es fährt.

In einer Unterbrechung ist man mit seinen eigenen Bewertungen konfrontiert, mit denen man seinen Ärger wie auch alle anderen Gefühle erzeugt. Man könnte einwenden, dass sich aber alle in einer solchen Situation ärgern. Dem ist nicht so. Spätestens wenn das Auto auf dem Weg zum unliebsamen Treffen mit den Schwiegereltern streikt und somit der Fußballabend wieder in greifbare Nähe rückt, vermindert sich der Ärger. Es stellt sich vielleicht sogar Freude ein, die man allerdings nicht zu offensichtlich zeigen darf, wenn man keinen zusätzlichen Ärger mit der Partnerin riskieren will.

Wenn nicht nur das Hähnchen kocht

Beim erwähnten Paar gab es mehrere unterschiedliche Ansprüche, deren Erfüllung von beiden als Selbstverständlichkeit vorausgesetzt wurde. Beide verbringen nach der Ankündigung des besonderen Essens den Tag in Vorfreude auf den Abend, nicht ahnend, dass sie mit ihren nicht kommunizierten Erwartungen den Wecker für eine Mega-Unterbrechung gestellt haben. Anders als beim Auto, das völlig erwartungslos in der Garage steht, gibt es bei Paaren auf beiden Seiten Erwartungen.

Sie erwartet prinzipiell, dass Männer genauso denken wie Frauen und er deshalb das besondere Essen als Liebesbeweis versteht und dementsprechend handelt; Blumen könnten auch nicht schaden. Zudem erwartet sie, dass er ihren besonderen Einsatz durch aufmerksame Pünktlichkeit würdigt. Ihr Bedürfnis nach Nähe und Kuscheln (und eventuellem Sex) hat sie somit indirekt geäußert, was die Erwartung an ihn richtet, sämtliche weitere Vorbedingungen zu erfüllen: *Bring' außer Blumen noch Sekt mit!*

Er hat nur gehört, dass sie gern für ihn kocht und der Abend heiß werden könnte. Seine Bedenken, dass er noch einen wichtigen Termin hat, äußert er nicht, erwartend, dass sie Verständnis zeigt, wenn er später kommt. Er muss schließlich das Geld für Blumen und Sekt verdienen; Hauptsache danach wird's heiß.

Nach der Unterbrechung ihrer unausgesprochenen Anspruchserwartungen werden sie mit hundertprozentiger Wahrscheinlichkeit den Abend in mieser Stimmung verbringen, angefüllt mit einem Sack an Vorwürfen und Tränen ihrerseits sowie Unverständnis und Wutanfällen seinerseits und dem aufkeimenden Zweifel, ob der andere wirklich der Richtige sei. Die Wahrscheinlichkeit liegt bei hundert Prozent, dass beide die Unterbrechung nicht nutzen, um ihren Konflikt contextuell vollständig aufzulösen, sondern sich nur darum streiten, wer recht hat, also wem die Deutungshoheit über die Realität gebührt.

Hier wird durch Unkenntnis über den Ursprung von Gefühlen ein allzu menschlicher Teufelskreis ausgelöst. Menschen verursachen ihre Gefühle durch ihre Bewertungen selbst und ihre Gefühle sind immer kongruent mit den jeweiligen Bewertungen; negative Bewertungen verursachen negative Gefühle. Um Dissonanzen zu vermeiden, erzeugt das Bewusstsein negative Gefühle, wenn der Verstand das auslösende Ereignis negativ bewertet, denn er wird sich hüten, sich über negative Bewertungen mit positiven Gefühlen selbst ins Unrecht zu setzen.

Erst wenn Sie in dem Bewusstsein leben, dass nichts und niemand für Ihre Gefühle verantwortlich ist, außer Sie selbst, können Sie den mental-emotionalen Teufelskreis verlassen und die damit einhergehenden Schuldzuweisungen aufgeben. Aber Vorsicht, wenn Sie sich nicht mehr emotional erpressen lassen und zudem langem Leiden abschwören, ruft das Skeptiker und Widersacher auf den Plan, die in Mangel, Angst und Misstrauen leben. Wollen Sie bessere Gefühle, müssten Sie lernen, Ihre negativen Bewertungen immer wieder infrage zu stellen und aufzugeben, seien diese auch noch so kollektiv verankert.

Beim verärgerten Autofahrer war es die nicht erfüllte Anspruchserwartung des selbstverständlichen Funktionierens des Fahrzeugs. Beim erwähnten Paar gab es mehrere unterschiedliche Ansprüche, deren Erfüllung als Selbstverständlichkeit erwartet wurde. Das negative Bewerten der nicht erfüllten Erwartung hatte kongruente, also schlechte Gefühle zur Folge, die das darauf folgende abweisende Verhalten rechtfertigen sollten.

Erst das Aufgeben der Bewertungen und das gemeinsame Vereinbaren von gegenseitig bereichernden und inspirierenden Bedingungen ermöglichen dauerhaft bessere Gefühle, angemessenes Verhalten und somit eine bessere Stimmung. Dazu müssten Sie allerdings Ihre Gefühligkeiten aufgeben, sobald diese ihre Funktion als Bewusstseinswecker erfüllt haben. Das fällt den meisten jedoch mehr als schwer, da sie zum einen über die Richtigkeit ihrer Bewertungen um jeden Preis recht haben wollen und zum anderen die aus eben diesen Bewertungen resultierenden Gefühle die Richtigkeit ihrer Bewertungsstandards beweisen sollen. So bleiben sie nicht nur in ihren miesen Gefühlen stecken, sondern blähen diese auch noch unnötig auf und konservieren sie, selbst wenn es sie einen schönen Abend und auf Dauer die Partnerschaft kostet.

Wenn das Auto zum Panzer wird

Als Folge der veränderten Gefühle stellt man sein Verhalten sowohl kurz- als auch langfristig passend auf die unerwartete Situation ein. Hatte man sein Auto zuvor noch wohlwollend behandelt, beginnt man möglicherweise fluchend auf das Armaturenbrett zu schlagen oder tritt von außen gegen die Reifen in dem überzeugten Glauben, dies sei ob der Nicht-Erfüllung der Erwartung gerechtfertigtes Verhalten und würde den Motor zum Anspringen bewegen. Selbst nachdem das Auto angesprungen ist, fühlt der Autofahrer sich immer noch vom Auto im Stich gelassen und der Ärger bleibt bestehen, während das Auto schon lange wieder fährt.

Diese Energie bleibt so lange im Körper gespeichert, bis Sie Ihre Bewertung aufgeben. Das ist jedoch nicht möglich, solange Sie glauben, Ihre Gefühle seien vom nicht anspringenden Motor verursacht. Da dieser sich nicht als Gefühlsmülleimer eignet, irgendjemand aber bemerken soll, in welcher Gemütslage Sie sich befinden, werden Sie bei jeder weiteren noch so kleinen Unterbrechung wieder wie ein Gefühlsautomat reagieren.

Wie ein Höhlenmensch brüllen Sie den Deppen an, der zu langsam abbiegt und meint, seinen Blinker schonen zu müssen, indem er ihn nicht setzt. In jedem zu überholenden Auto sehen Sie die zu erlegende Beute, was Ihre Fahrweise rücksichtsloser werden lässt. Bei der folgenden Teamsitzung im Büro ruft Ihr aggressives Verhalten weitere ablehnende Reaktionen hervor, was wiederum mit gesteigerter Unfreundlichkeit und Aversion quittiert wird.

Spätestens dann haben viele ihren Context bestätigt, dass das Leben schwer, die Arbeit anstrengend und dies nicht ihr Tag sei. Das lässt sie wiederum zu einem Sog für weitere, ihre negativen Contexte bestätigende Unterbrechungen werden.

Wenn das gegrillte Hähnchen zur beleidigten Leberwurst wird

Die Partnerin in unserem Abendessen-Beispiel besteigt ebenfalls die Achterbahn der Gefühle: Ist sie gegen sieben Uhr schon leicht gereizt, kocht sie nach einer weiteren Stunde des Wartens statt des Essens selbst vor Wut. Spätestens gegen acht hat nicht nur das Hähnchen à la Provence seinen Siedepunkt erreicht, auch sie kocht innerlich über und explodiert, sobald er die Tür öffnet. Diese emotionale Explosion erwidert er mit stark abwehrender Rechtfertigung, was nicht zur Aufheiterung der Stimmung beiträgt. Im Gegenteil.

Als Folge der veränderten Gefühle stellen beide ihr Verhalten sowohl kurz- als auch langfristig auf die unerwartete Situation neu ein. Mit ihren miesen Gefühlen rechtfertigt sie ihr verändertes Verhalten ihm gegenüber und statt ihn liebevoll zu begrüßen, sitzt sie im weiten Hausanzug mit angezogenen Knien wie eine beleidigte Leberwurst auf dem Sofa. So ist gleich klar, was immer er sich nach dem Essen erhofft, ist gestrichen. Hatte sie den Partner morgens noch liebevoll verabschiedet, straft sie ihn nach seinem unverzeihlichen Fauxpas mit Verachtung und zeigt ihm ob seiner rücksichtslosen Ignoranz die kalte Schulter.

Da sie ihn und nicht ihre unvollständig kommunizierten Erwartungsansprüche zur Ursache ihrer Gefühle deklariert, bricht sie einen Streit über seine Unaufmerksamkeit und Rücksichtslosigkeit vom Zaun, mit dem dann auch das von ihm erhoffte heiße Dessert nicht nur für diesen Abend gestrichen ist. Natürlich unausgesprochen.

Mit ihrem Verhalten fühlt er sich in seinen Augen ungerechtfertigterweise gestraft, sodass es ihm nicht in den Sinn kommt, zu überlegen, womit er die Situation ausgelöst und welche Erwartungen er nicht kommuniziert hat. Seine unausgesprochene Anspruchserwartung war, dass sie seine beruflichen Termine respektiert und toleriert. Eine telefonische Mitteilung über seine Verspätung als Eingrenzung seiner heiß geliebten Freiheit hielt er für überflüssig. Sie solle sich nicht so anstellen, nur weil sie mal auf ihn warten muss. Da er mittlerweile ziemlich sauer ist, ist auch ihm die Lust vergangen. Die Ursache für seinen Ärger sieht er in ihrem abweisenden Verhalten und nicht bei seinen Bewertungen.

All das verschlimmert die Situation und löst die Unterbrechung nicht auf, sondern führt zu immer mehr Missverständnissen, weil die vorausgehenden Bewertungen nicht neutralisiert, sprich contextuell aufgelöst, sondern verfestigt wurden. Diese zeigen sich im Laufe der Zeit in immer mehr Vorbehalten und Vorwürfen, was nicht nur eine gedämpfte Grundstimmung und distanziertes Verhalten, sondern auf Dauer gar Trennung zur Folge haben kann. Das ist die fatale Konsequenz, solange Sie glauben, der andere sei für Ihre Gefühle verantwortlich. Haben Sie zu lange negative Gefühle, die Sie dem anderen zuschreiben, müssen Sie ihn entweder verändern oder sogar loswerden, um sich besser zu fühlen.

Gegebenenfalls finden Sie einen neuen Partner und beginnen die fatale Bewertungsspirale von Neuem oder Sie lassen sich erst gar nicht mehr auf einen neuen Partner ein. Weil viele Bedenken haben, ob eine neue Partnerschaft funktioniert, investieren sie immer weniger und so wird aus dem romantischen Abendessen schnell ein liebloser Schnellimbiss. Ihre resignative Verweigerung führt jedoch lediglich zu mehr Lieblosigkeit. Nur das begeisterte Erfüllen gegenseitiger Bedingungen ermöglicht dauerhaft mehr Nähe, Intimität und Verschmelzung.

Wenn das Auto steht und der Blutdruck hochfährt
Nachdem die Gedanken negativ wurden und die Gefühle Achterbahn fahren, was mit entsprechender Mimik und Gestik unterstrichen wurde, schnellt auch der Blutdruck in die Höhe, das Herz rast, die Galle läuft über und der Nacken und die Schultermuskeln versteifen sich. Ärger als Gefühlsgewohnheit nach Unterbrechungen kann auf Dauer körperliche Auswirkungen bis hin zu Herzinfarkt oder ähnlich schwerwiegenden Symptomen haben. Dabei gäbe es genug Möglichkeiten, diese körperlich gespeicherte Energie abzubauen, deren Ausführung an dieser Stelle jedoch zu weit führen würde. Die wichtigste Maßnahme ist, sein vermeintliches Recht auf Ärger aufzugeben und einen angemessenen Umgang mit Gefühlen zu

erlernen. Dafür bedarf es der Bereitschaft, im Unrecht über die vorgebliche Richtigkeit seiner Bewertungen zu sein.

Wenn das kalte Hähnchen zur kalten Schulter wird

Bei unserem Paar haben sich Gedanken und Gefühle gemäß ihrer Bewertungen verändert. Auch der Körper reagiert entsprechend und bringt sich in Kongruenz mit den Kognitionen und den dadurch ausgelösten Gefühlen. Mimik, Gestik, Stimmlage und Körperhaltung, also die gesamte Physiognomie, passen sich der geänderten Gemütslage an und beide Partner werden entsprechend laut oder leise, aggressiv oder zurückhaltend, aufrecht oder geduckt, je nachdem, was gerade als passend empfunden wird.

Diese körperliche Anpassung an die Gefühle geschieht automatisch und ist den meisten nicht bewusst. Man wird weder einen laut schreiend depressiven, noch einen flüsternd aggressiven Menschen treffen, weil die Physiognomie die Emotion nicht widerspiegeln würde. Wer seine Physiognomie den Gefühlen anpasst, verstärkt dadurch wiederum die schon vorhandenen Gefühle. Der Teufelskreis ist vollständig in sich geschlossen und nun ist es wirklich schwer wieder herauszukommen. Die ihre Meinung bestärkenden Äußerungen der Freundinnen, dass Männer es nun mal nicht bringen, helfen dabei nicht und auch das Lästern beim Bier an der Theke über die störrischen Weiber stoppt die abwärts gerichtete Spirale nicht.

Nicht nur die Physiognomie des Körpers antwortet kongruent auf Kognitionen und Gefühle, auch die Physiologie des Körpers reagiert entsprechend. Wahrscheinlich steigt zuerst der Blutdruck, bis er womöglich unter ein Normalmaß absackt, es wird einem heiß und darauf kalt, die Gesichtsfarbe wird röter, bis sie blass wird, Herzschlag und Atmung beschleunigen sich, einige fangen an zu zittern und alle anderen relevanten biochemischen Prozesse im Körper verhalten sich entsprechend der vom Verstand erzeugten Bewertung der Ereignisse. Waren diese instinktiven Körperreaktionen in der Vorzeit zum tatsächlichen Überleben nützlich, dienen sie heute lediglich dem Überleben der eigenen ideologisierten Vorstellungen von Richtigkeit und bergen das Potenzial dysfunktionaler Überreaktionen.

Anders als beim Umgang mit physischer Materie, bei der nur eine Person in der Lage sein muss, ihre Gefühle zu kultivieren, was schon eine Herausforderung ist, müssen das bei unserem Paar beide wollen. Zudem müssten beide die hohe Kunst der *Vollständigen Kommunikation* beherrschen, um den Teufelskreis abträglicher Konsequenzen der Unterbrechungen zu stoppen, und wieder die Gefühle und Nähe erschaffen, die sie zu Beginn ihrer Partnerschaft hatten, oder sogar bessere.

Bedingungslose Erfüllungserwartung

Der Unterbrechungswecker stellt Menschen somit vor die Herausforderung, sich ihrer eigenen Bedingungen bewusst zu werden, die sie bis dato als selbstverständliche Ansprüche oder Bedürfnisse verpackt hatten. Wenn sie die Anspruchshaltung aufgeben und die bedürftige Verpackung weglassen, müssten sie ihre Bedingungen eindeutig stellen, verhandeln und vereinbaren, was vielen entweder unangenehm, lästig oder zu direkt ist. Um diesen Unannehmlichkeiten auszuweichen, geben sie vor, nicht genau zu wissen, was sie wollen, oder postulieren ihre Erwartungsansprüche als moralistisch gerechtfertigte und alternativlos zu erfüllende Bedürfnisse. Diese postulierte Erfüllungsselbstverständlichkeit soll zudem den anderen davon abhalten, ebenfalls auf die Idee zu kommen, Bedingungen zu stellen und zu fordern, dass sie erfüllt werden. Das wäre ja noch schöner – was es für den anderen auch ist.

Des Weiteren befürchten viele, dass das Stellen ihrer Bedingungen zu Streit führt; dass sie für ihre Erwartungen

Wer keine Bedingungen stellt, will keine erfüllen, und wer keine Bedingungen erfüllt, will keine stellen.

Maria & Stephan Craemer

verurteilt werden; dass der andere das Erfüllen der Bedingungen schlichtweg ablehnt, womit dann auch die Hoffnung stirbt, zu bekommen, was man will – oder dass es negative Konsequenzen zur Folge hat. Dann wissen sie nicht weiter. Also machen sie es wie alle anderen auch: Sie verheimlichen ihre Erwartungen sogar vor sich selbst und hoffen, diese mit emotionaler Erpressung, Jammern und Klagen oder mit lautstarkem Ärger durchzukriegen.

Erst das Aufgeben der bedingungslosen Erfüllungserwartung und das gegenseitige Vereinbaren und Erfüllen von Bedingungen ermöglichen dauerhaft bessere Stimmung und Zustände.

Von Hasi und Mausi zu Kamel und Ziege

In einer Partnerschaft führen unvollständige Unterbrechungen erst zu Distanz und im Endeffekt zu Trennung. Die Beteiligten verändern ihre Gedanken, Gefühle und ihr Verhalten dauerhaft in eine Richtung, welche die im Laufe der Partnerschaft angehäuften, nicht aufgelösten Unterbrechungen bestätigen, bis ihre gesammelten Vorwürfe über ihre Liebe und ihr Commitment triumphieren. Statt sich gegenseitig zu beschuldigen, emotional zu attackieren und Vorwürfe anzuhäufen, gälte es herauszufinden, welche Erwartungen aus welchen Gründen und mit welcher Absicht sie nicht ausgesprochen, vereinbart oder gar als Bedingung formuliert haben.

Auch die Contexte übereinander ändern sich in eine negative Richtung. Repräsentieren die gegenseitig gegebenen Kosenamen anfangs noch possierliche Tierchen wie Hase oder Mausi, werden diese im Laufe der Zeit größer und enden meist bei Kamel oder Ziege. Dieser Teufelskreis lässt sich nur dann durchbrechen, wenn die Partnerschaft auf mehr Säulen als nur der Liebe steht. Wenn beide sich die vermeintliche Wahrheit, sprich negative Contexte übereinander, das andere Geschlecht, Partnerschaft etc. vorwurfsfrei mitteilen und alle Unterbre-

chungen contextuell auflösen, ist es möglich, dass das egois-
tische Kamel wieder zum potenten Helden und die nörgelnde
Ziege wieder zum machtvollen Weib mutiert. Am Anfang einer
Partnerschaft stand noch nie ein Kamel oder eine Ziege, die
im Laufe der Ehe über den liebevollen Hasen zum Helden oder
zur Traumfrau mutierte. Um aus dem feindseligen Teufelskreis
auszusteigen und stattdessen in einen bisher unentdeckten
Gotteskreis einzusteigen, bedarf es der unbedingten Bereitschaft, über sein eigenes Denken, Fühlen und Handeln im
Unrecht zu sein, also die Deutungshoheit über die Realität
aufzugeben. Das gelingt noch nicht vielen, doch vielleicht sind
Sie ja einer der Erfüllungspioniere.

Unvollständige Unterbrechungen in der Familie führen
zu Sprachlosigkeit, Rückzug und Ablehnung. Wenn die Eltern
untereinander oder mit den Kindern unvollständig sind, werden Kinder aggressiver, renitenter, haben schlechtere Schul-
noten und Jugendliche werden aufsässiger, was sie in Form
von Alkohol- und Drogenkonsum ausdrücken. Andererseits
werden sie verschlossener, was sie stundenlang in Unter-
haltungsmedien kommunizieren oder am Bildschirm spielen
und lethargisch sein lässt. Sie werden die Kommunikation mit
Eltern und Lehrern auf jeden Fall auf ein Minimum reduzieren, weil sie erfahren haben, dass sie sowieso nicht gewinnen
können, solange die Eltern aufseiten der Lehrer stehen. Die
Eltern sind wiederum gestresster, besorgter, vorwurfsvoller
sowie misstrauischer und erhöhen den Einsatz dysfunktionaler Motivationsfaktoren wie Druck, Angst und Kontrolle. Einige
verschärfen das heute noch mit Schuld und Scham.

Unvollständige Unterbrechungen im Berufsleben führen
dazu, dass der Arbeitnehmer innerlich kündigen wird und nur
noch Dienst nach Vorschrift macht, was zu höherem Krankenstand, Mobbing, Erschöpfung und verminderten Ergebnissen
bis hin zur tatsächlichen Kündigung führen kann. Daraus

folgen für den Arbeitnehmer zumeist zunehmender Druck und Angst, was ebenfalls zu verminderten Leistungen, mehr Stress, einem verschlechterten Arbeitsklima und Überforderung führt. Das wiederum vergrößert die Distanz zwischen Arbeitnehmer und Arbeitgeber, weil das wechselseitige Vertrauen abnimmt und das gegenseitige Misstrauen sich in zunehmender Missachtung ausdrücken wird.

Contexte werden vor allem über emotionalisiertes Handeln und Sprechen kommuniziert und es ist aufwendig, allein aus der Abwärtsspirale herauszukommen. Das gelingt nur, wenn Sie erkennen, dass Sie aus einer unvollständigen Unterbrechung heraus kommunizieren, diese dann contextuell auflösen und anerkennen, dass Sie über Ihre negativen Meinungen im Unrecht sind, in deren Context Sie den anderen begraben hatten. Das setzt voraus, dass Sie allein in der Lage sind, das Bewusstsein zu erkennen, aus dem heraus Sie negativ denken und schädlich handeln.

Das ist schwer bis unmöglich, genauso wie ein Fisch das Wasser nicht erkennen kann, in dem er schwimmt – was von außen leicht erscheint, ist im Wasser unmöglich. Fische können schließlich auch nicht denken, könnten Sie an dieser Stelle kritisieren. Das stimmt. Menschen können denken, was sie jedoch nicht davon abhält, ihr verdrecktes Wasser sprich Bewusstsein sogar noch zu verteidigen, selbst wenn es katastrophale Konsequenzen zeigt.

Solange sie verweigern, Unterbrechungen vollständig aufzuklären, geschweige denn verfestigte Standpunkte aufzugeben, bleiben Menschen in ihren negativen Contexten mit der Konsequenz verhaftet, dass sie sich immer mehr getrennt und einsam *fühlen*. Übrig bleibt dann nur, sein Leben und das der anderen zu entwerten oder schönzureden, also der vielseitig bekannte und allgemein akzeptierte Alltag als Ausdruck gemütlich vertrauten Elends.

Vertrauen ist kein Ikea-Regal

Auf einer weniger dramatischen Ebene führt eine unvollständige Unterbrechung sowohl im Beruf als auch in der Partnerschaft erst mal zu einer Beziehungsstörung. Der Verstand erzeugt auf eine noch so geringe, nicht aufgelöste Unterbrechung zunächst einen Vorbehalt, der die vorherige Zustimmung und Lebendigkeit auf ein gewöhnliches Mittelmaß reduziert, mittlerweile bekannt als die resignative Wolke vier statt Wolke siebenundsiebzig. Die latent negativen Vorbehalte manifestieren sich im Laufe der Zeit zu festen, allumfassenden Contexten wie: *Chefs beuten nur aus, Arbeit ist schwer, Kunden und Kinder stören, Frauen sind zickig und anspruchsvoll, Männer sind unromantisch und egoistisch, Leben ist anstrengend etc.* Diese vorbehaltlichen Contexte scheinen eine ideale Rechtfertigung für verminderten Arbeitseinsatz, Verweigerung, Verachtung, Resignation, Entlieben etc. zu sein. Man behält sich vor, dem anderen zu vertrauen, und die vorbehaltlichen Contexte stehen wie eine Mauer zwischen den Beteiligten, ohne dass sie diese bemerken, wie der rosa Elefant auf dem Frühstückstisch.

Noch heute wird in der Psychologie gelehrt, man müsse Vertrauen wieder aufbauen. Das ist unmöglich, da Sie im Context von Misstrauen kein Vertrauen aufbauen können. Vertrauen ist kein Ikea-Regal, das Sie nach Belieben auf- und abbauen können. Sie können nicht halbwegs vertrauen; Sie vertrauen oder vertrauen nicht. Um wieder zu vertrauen, müssten Sie alle Rechtfertigungen für Ihr Misstrauen anerkennen und aufgeben, was nur vom Urheberstandpunkt aus möglich ist.

Verweigern Sie das, beginnen Sie jede Beziehung schon mit scheingerechtfertigten Vorbehalten; sind diese bereits zu Contexten verfestigt, verzichten viele lieber auf eine verbindliche Partnerschaft und sind stattdessen hilfsweise mit ihrer illusionären Freiheit und Unabhängigkeit verheiratet. So enden viele Männer als Kauz und Frauen als Zitrone. Wenn Sie die vorbehaltlichen Contexte wertungsfrei untersuchen und auflösen, können Sie dem anderen Geschlecht wieder vertrauen und beschwingt zusammenleben.

Um zu vertrauen, muss man
sein Misstrauen enttäuschen.

Auch im Beruf beginnen einige schon mit Vorbehalten gegenüber den vorgeblich bösen Unternehmern und dämpfen damit unweigerlich ihre Ergebnisse, damit der vermeintlich ausbeuterische Arbeitgeber keinen größeren Profit aus ihnen ziehe. Der bekommt im besten Fall ihre Arbeitskraft, aber nicht auch noch ihre Motivation oder gar Begeisterung. Dabei trägt allerdings die Bemerkung so manchen Arbeitgebers: *Wer hier auch noch gute Stimmung hat, hat wohl zu wenig zu tun!* auch nicht gerade zur Begeisterung bei. Sind die Vorbehalte manifest genug, werden die Leistungen schlechter bis zur inneren und äußeren Kündigung. Lieber beuten sie dann die sogenannte Solidargemeinschaft mit dem Bezug sozialer Transferleistungen aus und rechtfertigen es mit den als Unrecht und Ungerechtigkeit deklarierten Unterbrechungen.

Einige wenige trauen sich tatsächlich in die berufliche Selbstständigkeit. Sollten sie jedoch ihre abträglichen Contexte über Geld, Erfolg, Potenz, Macht, Dienen etc. nicht wandeln, werden sie als Folge ihrer negativen Contexte Kunden anziehen, die rechtzeitige Bezahlung verweigern, und vor allem Arbeitnehmer, die ähnlich wie sie selbst freigebige Ergebnisproduktion verweigern. Dann wundern sie sich, dass die selbstständige Ergebnisproduktion beschwerlich ist und sie nicht erfolgreich werden. Die Ursache dafür glauben und hoffen sie bei den säumigen Kunden, unwilligen Arbeitnehmern und den Marktumständen allgemein finden zu können.

Dabei verkennen sie, dass ihre selbst gewählten, mental-emotionalen Contexte einen Sog für bestätigende Ereignisse und Ergebnisse erzeugen und sie die Unterbrechungen anziehen, welche die abträglichen Contexte bestätigen und das träge, schläfrige Bewusstsein zum Wachwerden zwingen.

Wenn die Galle überläuft

Unvollständige Unterbrechungen gehen mit unangenehmen Gefühlen wie Ärger, Enttäuschung, Trauer, Angst etc. einher, welche die Lebensfreude dämpfen und die Lebendigkeit beschränken. Der Zusammenhang zwischen lang anhaltenden beharrlichen Gefühlszuständen und deren körperlichen Auswirkungen ist nachhaltig wissenschaftlich bewiesen. Diese Auswirkungen sind nicht nur als psychosomatisch zu bezeichnen, da nicht die sogenannte Psyche für die somatischen Auswirkungen verantwortlich ist, zumal diese schwer zu messen ist, sondern das notorische Festhalten an negativen Bewertungen mit den daraus resultierenden belastenden Gefühlen. Ihre Psyche mag schwer zu beeinflussen sein, Bewertungen sind jedoch leicht zu ändern, es sei denn, Sie wollen darüber im Recht sein.

Sogar im täglichen Sprachgebrauch ist der Zusammenhang zwischen unangenehmen Gefühlen und ihren körperlichen Auswirkungen festzustellen an Sätzen wie: *Mir läuft die Galle über; das schnürt mir das Herz ab; ich habe einen dicken Hals; das bereitet mir Kopfschmerzen etc.* Auf Dauer führen das Festhalten an dysfunktionalen Bewertungen und die damit einhergehenden Gefühligkeiten zu Erschöpfungszuständen, weil der Kraftaufwand, mit angezogener Handbremse gleichzeitig Vollgas geben zu wollen, ausbrennt.

Viele Menschen kommunizieren Unterbrechungen nicht, weil sie Angst vor möglichen Konsequenzen wie heftigen Auseinandersetzungen, lang andauerndem Streit und schwelenden Konflikten haben. Dabei ignorieren sie, dass etwas nicht vollständig zu kommunizieren ebenfalls Konsequenzen hat, die nicht besser als die befürchteten sind, nur vertrauter. Wer über eine Unterbrechung nicht die Wahrheit sagt – und mit *Wahrheit sagen* ist kein mental-emotionaler Durchfall gemeint, sondern die sachliche Anerkennung dessen, Was Ist –, muss die Konsequenzen des Verschweigens und Verheimlichens leben, was auf jeden Fall zu mehr Bitterkeit und gedämpfter Lebensfreude führt.

Obwohl es nicht Erfolg versprechend geschweige denn erfüllend ist, meiden viele die vollständige Kommunikation in der irrigen Annahme, damit die Konfrontation vermeiden zu können, nicht ahnend, dass sie schon mitten im Konflikt feststecken. Diese Konfliktscheu ist schon Ausdruck eines schwelenden Konfliktes.

Kinder gehen mit Unterbrechungen noch natürlich um, indem sie Störungen ihrer Lebendigkeit zeitnah und direkt kommunizieren. Sie beschweren sich, wenn wieder mal ein Termin im Zoo verschoben wurde. Vielleicht schmollen sie kurze Zeit, doch dann ist ihnen die Zeit mit den Eltern zu wertvoll und sie spielen wieder hundertprozentig mit. Auch speichern sie Unterbrechungen nicht lange und drücken schnell wieder den Löschknopf an ihrem mental-emotionalen Arbeitsspeicher. Sie wollen vollständig sein. Erst wenn das Ausmaß der gebrochenen Versprechen zu groß und das Commitment der Eltern, vollständig zu kommunizieren, zu gering ist, gehen sie mit ihren Unvollständigkeiten auf Angriff oder Rückzug. Dieses kollektive gesellschaftliche Phänomen kann man an der stetig fallenden Lebendigkeit der Heranwachsenden ablesen.

Das nagende Gefühl der Unvollständigkeit

Die meisten Menschen sind schon mit mindestens zehn Angelegenheiten unvollständig, wenn sie morgens ihre Wohnstätte verlassen, weil sie Unterbrechungen mit sich selbst, also nicht erfüllte Erwartungen an sich selbst haben. Sie haben wieder keinen Sport getrieben, den Kaffeeautomaten nicht gereinigt, keine Zahnseide benutzt, doch wieder schnell nur ein Weißbrötchen gefrühstückt und somit ihre eigenen Ansprüche nicht erfüllt.

Stattdessen haben sie sich mit dem Weißbrötchen weitere Selbstvorwürfe und schlechte Gefühle einverleibt und gehen mit diesem nagenden Gefühl der Unvollständigkeit aus dem Haus. Jetzt fühlen sie sich belastet, dabei ignorierend, dass sie es sich mit dem Nicht-Entsprechen ihrer Anspruchserwartungen selbst so erschaffen haben.

Ferngesteuerte Zombies

Menschen haben nicht nur Unterbrechungen mit sich selbst, mit anderen Menschen oder mit Dingen und Zuständen, sondern sogar mit dem Leben selbst. Sie beharren darauf, das Leben solle gefälligst all ihre Erwartungen erfüllen und wenn dem nicht so ist, werden im Laufe der Zeit die Gedanken und Gefühle über das Leben negativer. Das wiederum soll rechtfertigen, sich immer mehr dem Leben, genauer gesagt der Erfüllung universeller Lebensbedingungen, resignativ zu verweigern.

Viele Menschen laufen lieber mit dem Kopf gegen die Wand, weil es so schön ist, wenn der Schmerz nachlässt.

Da sich das Universum gegenüber engstirnigen menschlichen Vorstellungen seiner ordnungsgemäßen Funktionsweise kurioserweise gleichgültig zeigt, scheitern sie am hilflosen Versuch, dem Universum ihre vermeintlich rechtmäßigen Bedingungen aufzuoktroyieren, was wiederum dauerhaft resignative Verweigerung verfestigt. Wenn das gegen Windmühlen kämpfende, kontinuierliche Gegen-die-Wand-Laufen ihr störrisches Bewusstsein nicht bricht, enden sie auf ihrem Grabstein mit der Inschrift: *Starrsinnig und freudlos retour!*

Sind diese abwehrenden Verhaltensweisen, die mit passenden Gedanken und Gefühlen unterfüttert werden, zu bequemen, dauerhaft in resignative Verweigerung verstrickenden Gewohnheiten geworden, wird der dysfunktionale Umgang mit Unterbrechungen zu einem Automatismus. Bei einer Unterbrechung springt dann nur noch ein automatisiertes, mental-emotionales Verhalten an, so als würde ein Schalter im Verstand umgelegt, und die Person läuft ab wie eine programmierte, seelenlose Affektmaschine. Die allseits beliebten Zombiefilme sind nur eine Metapher dafür.

Läuft dieses Programm einmal ab, lässt sich der Automatismus von niemandem mehr stoppen und das Verhalten läuft vorhersehbar wie eine vorprogrammierte Maschine ab. Oft reicht ein nichtiger Anlass zum automatisierten Programmstart, weil aus einer nicht kommunizierten Ursprungsunterbrechung ein habitueller Handlungsablauf konstruiert wurde. Ihr Denken, Fühlen und Handeln scheint den Menschen logisch und angemessen, schießt aber häufig über das Ziel hinaus mit der Folge, dass die sich bietenden Möglichkeiten und Gelegenheiten grundlos verhindert werden. Dann fühlen sie sich vielleicht noch sicher, aber sicher nicht erfüllt.

Es ist nur möglich, diesen Automatismus zu stoppen, wenn Sie eine Gefühlskultur leben, in der Sie sich bewusst werden, dass Sie frei wählen können, wie Sie auf eine Unterbrechung angemessen agieren, statt automatisiert zu re-agieren. Eine Gefühlskultur wird jedoch gesellschaftlich weder gelehrt noch wird ihrer Nützlichkeit mehrheitlich zugestimmt.

Das mechanistische, vom Verstand veranlasste Denken, Fühlen und Handeln wird vielfach mit Vernunft verwechselt, was dem Verstand eine rationale Absicht und Funktionsweise unterstellt. Der Verstand ist jedoch eine mental-emotionale Überlebensmaschine, weshalb viele Menschen wie ferngesteuerte Zombies wirken, solange sie sich mit den vom Verstand erzeugten Suggestionen und den daraus vordergründig logisch abgeleiteten Funktionsweisen identifizieren.

Die meisten Menschen hoffen auf Vernunft.
Vernunft hat die Welt in den heutigen Zustand versetzt
und so wie die Welt aussieht,
scheint das nicht besonders vernünftig.

Trecker fahren mit dem Jodler

Außer elektrisch geladenen Teilchen ist kein Ereignis und Ergebnis an sich positiv oder negativ. Ob etwas positiv oder negativ ist, hängt davon ab, wie es im kulturellen Erfahrungshorizont bewertet wird. Unterbrechungen werden negativ gewertet, weil im Begriff Unterbrechung schon eine alltagssprachlich negative Wertung steckt. Günstiger wäre es, sie wertungsfrei zu betrachten, also weder positiv noch negativ zu bewerten. Dafür dürfte man sie nicht als Unterbrechung interpretieren, sondern wahrnehmen als das, Was Ist, als ein beliebiges zeitliches Ereignis und Ergebnis.

Dann wäre es leichter, das entgegen der Erwartung stattfindende Nichtanspringen des Motors lediglich als Ereignis wahrzunehmen und nicht als Unterbrechung zu interpretieren. Dafür dürften Sie es nicht als gut oder schlecht bewerten, weder wenn er nicht anspringt noch wenn er anspringt, zumal weder die negative Bewertung noch die daraus resultierenden Gefühle den Motor zum Anspringen bewegen. Bewertungsfrei und gefühlsneutral können Sie Ihre Erwartungslandkarte für den Tag ändern.

Sie werden sich zunächst um das Auto kümmern und haben die Wahl, das ärgerlich oder gelassen zu tun. Mit viel Bewertungsärger ist zwar Ihr eigener Gefühlsmotor auf Hochtouren, aber der vom Auto springt davon immer noch nicht an. Ihre Erlösung ist also nicht, keine Erwartungen zu haben, sondern den Anspruch auf das Erfüllen der Erwartungen aufzugeben. Dazu ist es dienlich, nicht auf tradierte und angelernte persönliche und gesellschaftliche Bewertungsbräuche hereinzufallen.

Wenn Unterbrechungen überhaupt kommuniziert werden, dann oftmals als quengeliger Vorwurf oder erpresserische Schuldzuweisung der eigenen miesen Gefühle. Die wenigsten klären darüber auf, dass sie Erwartungen hatten, die nicht erfüllt wurden. Kommunizieren sie die Unterbrechung entsprechend emotional orchestriert, überprüfen sie dabei selten, ob sie diese Erwartung klar und eindeutig kommuniziert hatten, sodass der andere wusste, dass es eine Erwartung ist. Dabei vernachlässigen sie meistens völlig, ob der andere eine Wahl hatte, der Erfüllung der Erwartung zuzustimmen, geschweige denn sie konsequenzlos ablehnen zu dürfen.

Die mit der Unterbrechung einhergehenden schlechten Gefühle sollen sowohl die Rechtmäßigkeit der Erwartung als auch die Angemessenheit der reaktiven, vorwurfsvollen Schuldzuweisungen rechtfertigen. Weil man so heftige Gefühle hat, hätte der andere tun sollen, was man will, ohne dass man es als Bedingung hätte kommunizieren müssen. Wahre Liebe liest schließlich von den Augen ab, oder?

Warum Frauen diese übersinnliche Fähigkeit ausgerechnet von Männern erwarten, die doch von ihnen selbst als gefühlsarm deklariert werden, ist ein echtes Rätsel. Zumal kaum eine Frau von den Augen ihres Mannes abliest, dass dieser sich eher Karten für ein Fußballspiel als fürs Theater wünscht, geschweige denn den Wunsch nach Nähe und Verschmelzung in Form von Sexualität statt durch ausufernde Gespräche.

Die Erwartungshaltung beinhaltet eine ultimative oder absolute Muss-Forderung und die Wahrscheinlichkeit, Unterbrechungen zu erleben, ist größer, je mehr ultimative Forderungen jemand hat, wie etwas zu sein hätte, sein sollte oder auf keinen Fall sein sollte. Je mehr nicht kommunizierte Regeln jemand für das angeblich richtige Leben aufstellt, desto höher die Wahrscheinlichkeit für Unterbrechungen und desto größer die Wahrscheinlichkeit für resignative Verweigerung.

Am Beispiel unseres Paares wird deutlich, wie das vorwurfsvolle Streitgespräch aussehen könnte, wenn sie sich als Opfer fühlt und ihn sich gleich als Schuldigen für ihre schlechten Gefühle vorknöpft. Er wird sich ebenfalls als Opfer ihrer Vorwürfe fühlen und beide finden, dass sie das Recht haben, verletzend sein zu dürfen, da der jeweils andere es als Täter verdient. So werden beide füreinander zum Täter, haben aber nicht im Geringsten das *Gefühl*, einer zu sein.

Hallo Schatz, es wurde etwas später, der Meyer wollte mal wieder alles zwei Mal erklärt haben. (Kleine Hoffnung, dass sie Meyer als Übeltäter sieht.)

Schön, dass du auch mal aufläufst.

Weißt ja, wie pingelig der Meyer ist. Und das Projekt musste heute fertig werden, aber ich habe mich echt beeilt, sonst wäre ich immer noch im Büro. (Bitte nimm Meyer als den Schuldigen, sonst wird das nix heute Abend.)

Klar, der Meyer ist dir ja immer wichtiger. Für mich kannst du dich ja nicht einsetzen. Hauptsache, du bist der Tollste. (Unterminieren)

Ach komm, Mausi, ich bin ja jetzt da. Du weißt doch, dass ich mich den ganzen Tag darauf gefreut habe. Ist doch nur eine halbe Stunde. (Wenn ich ihr meine Gefühle mitteile, klappt's ja vielleicht.)

Glaubst du etwa, ich habe mich nicht den ganzen Tag gefreut? Und jetzt (vorwurfsvoller Jammerton) *war alles umsonst. Du hast mir den ganzen Abend verdorben.* (Schuldzuweisung)

Ach Schatz, der Abend liegt doch noch vor uns. Am meisten habe ich mich auch auf dich gefreut. Das Essen ist doch gar nicht so wichtig. (Wenn ich sage, wie wichtig sie mir ist, wird vielleicht alles gut.)

Was! Ich hab den ganzen Abend gekocht und dann ist dir das Essen nicht wichtig? (Laut und ärgerlich anklagend) *Nie nimmst du Rücksicht auf meine Gefühle.* (Mit Tränen untermaltes Türknallen) *Ja, für wen arbeite ich denn so viel? Schließlich habe ich den exklusiven Urlaub und das teure Auto bezahlt.* (Jetzt wird verteidigt.) *Meine Mutter hat mich immer schon vor Männern wie dir gewarnt. Egoistisch und selbstsüchtig. Gut, dass wir noch keine Kinder haben, dann kann ich unabhängig bleiben. Dein Auto ist mir eh nicht so wichtig. Das sind nur Dinge. Mir sind Männer lieber, die romantisch sind. Es muss auch kein Exklusivurlaub sein. Dann wandern wir eben. Und auf die Idee, Blumen mitzubringen, kommst du ja eh nie.* (Alte Vorwürfe garniert mit Ärger und serviert mit heißen Tränen.)

Aber ich habe dir doch letztes Wochenende welche mitgebracht. (Wir müssen vielleicht nur die Tatsachen klären. Ich tue doch, was sie will.)

Ja, typisch, weil ich es dir einen Tag vorher gesagt hatte, allein kommst du ja nicht auf die Idee. Du bist so rücksichtslos und ichbezogen. Warum bin ich nur auf dich reingefallen. Der Martin hat mir immer Geschenke gemacht. (Es gibt romantische Männer, also komm mir nicht mit der Männer-sind-nur-Jäger-Tour.)

Aber über mein Geschenk zu deinem Geburtstag hast du dich doch sehr gefreut und gesagt, wie aufmerksam das von mir war. Was soll das denn jetzt?

Dieser Streit geht noch mindestens eine halbe Stunde so weiter und sämtliche unvollständigen Kommunikationen werden jetzt als Vorbehalte und Vorwürfe auf den Tisch gekotzt. Typischerweise wird der Vorwurfsbrechreiz beim Mann erst einsetzen, wenn er merkt, dass keine Beschwichtigung mehr angenommen wird, und er sich völlig in der Defensive wähnt. »*Dann fahr' doch Trecker mit deinem Jodler und geh' wandern!*«, ruft er beim Hinausgehen.

Nachdem er über Nacht bei seinem Freund war, ruft sie ihn morgens tränenreich im Büro an und sagt, dass sie den

Streit fürchterlich fand und ihn auch irgendwie vermisse. Er wittert Versöhnung und hat starkes Mitgefühl, weil es ihr ja so schlecht geht ohne ihn, was wiederum sein Ego so stark aufpäppelt, dass er sogar aus eigenem Antrieb Blumen mitbringt. Die Unterbrechung wurde allerdings nicht vervollständigt und der Kern des Streits nicht erfasst. So werden sie zwar kurzfristig wieder eine gute Zeit haben, vor allem aus Angst davor, den anderen zu verlieren und wieder allein zu sein, aber langfristig ist der nächste Wecker bereits gestellt. Wenn man eine Unterbrechung wirklich vollständig auflösen will, dann funktioniert es nur, wenn man seine Gefühle außen vor lässt. Ihre Funktion als Indikator ist schon erfüllt, man braucht sie nicht mehr, es sei denn, man liebt den Versöhnungssex, der allerdings im Laufe der Zeit drastisch weniger wird – und die Distanz größer. Zur ersehnten Verschmelzung führt langfristig nur Vollständigkeitssex, der jedoch nur nach vollständiger Kommunikation unter Aufgabe jeglicher Vorwürfe und Vorbehalte möglich ist. Viel Spaß dabei!

Die Königsdisziplin

Unterbrechungen aufzulösen ist eine kommunikativ herausfordernde Aufgabe, die nur unter bestimmten Voraussetzungen gelingt. Wenn nach dem Vervollständigen einer Unterbrechung beide Parteien erleichtert und wieder beflügelt sind, wurde die Wahrheit auf der Context-Ebene gefunden und ausgesprochen. Das ist nur möglich, wenn beide sich als Urheber der Unterbrechung und der damit zusammenhängenden Gefühle sehen und die Absicht und das Commitment zu Vollständigkeit und Erfüllung haben.

Dafür bedarf es: 1) dass der Partner wichtiger und wertvoller als die gehegten Vorwürfe ist; 2) der Bereitschaft, über den mental-emotionalen Context im Unrecht zu sein, in den man den anderen gestellt hat; 3) aufzugeben, als vermeintliches Opfer leiden zu wollen, obwohl man als imaginäres Opfer viele gesellschaftliche Vorteile genießt.

Bei dieser Art von Vervollständigung nutzen auch die viel gepriesenen psychologistischen *Ich-Botschaften* nicht, denn zu sagen: *Ich bin ärgerlich auf Dich!* ist genauso eine Gefühlsschuldzuweisung wie zu sagen: *Du ärgerst mich!* Im ersten Satz klingt es nur netter und man fühlt sich so lange umarmt, bis einem der andere das Schuldmesser seines Ärgers in den Rücken sticht.

Auch das sogenannte *konstruktive Streiten* beschönigt nur, weil viele aus Angst, den anderen verletzen zu können, wieder nicht die Wahrheit sagen, weder über das, was sie denken, noch über das, was sie wollen. Sie sollen in der Kommunikation mit Wattebäuschchen werfen, um den anderen zu schonen, und können infolgedessen wieder nicht ansprechen, warum und wozu sie schon das Messer gezückt hatten.

Wenn beide Parteien lediglich ihren Sack an Vorwürfen und Schuldzuweisungen über den anderen ausschütten, endet es immer im Streit und beide sind danach in einer schlechteren Gefühlslage als vorher. Wer die Befürchtung hegt, die Unterbrechung anzusprechen, könne zu Ablehnung oder Ausgrenzung führen, verkennt, dass diese Ablehnung schon längst präsent ist und indirekt durch die Unterbrechung auch kommuniziert wurde.

Die Herausforderung besteht darin, möglichst gefühlsneutral zu kommunizieren, was einem missfallen hat, genauer, was nicht funktioniert hat, ohne den anderen zum schuldigen Täter zu machen, denn das würde seinerseits nur eine reaktive Verteidigungshaltung auslösen. Nur wer bereit ist, lange gehegte Standpunkte und Contexte aufzugeben, eröffnet als Vorstufe zur Erfüllung die Möglichkeit, vollständig zu sein. Ein Unterbrechungsstreit dient dazu, abträgliche Contexte aufzudecken, anzuerkennen und aufzugeben, statt rechthaberisch nach Bestätigung dafür zu suchen.

Die Königsdisziplin zur Auflösung eines Streits inklusive des darunter liegenden Konfliktes ist, als Geschädigter nicht vom Opferstandpunkt zu verurteilen, sondern interessiert untersuchend zu fragen, womit man das unerwartet unterbrechende Verhalten des vermeintlichen Täters ausgelöst hat. Dafür dürfte sie ihm keine Vorwürfe wegen seiner Unpünktlichkeit machen, sondern diese als Anlass für eine wertungsfreie Untersuchung ihrer Urheberschaft seines Verhaltens nutzen. Dafür müsste sie sich und ihm die Fragen stellen: *Was habe ICH getan, womit du dich verletzt gefühlt hast? Wie und womit habe ICH ausgelöst, dass du zu spät kommst?* Erst dadurch könnte er die Motivation seiner Täterschaft bezüglich seines Zuspätkommens anerkennen. Diese Art von Kommunikation gelingt nur, wenn man sich vollständig vom Schuldkonzept gelöst hat.

Gefühlsneutral statt gefühlssüchtig

Gefühlsneutral zu sein ist die Basis vollständiger Kommunikation, was vielen schwerfällt, weil sie ihren wertenden Gefühligkeiten eine Bedeutung verleihen wollen, die sie an sich nicht haben. Gefühlserpressung und Gefühlssucht verhindern Vollständigkeit, nicht nur in Partnerschaft. Gefühlsneutral zu kommunizieren wird von vielen als zu rational, lieblos oder herzlos verunglimpft, als wären Gefühlserpressung und vorwurfsvolle Schuldzuweisungen liebevoll und herzlich.

Eine Unterbrechung lässt sich nur wertungs- und vorwurfsfrei auflösen, wenn man eben nicht emotional interpretierend kommuniziert, denn an sich gibt es nur Ereignisse und Ergebnisse und keine Katastrophen. Zu Katastrophen werden sie erst durch die katastrophale Bewertung. Zur Klärung von Unterbrechungen gehört anzuerkennen, welche Erwartungen nicht erfüllt wurden, was im folgenden Coaching-Gespräch mit unserem fiktiven, doch realistischen Pärchen deutlich wird:

Contextuelles Coaching-Gespräch
Die Freiheit, sich festzulegen.

Contextueller Coach (CC): Was genau werfen Sie Ihrem Partner vor?

Sie: Dass er rücksichtslos ist.

CC: Woran messen Sie seine Rücksichtslosigkeit?

Sie: Dass ich ihm egal bin.

CC: Woran messen Sie das?

Sie: Wenn ich ihm nicht egal wäre, hätte er gehört, was ich will.

CC: Was genau wollten Sie?

Sie: Dass er pünktlich zum Essen kommt statt eine Stunde verspätet.

CC: Hatten Sie denn eine genaue Zeit vereinbart?

Sie: Ich hab' doch gesagt, dass ich etwas Besonderes koche.

CC: Das stimmt, aber das ist keine Terminvereinbarung.

Sie: Ja, muss ich das denn so direkt sagen?

CC: Offensichtlich schon, wie Sie am Ergebnis ablesen können.

Sie: Wenn er mich verstehen würde, könnte er wissen, was ich meine.

CC: Also hatten Sie nicht nur die Erwartung, dass er pünktlich kommt, sondern zudem die Erwartung, dass er aus Ihren Bemerkungen Ihre Wünsche abliest?

Sie: Was soll denn daran falsch sein?

CC: Das ist weder falsch noch richtig, nur am Ergebnis können Sie ablesen, dass Sie so nicht bekommen, was Sie wollen.

Sie: Männer verstehen uns Frauen einfach nicht.

CC: Also sollte er des Weiteren mit seinem pünktlichen Erscheinen ausdrücken, dass er Sie versteht?

Sie: Ja, das kann man doch wohl erwarten.

CC: Sie können es erwarten, aber muss er Ihre Erwartungen erfüllen? Wenn Sie sagen, Männer verstehen Frauen einfach nicht, soll das heißen, dass Frauen Männer verstehen?
Sie: Das will ich ja wohl meinen.
CC: Wenn Sie Männer wirklich verstehen würden, würden Sie dann nicht direkt kommunizieren statt verschlüsselt?
Sie: Auch wieder wahr.
CC: Sie hegen zwei grundlegende Erwartungen: 1. Ihr Partner soll Ihre indirekten Botschaften lesen können, was Sie nur dann als Ausdruck von Verständnis deuten. 2. Er soll Ihnen gute Gefühle machen. Beide Ansprüche sind unerfüllbar, sodass Ihnen für eine **Erfüllte Partnerschaft** nur bleibt, diese vollständig aufzugeben.

Gespräch mit dem Mann:
CC: Was war Ihre Unterbrechung?
Er: Dass meine Freundin mich so unfreundlich empfangen hat, weil ich zu spät war.
CC: Wussten Sie, dass Sie zu einer bestimmten Uhrzeit kommen sollten?
Er: Nicht direkt, habe es aber geahnt.
CC: Woran haben Sie es abgelesen?
Er: Dass Sie etwas Besonderes kochen wollte. Zu dem Zeitpunkt wusste ich schon, dass mein Termin sich verlängern kann. Ich habe mich auch echt beeilt, aber der Meyer war so langsam.
CC: Was hatten Sie erwartet, wenn Sie später kommen?
Er: Dass sie das versteht und dass ich schon alles getan habe.
CC: Warum haben Sie ihr nicht gesagt, dass Sie hören, dass Sie zu einer bestimmten Uhrzeit zu Hause sein sollen, es aber vielleicht nicht schaffen?
Er: Ich wollte dem Konflikt aus dem Weg gehen.
CC: Den haben Sie jetzt auch, nur zu einem späteren Zeitpunkt.

Er: Stimmt. Ich dachte nur, sie würde es leichter nehmen. Außerdem komme ich mir blöd vor, wenn ich genau sagen soll, wann ich zu Hause bin. Ein bisschen Spielraum muss sein, ich bin ja nicht ihr Sklave.

CC: Ihre Erwartung war, dass sie Verständnis für Ihren Freiheitsdrang und Ihre Unwilligkeit, sich festzulegen, zeigt?

Er: Ja, schließlich bin ich kein Pantoffelheld.

CC: Pantoffelheld ist nur Ihre Interpretation. Jetzt stehen Sie unter dem Pantoffel Ihrer Freiheit. Sie haben zwei grundsätzliche Erwartungen, die diese Unterbrechung verdeutlich hat: 1. Ihre Freundin soll verstehen, dass Ihre Arbeit an erster Stelle steht. 2. Sie wollen ihre Bedingungen nicht erfüllen, sobald Sie Ihre Freiheit eingeschränkt wähnen, oder? Für eine *Erfüllte Partnerschaft* müssten Sie Ihre Freiheit aufgeben und die Partnerschaft an die erste Stelle rücken.

Der Preis erfolgreicher Erfüllung

Der Preis, den Sie für Erfolg und Erfüllung zahlen, ist zum einen, unerfüllbare Anspruchshaltungen, Bedürftigkeiten und abträgliche Erwartungserfüllungsforderungen aufzugeben. Welche diese genau sind, finden Sie unter anderem durch Unterbrechungen heraus. Zum anderen bedarf es Ihrer unabdingbaren Bereitschaft, im Unrecht über Ihre negativen Contexte über das Leben, Ihren Partner, das andere Geschlecht, Vorgesetzte und Kollegen, andere Menschen und Sie selbst zu sein. Nur wenn Sie den Anspruch auf Richtigkeit und Deutungshoheit aufgeben, entdecken Sie, was für Ihren Erfolg und Ihre Erfüllung am besten funktioniert.

In Relation zur dadurch möglich gewordenen erfolgreichen Erfüllung ist es ein sehr kleiner Preis, den definitiv jeder befähigt ist zu zahlen, jedoch anlässlich der notorischen Rechtfertigungsgeschichten häufig nicht gewillt. Diese wie auch immer gerechtfertigte Unwilligkeit verhindert Erfolg und Erfüllung, selbst wenn Sie mit Ihrer resignativen Rechtfertigungsgeschichte noch so sehr mit dem Kopf genau an der Stelle durch die Wand wollen, wo keine Tür ist.

Was somit einer erfolgreichen Erfüllung im Wege steht, ist der Drang des Verstandes, im Recht über seine zu Bedürftigkeiten kaschierten Anspruchserwartungen und abträglichen Contexte bleiben zu wollen. Viele wollen lieber im Recht über ihre Vorstellungen von Richtigkeit bleiben, selbst wenn sie infolgedessen nicht erfolgreich und unzufrieden sind. Stattdessen benutzen sie ihre ideologisierten Contexte als Begründung, die Erfüllung der Bedingungen für ein erfolgreich erfülltes Leben zu verweigern.

Die guten Nachrichten sind, dass Sie nicht Ihr Verstand *sind*, sondern Sie ihn als Werkzeug zur Verfügung *haben*. Nur wenn Sie sich mit seinen Funktionsweisen identifizieren, *sind* sie Ihr Verstand. Für Ihr SelbstSein ist es jedoch ein Leichtes, sich neu auszurichten und sämtlichen mental-emotionalen Ballast abzuwerfen, um genussvoll beschwingt und erfolgreich zu leben.

7. Schmied oder Eisen

Jeder Mensch identifiziert sich mit irgendetwas, sei es mit seinem Aussehen, seinem Vermögen, seinem Beruf, seiner Familie, seiner Ideologie, seiner Religion, seinen Überzeugungen, seinen Werten etc. Da Sie sich jedoch mit etwas Vergänglichem identifizieren, bleibt trotz allem eine ängstliche Unsicherheit über die Dauer und Gültigkeit des eigenen Selbstverständnisses, was zum ewigen Kampf um Anerkennung und Bestätigung führt, egal wie weit oben Sie auf der Erfolgsleiter stehen und wie gut Sie dabei aussehen.

Dabei nimmt die vergebliche Schlacht um die ewige Jugend oft im wahrsten Sinne des Wortes groteske Züge an und lässt ehemals hübsche Zwanzigjährige wie Enten und Sechzigjährige wie Frankensteins Braut aussehen. Das alles nur, weil sie irrtümlich glauben, dass sie ihr Körper und Aussehen *sind*, nicht wissend, dass sie einen Körper *haben*, mit dem sie sich lediglich zu Überlebenszwecken identifizieren.

Ebenso ergeht es denjenigen, die sich mit ihrem Beruf und Status identifizieren und irgendwann glauben, sie seien ihr Anzug und Titel, statt ihn nur zu tragen und zur Schau zu stellen. Sie und ihr Menschsein verschwinden hinter ihrer Kostümierung, sodass sie verunsichert sind, sobald sie als Mensch gefragt und gefordert sind. Diese Formen der Identifikation sind noch nicht ihre Kernidentität, auch wenn sie ähnliche Funktionsweisen und Auswirkungen haben.

Ein starker Sog

Viele Menschen bewegt entweder die Frage, warum sie nicht das Maß an Liebe, Wertschätzung, Anerkennung oder Erfolg haben, nach dem sie sich sehnen und wofür sie viel investiert haben, oder warum sie immer wieder dieselben unangenehmen Erfahrungen machen, wofür sie sich dann oft selbst entwerten. Nur wenn Sie bereit sind, sich nicht als Opfer der Umstände, sondern als Schöpfer der eigenen Lebenserfahrung anzuerkennen, können Sie wertungsneutral untersuchen, womit Sie unerwünschte Ergebnisse, Ereignisse und Erfahrungen anziehen und erwünschte abstoßen.

Jeder als Folge einer mental-emotionalen Schlussfolgerung eingenommene Überzeugungsstandpunkt hat das machtvolle Potenzial, als starker Sog für seine jeweilige Bestätigung zu wirken. Da der Verstand über seine eingenommenen Standpunkte nicht im Unrecht sein will, erzeugt er unerwünschte, jedoch bestätigende Ergebnisse und Erfahrungen und verhindert erwünschte gegenteilige. Den stärksten Sog übt dabei als Kernidentifizierung Ihre selbst erschaffene **Identität** aus; das, was Sie nicht nur mit vollster Überzeugung zu sein *glauben*, sondern vor allem, was und wer Sie zu sein *fühlen*. Diesen Überzeugungs-Context über sich selbst hat jeder Mensch nach einem als Unterbrechung interpretierten Ereignis schon in seiner Kindheit gebildet.

Mit ihm identifizieren Sie sich im Laufe der Zeit so vollständig, dass Sie ihn nicht mehr als mental-emotional erzeugte Interpretation wahrnehmen, sondern als unumstößliche Tatsache. Das hat zur Folge, dass Sie keine Frage mehr über die Richtigkeit dieser Selbstidentifizierung (= Identität) haben, sondern sogar Ihr Leben dafür aufopfern, ihre Richtigkeit zu beweisen. Fällt, wie in den meisten Fällen, die Selbstidentifizierung negativ aus, hoffen Sie zumindest, ihr Gegenteil beweisen zu können, was paradoxerweise die negative Identifizierung noch mehr bestätigt.

Genau wie bei einem Magneten seine Anziehungskraft nicht sichtbar ist, sondern nur deren Auswirkungen, ist auch die eigene Identität nach außen nicht sichtbar oder nur sehr schwer erkennbar. Die meisten versuchen krampfhaft zu verbergen, was sie eigentlich über sich denken und wie sie sich dabei fühlen, und versuchen stattdessen verzweifelt, ihre negative Identität durch außergewöhnliche Ergebnisse und Erfahrungen zu nivellieren, oder hoffen, ihr Gegenteil beweisen zu können.

Die Identität ist auch nicht direkt an Ergebnissen und Ereignissen erkennbar, sondern sie ist ableitbar von der Absicht, mit der diese Ergebnisse erzielt werden sollten, und vor allem davon, welche Gefühle über sich selbst die betreffende Person sich erhofft, aber dauerhaft nicht bekommen hat. Sie macht die ernüchternde Erfahrung, dass gute Ergebnisse eben nicht, wie sehnsüchtig erhofft, dauerhaft gute Gefühle nach sich ziehen. Dass dauerhaft gute Gefühle innerhalb jeder Identität unmöglich sind, lässt die Hoffnung auf ein dauerhaft besseres Leben schwinden und die Verzweiflung steigen. Irgendwann scheint nur noch ein wie auch immer gearteter Ausstieg aus dem hoffnungslosen Hamsterrad der rettende Ausweg zu sein, was jedoch auch nicht funktioniert, da man seine Identität überallhin mitnimmt, auch in den Ausstieg. Nur das Gegenteil des Bisherigen zu tun reicht nicht, sofern man seine Identität nicht erkannt und aufgegeben hat.

Kaum jemand ist sich seiner Identität bewusst, da niemand diese als von sich getrennt erlebt, sondern alle glauben, sie seien von Natur aus so, eben weil sie sich entsprechend fühlen. Sie sind zu dem geworden, womit sie sich identifiziert haben, wie folgendes Beispiel verdeutlicht.

Bernd ist 38 J. alt und arbeitet seit vier Jahren im gehobenen Management. Im BWL-Studium hatte er immer wieder damit zu kämpfen, dass er dachte und fühlte: *Ich bin nicht gut genug.* Wenn er genau hinsah, kannte er das Gefühl schon aus seiner Schulzeit und selbst die herausragenden Noten konnten ihm das Gefühl nicht nehmen, sie waren für ihn selbstverständlich.

Auch sein Doktortitel, ein immerhin gesellschaftlich anerkannter Ausdruck von Kompetenz, machte für ihn keinen Unterschied. Im

Ob Glück
oder Unglück,
hängt vom Schmied ab,
nicht vom Eisen.

Maria & Stephan Craemer

Gegenteil, er dachte nur, dass jeder Depp promovieren kann, wenn es sogar ihm gelingt. Er war sich aber sicher, dass er sich definitiv kompetent fühlt, wenn er endlich die leitende Position bei entsprechendem Gehalt ausfüllt. Doch auch jetzt muss er feststellen, dass er sich nur ausbrennt bei seinem verzweifelten Versuch zu beweisen, dass er doch gut und kompetent sei – insgeheim denkend und fühlend, es nicht zu sein. Die Erschöpfung ist dann nur ein weiterer Beweis für seine gedachte und gefühlte Inkompetenz.

Wenn Sie wie Bernd im gefühlten Glauben Ihrer Inkompetenz gefangen sind, werden Sie nie ankommen, sondern immer das Gefühl haben, es fehle Ihnen etwas. Sie werden das Gefühl haben, nicht gut genug zu sein trotz aller Erfolge und Anerkennung, da Sie diese gar nicht mehr als solche wahrnehmen und wahrnehmen können. Weil Sie Ihre Kompetenz innerhalb dieser Identität nicht beweisen können – Ihr Verstand und seine Bestätigungsabsicht sprechen dagegen – bleiben irgendwann nur noch Anerkennungssucht, resignative Verweigerung, Erschöpfung und eine unstillbare Glückssehnsucht übrig.

Eine andere Möglichkeit wäre, sich aus dem selbst gezimmerten Gefängnis seiner Identität zu befreien, um sein Leben wieder schöpferisch zu gestalten und nicht mehr von seiner Identität dominiert und gelebt zu werden. Die Erlösung liegt in der Anerkennung, seine Identität selbst gewählt und den Inhalt wie auch die Wahl vergessen zu haben. Irgendwann im Laufe der Kindheit oder Jugend wird jeder zu dieser Interpretation über sich selbst und alle Gedanken, Gefühle, Handlungen und das gesamte (Er-)Leben entsprechen immer mehr dieser Identitätsinterpretation. Als Folge davon schleichen sich der Gedanke und das Gefühl ein, seine Lebenssteuerung verloren zu haben und dass Leben einem nur noch passiert. Mit dem Vergessen dieser Selbstidentifikation wird jeder zum Effekt seiner Identität.

Dieser sich selbst bestätigende Prozess, mit dem Sie sich Ihr Leben schwermachen, lässt sich umkehren, wenn Sie bereit sind, das Risiko einzugehen, sich aus dem selbst gezimmerten Gefängnis Ihrer Identität zu befreien und es komplett zu verlassen.

Das Gefängnis der Identität

Viele Menschen fühlen sich als Gefangene ihres Lebens wie in einer Gefängniszelle. Sie stehen verängstigt am Fenstergitter am Ende eines dunklen Raumes darauf hoffend, etwas Sonnenlicht zu erhaschen. Diese diffuse Hoffnung auf ein undeutliches Licht wollen sie auf keinen Fall verlieren, bedeutet es doch alles, was sie noch haben.

Ihre Ängste verwehren ihnen, den dunklen Teil der Zelle zu erforschen, ihre Vorwürfe und Ausreden sind ihre Ketten und ihre Schuldzuweisungen der Kerkermeister. Deshalb entdecken sie nie, dass es am anderen Ende eine Tür hinaus gibt und dass diese offen ist. Sie wären frei, hinauszutreten, wenn sie das Alte losgelassen und Neues gewagt hätten. Die Tür war immer offen, sie waren aber nie so frei, durch sie hindurchzugehen, weil sie an der falschen Stelle nach Freiheit gesucht und sich mit einem kärglichen, resignierten Restleben zufriedengegeben haben.

Sie wissen, dass sie es am Ende ihres Lebens bereuen werden, und doch halten sie lieber rechthaberisch positioniert an ihren Überzeugungen fest, statt sich einmal den Gespenstern der Vergangenheit zu stellen, die verschwinden, sobald sie im Licht der Erkenntnis wahrgenommen werden.

Für ein erfolgreiches und erfülltes Leben ist es unabdingbare Voraussetzung, dieses sowohl mental als auch emotional tief im Verstandesbewusstsein verankerte Gefängnis der Identität zu erkennen und zu verlassen. Dafür bedarf es der Bereitschaft, seine Identität als willkürliche und allenfalls scheinlogische, mental-emotionale Fehlinterpretation anzuerkennen, obwohl die meisten von ihrer gefühlten Richtigkeit zutiefst überzeugt sind, weil sie Zeit ihres Lebens genug bestätigende Beweise dafür gesammelt haben. Diese Beweise waren nur wegen der Sogwirkung auslösenden Identifizierung möglich.

Eine dysfunktionale Selbstidentifikation steht einer erfolgreichen und erfüllten Lebenserfahrung im Wege, sodass nur noch ein karges Mahl sehnsüchtelnder Hoffnung übrig bleibt. Wenn Sie sich damit nicht mehr abspeisen lassen, wird es möglich, sich von Ihrer abträglichen Selbstidentifikation zu befreien. Voraussetzung dafür ist, dass Sie sich des Scheinrealität schaffenden Trugbildes bewusst werden und daraus aufwachen, auch wenn Ihr Verstand gegen seine Bewusstseins-Transformation Widerstand leisten will und Sie dafür zunächst keine allgemeine Zustimmung bekommen.

Wer war ich vor der Zeugung?

Die Frage, wer Sie vor der Zeugung waren, ist ähnlich wie die Frage, wer Sie nach Ihrem Tod sein werden. Über die Antworten auf beide Fragen lässt sich nur spekulieren, allenfalls lassen sich abstrahierte Möglichkeiten ableiten. Vor der Zeugung gab es noch kein sich identifizierendes und differenzierendes Ich als Ego, da dafür sowohl Körper als auch Verstand Voraussetzung sind. Allenfalls war reines, indifferentes Sein möglich, auch Seele genannt. Diese Dimension ist mit dem menschlichen Verstand nicht erfassbar, denn das wäre so, als würde ein Blinder die Form einer Schneeflocke mit seiner Zunge erfassen wollen. Das Instrument Zunge zerstört, was sie erkennen will. So scheint es auch mit dem menschlichen Verstand: Die Dimension des reinen Seins kann er nicht erfassen, weil er nur in Zeit und Raum denken kann. In der Philosophie wird in diesem Zusammenhang oft über *Das Nichts* gesprochen. Der vorgestellte Artikel soll *Nichts* wieder dinglich und somit begreifbar machen, was es jedoch nicht ist. Der menschliche Verstand ist nicht in der Lage, diese Dimension des reinen Nicht(s)-Seins zu erfassen, denn wie soll er erfassen, was nicht wahrnehmbar, geschweige denn messbar ist? Wäre es messbar, wäre es nicht Nichts.

Sie können sich diese Dimension aber zunutze machen, indem Sie sich diese als ultimativen Context vorstellen, in dem weder gut noch böse, geschweige denn richtig oder falsch existieren können. Das ermöglicht Ihnen den Standpunkt, dass Menschen auf der Erde sind, um sich mithilfe der gemachten Erfahrungen weiterzuentwickeln. Diese Sichtweise erlaubt eine wertungsfreie Deutung, Zuordnung und somit ein Verständnis der Erfahrungen, was wiederum zu mehr Bewusstseinsfrieden führt.

Wer war ich nach der Zeugung und wer bin ich nach der Geburt?

Nach der Zeugung entsteht ein körperliches Da-Sein. Bei der Menschwerdung eines Individuums wiederholt und vollzieht sich jedes Mal über alle Stufen die gesamte Evolution. Vom Einzeller zur symbiotischen Vereinigung über einen kugelförmigen Zellhaufen, ein fischähnliches Wesen bis hin zum ausgewachsenen Embryo, der zunächst vollständig abhängig von der Mutter ist. Der Menschwerdungsprozess mündet in die erste große Unterbrechung: die Geburt. Wir werden aus dem 24-Stunden-Appartement mit Rundumservice hinauskatapultiert und sind gefordert, selbst zum Überleben beizutragen, indem wir Luft holen und allein weiteratmen, was den meisten auch gelingt.

Nach der Geburt kommt zum reinen Dasein eine weitere entscheidende Komponente hinzu: ein körperliches und mental-emotionales In-der-Welt-Sein. Lebensfähig, jedoch physisch und psychisch unfertig und auf die Fürsorge anderer angewiesen. Dieses Angewiesensein erlebt ein Kind nicht als

Mangel, denn es ist selbstverständlich. Zu dem Zeitpunkt lebt jedes Kind völlige Verbundenheit, Sicherheit, Liebe, Vertrauen, also vollständig im Fülle-Context. Es könnte den Zustand noch nicht einmal so benennen, da es bis jetzt keine Erfahrungen vom Gegenteil gemacht hat. So hat es die Geburt zwar als schmerzlich erfahren, da sie eine Unterbrechung des bisherigen paradiesischen Zustandes war, der abrupt beendet wurde, aber solange es angemessen versorgt wird, lebt das Kind danach weiterhin im Paradies, da es noch keine Schlussfolgerungen über sich, die Abfolge der Ereignisse oder das Leben ziehen kann.

Ein Ausdruck des Paradieses ist die Erfahrung universellen *Eins-Seins*. Das ist erkennbar daran, dass Kinder sich in den ersten Lebensjahren nicht als getrennt von der Welt und anderen Menschen erfahren, sondern im Gegenteil, sie fühlen sich mit allen und allem verbunden. Das wird daran deutlich, dass sie zunächst nicht das Wort *Ich* benutzen, wenn sie sich selbst meinen, sondern von sich in der dritten Person sprechen, genau wie von allen anderen auch.

Genetisch ausgestattet mit den Überlebenserfahrungen sämtlicher vorhergegangener Generationen beginnt eine gigantische Anpassung an das jeweilige Lebensmilieu, in welches das Kind frei nach Heidegger *geworfen* wurde. Zunächst entdeckt es seinen Körper und beginnt sich damit zu identifizieren, sein Körper *zu sein* und alle Bedürfnisse, vor allem die nach Eis und Schokolade, ernst zu nehmen und erfüllt zu bekommen. Mit dem Erlernen der Sprache beginnt es unter Anleitung der Erwachsenen die Unterscheidungen von gut/schlecht, lieb/böse und richtig/falsch zu lernen, damit es sich in seinem Milieu mit den dazugehörigen Werten, Traditionen, Sitten und Gesetzen zurechtfinden kann.

Wer bin ich nach der Identitätsbildung?

Jeder Mensch hat nach einem als Unterbrechung erfahrenen Ereignis eine grundlegende Schlussfolgerung über sich selbst gezogen, keiner will sie wahrhaben und jeder lebt sie. Alle Gefühle, die unweigerlich aus der Bewertung des Ereignisses entstehen, haben stärkere Auswirkungen auf unser Leben als unser Denken allein. Selbst wenn es einem gelingt, sich durch liebevolle Meditationen, positive Affirmationen und grünen Tee kurzfristig in einen friedlichen Zustand zu versetzen, so werden die mentalen Schlussfolgerungen bei weiteren Unterbrechungen vom Verstandesbewusstsein doch immer wieder reaktiviert, was in der Folge die guten Gefühle wieder zunichte macht – und sei es nur, weil der grüne Tee zu dünn oder zu heiß war.

Für Kinder ist ein Sein im glückseligen Fülle-Context zunächst so selbstverständlich, dass sie keine Frage darüber haben, bis sie eine Unterbrechung ihrer natürlichen Begeisterung und Lebensfreude erleben und zum ersten Mal körperlichen und/oder emotionalen Schmerz erfahren, was ihre Sicherheit, Liebe und ihr Vertrauen unterbricht. Nach einer markanten Unterbrechung zumeist zwischen dem zweiten und zwölften Lebensjahr beginnt der Prozess der Identitätsbildung. Das einschneidende Erlebnis der Unterbrechung wird als bedrohlich und schmerzhaft genug wahrgenommen, dass das Kind sich zum ersten Mal als getrennt und nicht mehr als eins mit der Welt erfährt und das Überleben als gefährdet empfindet. Dabei ist es unerheblich, wie dramatisch die Erfahrungen des Kindes gesellschaftlich bewertet werden.

Dramatische Schlussfolgerungen

Tatsächlich dramatische Erfahrungen, die ein Kind als Unterbrechung erfährt und aus denen es eine Identität ableitet, können folgende sein: Tod eines Elternteils oder anderer geliebter Menschen, eigene bedrohliche Krankheit oder die anderer wichtiger Menschen, Scheidung der Eltern, sexueller Übergriff, körperliche Misshandlungen, Alkoholsucht eines Elternteils etc. Kinder interpretieren Unterbrechungen dieser Art immer persönlich und schlussfolgern, dass mit ihnen etwas nicht stimmen kann, wenn sie solche Erfahrungen machen. Die Schlussfolgerungen können beim selben Ereignis durchaus unterschiedlich sein. So könnte ein Kind über die Scheidung der Eltern schlussfolgern: *Ich bin nicht liebenswert, sodass sie für mich zusammenbleiben* oder: *Ich bin machtlos, weil ich sie nicht zusammenhalten kann* oder: *Ich bin böse, weil sie sich meinetwegen so viel streiten und sich trennen.* Es kann auch sein, dass sie nicht das Ereignis der Scheidung an sich persönlich nehmen, sondern dass sie vor vollendete Tatsachen gestellt werden. Auch hier kann das Kind die obigen Schlussfolgerungen ziehen.

Zum anderen können es auch Situationen sein, die nach außen hin eher undramatisch und banal, für einige geradezu lächerlich wirken, und doch haben sie für Kinder dieselbe gravierende Bedeutung, da sie für sie dieselbe Unterbrechung ihrer Lebendigkeit darstellen und sie somit dieselbe emotionale Erfahrung machen und dieselben Schlussfolgerungen daraus ziehen. Ein Beispiel könnte sein, dass sich ein Kind ein Fahrrad zum Geburtstag gewünscht und nur einen Tretroller bekommen hat, was angesichts der Tatsache, dass es zu dem Zeitpunkt erst drei Jahre alt war, sogar Sinn machte, vom Kind aber als ungerecht empfunden wurde, da es sich mit den größeren Geschwistern verglich, die ein Fahrrad bekommen haben. Hier könnten die Schlussfolgerungen lauten: *Wenn ich nicht bekomme, was ich will, dann bin nicht liebenswert* oder: *Ich bin nicht gut genug, wenn alle anderen bekommen, was sie wollen, aber ich nicht.*

Ein nach außen noch banaleres Beispiel könnte sein, dass ein Schulkind nach Hause kommt und ganz begeistert von seiner guten Schulnote berichtet und die Eltern sagen: *Deine Schwester hatte in Deutsch aber immer eine Eins* oder: *Du hast zwar eine Eins geschrieben, aber deine Handschrift muss du noch erheblich verbessern* oder sie sind so beschäftigt, dass sie nur sagen: *Bring' mal bitte den Müll raus.* Hier könnten die Schlussfolgerungen lauten: *Ich bin nicht liebenswert* oder *nicht gut genug,* denn wenn ich es wäre, hätten die Eltern die guten Noten gewürdigt. Eine weitere mögliche Schlussfolgerung wäre: *Ich bin ohnmächtig* oder *machtlos,* weil ich sogar mit einer guten Leistung die Aufmerksamkeit und Liebe der Eltern nicht bewirken kann.

Der Verstand als Kerkermeister

Der Verstand will sich die Unterbrechungs-Erfahrung erklärlich machen, um Welt und Leben wieder zu verstehen. Da in westlichen Breitengraden die meisten direkt oder indirekt in einer kollektiven Schuldkultur leben, nehmen sie die Erfahrung erst mal persönlich, heißt, sie fühlen sich schuldig, dass sie diese Erfahrung überhaupt gemacht haben. Einige schlussfolgern als Folge der Unterbrechung zum Beispiel, sie seien der Liebe nicht wert, nicht gut genug, machtlos oder zu dumm etc. Mit jeder weiteren Erfahrung von Mangel, sei es an Liebe, Anerkennung, Sicherheit etc., bestätigt man sich seine Schlussfolgerung über sich selbst.

Um vollständig Identität sein zu können, vergisst man im Laufe der Zeit, sich identifiziert zu haben. Um das wieder auflösen zu können, bedarf es der Erkenntnis und Erinnerung, nicht das Identifizierte, sondern der Identifikator, also der sich Identifizierende zu sein. Wäre man das, womit man sich identifiziert, also das Identifizierte, wäre es überflüssig, sich damit zu identifizieren, weil man es schon wäre. Der Akt des Identifizierens beweist, dass man nicht das Identifizierte ist, also das, womit man sich identifiziert. Diese Erkenntnis ist der erste Schritt, sich von jeglicher Identifizierung und den damit einhergehenden schädlichen Konsequenzen zu lösen und zu befreien.

Allerdings reicht diese rein mentale Erkenntnis nicht aus, da die mit der Identität zusammenhängenden Gefühle einen starken Sog in vorherige Zustände haben, dem aus reiner Bequemlichkeit nachgegeben wird. Zudem negieren und verleugnen viele Menschen gern ihre schädliche Identität, sowohl vor anderen und besonders vor sich selbst, weil sie sich dafür schämen, entwerten und verurteilen. Das hat mehrere Ursachen: 1. Sie wissen nicht, dass sie in dem Identitätsgefängnis leben, zumal es sich ganz normal anfühlt, da alle anderen es auch tun. 2. Sie nutzen es als Motor, einen Gegenbeweis zu leben. Wenn jemand glaubt, nicht gut genug zu sein, will er sich selbst und der Welt beweisen, dass das nicht stimmt. 3. Sie wollen den erhofften Gewinn in Form von resignativer Verweigerung nicht aufgeben. Stattdessen wollen sie diese nutzen, um unliebsame Bedingungen nicht erfüllen zu müssen – bis sie ernüchtert feststellen, dass der dafür zu zahlende Preis in Form von mangelnden Ergebnissen und fehlender Erfüllung wesentlich höher ist. Selbst dann weigern sich viele, ihre resignative Verweigerung aufzugeben und schieben ihre Unzufriedenheit lieber auf äußere Lebensbedingungen und vor allem auf andere, insbesondere die üblichen Verdächtigen.

Das Annehmen einer Identität hat auf mehreren Ebenen starke Auswirkungen: Auf der emotionalen Ebene fühlen Sie sich unsicher, allein, getrennt, ungeliebt, wertlos, ohnmächtig, ausgegrenzt, unerwünscht, unfähig etc. Auf der mentalen Ebene verstärkt Ihr Verstand diese wertende Meinung über sich selbst, bis sie im Laufe der Zeit zu einer festgefügten, weil bewiesenen Identität wird. Sobald Sie sich vollständig mit ihr identifiziert haben, werden Sie immer wieder ähnliche Erfahrungen machen, mit denen Sie Ihre Identität bestätigen. Damit beginnen Sie einen Teufelskreis, der erst endet, nachdem Sie sich des selbst erschaffenen Identifizierungsprozesses inklusive seiner Konsequenzen bewusst geworden sind und den darin enthaltenen Gewinn vollständig aufgegeben haben. Parallel dazu bilden Sie als Kind nach dieser markanten, identitätsträchtigen Unterbrechung weitere Contexte, so auch einen Context über das Leben selbst, um so die Unterbrechungserfahrung in Ihrem Verstandesbewusstsein besser einordnen zu können. Daraus entstehen Contexte wie: *Leben ist schwer* oder *Leben ist ungerecht* bis hin zu *Leben ist gefährlich*, wobei Erwachsene mit ihrer Kommunikation diese Contexte nähren, weil sie vor langer Zeit ähnliche gebildet hatten. So erschaffen sie Gemeinsamkeit im Leiden und schieben sich gegenseitig die Verantwortung dafür zu.

Auf einem Flughafen war eine Familie mit zwei Kindern zu beobachten, deren Vater sich um das Baby kümmerte. Die Mutter war mehr oder weniger mit dem Vierjährigen beschäftigt, was nicht ihre erste Wahl zu sein schien, da sie lieber auf ihr Handy schaute. Dem Sohnemann war nur sehr begrenzt der Sinn nach einer gepflegten Unterhaltung, was zur Folge hatte, dass er den Flughafen erkunden wollte. Sie rief ihn immer wieder zu sich, ohne ihr Angebot für ihn zu verbessern, woraufhin er immer wieder auf Erkundungstour zurückging. Schlussendlich rief sie ihm nach: »*Wenn du noch einmal weggehst, dann lassen wir dich hier!*« Sie hatte ihn jetzt nicht nur mit Angst gegängelt, sondern ihm gleichzeitig vermittelt, dass das Leben gefährlich ist, wenn er sich allein auf den Weg macht. Daraufhin blieb er bei ihr stehen und ärgerte das Baby.

Jegliche Lebens-Contexte wirken im Identitätsbildungsprozess immer im Hintergrund mit und verstärken die Erfahrung der Identität. Wenn Sie sich als Kind und später als Jugendlicher Ihre Erfahrung als getrenntes Individuum aus weiteren

Unterbrechungen immer mehr bestätigen, scheint die gezogene Schlussfolgerung immer wahrer zu werden, bis Sie diese nicht mehr infrage stellen und sogar vergessen, diese selbst geschlussfolgert zu haben. Das ist deshalb recht leicht, weil Sie den Akt der Schlussfolgerung nicht mitbekommen, da er im Gehirn sehr schnell und nicht bewusst abläuft.

Viele Menschen versuchen im Laufe ihres Lebens, das Gegenteil dessen zu beweisen, was sie von sich halten, in der vagen Hoffnung, damit bessere Ergebnisse und Gefühle zu bekommen. Mit genau dieser aussichtslosen Beweisführung bestätigen sie sich jedoch nur immer wieder ihre abträgliche Identität und perpetuieren ihr Hamsterrad. Nur wer sich für wertlos hält, glaubt das Gegenteil beweisen zu müssen. Würde man sich nicht für wertlos halten, müsste man das Gegenteil nicht beweisen. So bestätigt und verfestigt die erhoffte Beweisführung des Gegenteils den entwertenden Ausgangsstandpunkt und das beliebte, häufig zitierte Positivdenken funktioniert nur sehr begrenzt für seine Auflösung, da es lediglich das Gegenteil beschwören soll, was jedoch nur den Ausgangspunkt bestätigt. Dächte man nicht negativ, müsste man auch nicht positiv denken.

Mit Identität und Lebens-Context zusammen erzeugt das Verstandesbewusstsein das, was dann *die Realität* genannt und auch dafür gehalten wird und sie scheint alternativlos, weil der Verstand sich nicht selbst ins Unrecht über seine Wahrnehmungsinterpretationen setzt, geschweige denn von anderen setzen lassen will. Die so erzeugte Realität repräsentiert jedoch nicht *die Wahrheit*, sondern nur die von den Buddhisten viel zitierte Illusion des Lebens. Illusorisch deshalb, weil sie vom Bewusstsein individuell erzeugt und geradezu erfunden wurde. Auch wenn sie kollektiv geglaubt wird, tauchen immer wieder andere Menschen mit anderen Realitätsvorstellungen auf, von denen diese zutiefst überzeugt zu sein scheinen.

Selbst wenn sie mehrheitlich übereinstimmen, basiert ihre Realität auf Annahmen, nicht auf Gewissheit.

Wenn die Synapsen schnapsen

Zunächst ist eine vom Verstandesbewusstsein gezogene abträgliche Schlussfolgerung über ein als Unterbrechung interpretiertes Ereignis nur ein einzelner Gedanke, begleitet von einer starken, unangenehmen Emotion. Der Gedanke wie auch das Gefühl verschwinden wieder, aber die Verbindung dieses Gefühls mit dem entwertenden Gedanken ist hergestellt, die dazu passenden Synapsen sind im Gehirn verknüpft und somit angelegt. Ab dem Zeitpunkt nimmt Ihr Leben eine entscheidende Wendung, es wird nie wieder so beschwingt und lebendig wie vor dieser prägenden Unterbrechungsschlussfolgerung. Sie sind seitdem gedämpfter und fühlen sich unsicherer, werden vorsichtiger und haben das Vertrauen ins Leben und in sich selbst latent verloren. Bei der nächsten Unterbrechung kommt Ihnen das Gefühl schon bekannt und vertraut vor, die wertende Schlussfolgerung empfinden Sie immer mehr als zutreffend und wahr und die entsprechende Synapsenverbindung wird jedes Mal verstärkt. Irgendwann scheint Ihnen das erzeugte Gefühl so real, dass Sie an Ihrer Schlussfolgerung nicht mehr zweifeln. Ab dann hat sich Ihre Identität gesetzt und lässt nur noch eine identitätsbestätigende Wahrnehmung zu. Dem Widersprechendes nehmen Sie nicht mehr wahr oder deuten es passend um.

Darüber hinaus kreiert Ihr Verstandesbewusstsein identitätsbestätigende Erlebnisse und Ergebnisse und dominiert so Ihre individuelle Lebenserfahrung. Da die meisten Menschen ähnliche Schlussfolgerungen über sich ziehen, deuten Sie die daraus resultierende kollektive Lebenserfahrung als real und hinterfragen sie nicht mehr. In den superreichen deutschsprachigen Ländern führt die egokreierte kollektive Unzufriedenheit dazu, dass im Chor gejammert und der immense Wohlstand ignoriert oder als Wurzel allen Übels angeprangert wird. Schuld an der kollektiv ersonnenen Misere sind immer die anderen, nie das eigene Bewertungsbewusstsein. In diesem abträglichen Context lebend macht nichts dauerhaft auch nur den geringsten Unterschied, nicht die Produktivität, nicht das Geld und auch keine Partnerschaft, weil selbst überdurchschnittliche Ergebnisse und Erfahrungen das Gefängnis der Identität, also der Fehlidentifizierung, nicht sprengen können. Das können nur Sie selbst, wenn Sie bereit sind, die Möglichkeit der Fehlidentifizierung anzuerkennen und sich ihr zu stellen, denn Sie *sind* nicht Ihre Identität, Sie *haben* eine und die ist selbst gebastelt, also können Sie sie auch wieder aufgeben.

Jeder Mensch erlebt im Laufe seines frühen Lebens zahlreiche Unterbrechungen, entweder mit Eltern, Geschwistern, Familienmitgliedern oder Lehrern, Mitschülern etc. Wir wurden entwertet, ins Unrecht gesetzt, beleidigt, vielleicht sogar geschlagen oder körperlich sowie emotional misshandelt. Aus diesen Ereignissen ziehen wir Schlussfolgerungen sowohl über uns selbst als auch über das Leben, das andere Geschlecht, das Erwachsensein, die Ehe, das Geld, *die da oben* etc. Als Ergebnis dieser geschlussfolgerten Erfahrungen glauben wir, nicht mehr wirklich sicher, geborgen und geliebt zu sein. Je mehr Unterbrechungserfahrungen wir machen, desto mehr glauben wir, dass die daraus gezogenen Mangelschlussfolgerungen wahr sind, eben weil wir es so erfahren und, noch wichtiger, so gefühlt haben. Das mündet darin, dass wir nicht mehr nur denken und fühlen, dass wir *nicht (liebens-)wert* oder *nicht gut genug seien* und auch entsprechend handeln, sondern wir *sind, dass wir es sind.* Je mehr wir etwas glauben zu sein, desto mehr sind wir es, bis wir keine Frage mehr über die Richtigkeit des So-Seins haben. Die damit einhergehenden und darauf zwangsläufig folgenden Mangelerfahrungen sind nur immer wiederkehrende Bestätigungen der ursprünglichen Schluss-folgerungen.

Am folgenden Beispiel ist abzulesen, wie sehr die Identität die Lebenserfahrung bestimmt. Frau P., 38 J., Bürokauf-frau, hatte enorme Probleme bei der Arbeit, da sie sich nicht wertgeschätzt fühlte, was in der Identität *Ich bin wertlos* auch nie möglich ist, selbst wenn der Chef seine Anweisungen singt und dabei Blumen streut. Auch in der Partnerschaft hatte sie immer wieder das Gefühl der Wertlosigkeit. Dieses Gefühl, eigentlich ein Gedanke, blieb beharrlich präsent, auch wenn der Partner getauscht wurde. Aus ihrer Arbeitssituation war es möglich, ihre schon in der Kindheit gebildete Identität abzuleiten.

Trainings-Dialog
Kontrolle oder Lebensfreude?

Maria & Stephan Craemer (Craemer[2]): Mit welcher Absicht zweifelst du? Also was ist für dich der Sinn und Zweck des Zweifelns?
Teilnehmer (TN): Bestätigung finden.
Craemer[2]: Wofür?
TN: Für mich, meine Taten und meine Gefühle.
Craemer[2]: Und die Summe deiner Taten und Gefühle macht was für eine Aussage über dich? Wer oder was glaubst du zu sein?
TN: Schwierige Frage. Das weiß ich eben nicht so genau.
Craemer[2]: Nur du weißt das. Und es stimmt, dieser Context lebt dich, also fragen wir aus einem anderen Blickwinkel. Was sollen dir die Zweifel bringen?

TN: Ja, ich weiß nicht, aber ich würde sagen, wirklich Bestätigung und Trost.

Craemer²: Wofür genau?

TN: Für mich. Dass ich dadurch weiß, was ich will, wer ich bin.

Craemer²: Also wenn du genug gezweifelt hast, macht dich das sicher?

TN: Ja, also wenn ich dadurch Bestätigung bekomme, schon.

Craemer²: Angenommen du würdest nicht zweifeln und dann Fehler machen, die du hoffst, durch Zweifeln auszuschließen, was befürchtest du?

TN: Dann wäre das entschuldigt gewesen.

Craemer²: Du kaufst dich von den Konsequenzen mit deinen Zweifeln frei, denn wenn du etwas falsch machst, was glaubst du dann, wer du bist?

TN: Dass ich immer etwas falsch mache.

Craemer²: Und wer bist du, dass du glaubst, immer etwas falsch zu machen?

TN: Dann zweifle ich an meinem Wert.

Craemer²: Hast du den Gedanken des Öfteren, nichts wert zu sein?

TN: Ja, das kenn ich. Das fühl' ich sogar.

Craemer²: Dir ist das Gefühl vertraut, nichts wert zu sein, sowohl bei deiner Arbeit als auch in deiner Partnerschaft?

TN: Ja, das kenn ich gut. Schon seit meiner Kindheit.

Craemer²: Hast du eine Frage über deinen Wert an sich oder ob du liebenswert bist?

TN: Irgendwie beides. Ich bin's langsam auch leid.

Craemer²: Zur Info: Du selbst **denkst** über dich, nichts wert oder nicht liebenswert zu sein, aber das **bist** du nicht. Beides stimmt nicht. Du hoffst allerdings, dass du keine Fehler machst, wenn du genug zweifelst, weil jeder Fehler in deinen Augen wieder bestätigen würde, dass du nichts wert oder nicht liebenswert bist. Die Zweifel dienen dir als Schutz und sind gleichzeitig der Beweis deiner Annahme. Denn ohne diese Annahme würdest du nicht zweifeln. Kannst du das nachvollziehen?

TN: Ja, das passt.

Craemer²: Was ist passiert und du dachtest zum ersten Mal, dass du nicht liebenswert bist?

TN: Das weiß ich ganz genau, seit der letzten Übung. *(Die angesprochene Übung ist Teil des Contextuellen Trainings I, um dem Bewusstsein die Möglichkeit zu eröffnen, seine Identität zu erkennen.)* Ich bin nach Hause gekommen und meine Mutter weinte.

Craemer²: Wie alt warst du ungefähr?

TN: Sieben, acht Jahre.

Craemer²: Weißt du noch, was genau vorgefallen ist?

TN: Sie weinte und meinte, nun wären wir ganz allein.

Craemer²: Warum? War etwas mit deinem Vater?

TN: Ja, er war gegangen. Also ausgezogen.

Craemer²: Hattest du vorher etwas mitbekommen von den beiden, dass sie sich stritten oder dass sie sagten, sie wollten sich trennen?

TN: Nö, wir ja waren immer die intakte Lehrerfamilie.

Craemer²: Intaktheit vorspielen wollen kommt allerdings auch bei anderen Berufsgruppen vor. Was passierte dann?

TN: Er war einfach weg. Einfach so.

Craemer²: Was hast du da über dich gedacht?

TN: Gar nichts. Ich hab' nur geweint.

Craemer²: Das hast du mit Sicherheit, weil es für dich ein großer Verlust war. Bist du jetzt traurig?

TN: Ja. Irgendwie schon, wenn ich dran denke. (Kurze Pause)

Craemer²: Was hast du über dich gedacht, dass er geht?

TN: Dass er mich nicht will, so wie ich bin.

Craemer²: Wie glaubtest du denn zu sein, dass er von dir ging?

TN: Irgendwie für ihn so, dass er mich nicht mehr wollte.

Craemer²: War es für dich schlimmer, dass er weg war oder dass er sich nicht von dir verabschiedet hat?

TN: Ich glaub sogar, dass er sich nicht verabschiedet hat. Das war so gemein. Das hätte er doch wenigstens für mich tun können.

Craemer²: Wenn du *wie* gewesen wärest, dann hätte er sich von dir verabschiedet?

TN: Wenn er mich mehr geliebt hätte.

Craemer²: Was hast du daraus über dich geschlussfolgert, dass er sich nicht von dir verabschiedet hat?

TN: Das ich nicht so liebenswert bin, dass er bleibt.

Craemer²: Du klingst traurig und etwas trotzig. Bist du sauer auf ihn?

TN: Aber wie.

Craemer²: Liebst du ihn?

TN: Ja, irgendwie schon, obwohl ich das gar nicht will.

Craemer²: Du bist trotzig und sauer, **weil** du ihn liebst. Wenn du ihn nicht lieben würdest, hättest du diese Gefühle nicht, dann wären dir er und sein Handeln gleichgültig. Bereit für eine andere Sichtweise, aus einem anderen Blickwinkel?

TN: Okay.

Craemer²: Das würde allerdings dein bisheriges Weltbild auf den Kopf stellen.

TN: Bin gespannt.

Craemer²: Er hat sich nicht verabschiedet, **weil** er dich liebt. Du warst es ihm wert, dass er einfach geht, ohne dir den Schmerz des Verabschiedens zuzufügen, auch wenn er jahrelange Ablehnung dafür riskierte.

TN: Das ist aber weit hergeholt.

Craemer²: Stimmt. Das haben wir weit hinter deinem jetzigen Weltbild hergeholt. Du bist auch Mutter, stimmt's?

TN: Ja.

Craemer²: Wie alt ist dein Kind?

TN: Meine Tochter ist acht.

Craemer²: Hast du dich schon mal abends aus dem Haus geschlichen, sodass sie es nicht merkt, und sie deinem Mann überlassen?

TN: Ja, das soll man zwar nicht, aber manchmal tue ich es, auch weil es mir weh tut.

Craemer²: Was war deine Absicht, so zu handeln?

TN: Ich wollte es ihr leichter machen.

Craemer²: Und dir auch, oder? Warum gestehst du deinem Vater nicht dein eigenes Verhalten zu? Wir sagen nicht, dass es richtig oder falsch war, wie er es gemacht hat. Nur, dass es mehr als **eine** gültige Interpretation seines Verhaltens gibt.

TN: Okay.

Craemer²: Dein Dich-nicht-wert-Fühlen ist eng an diese Erfahrung geknüpft. Wenn du dich nur aus dieser Identität befreien kannst, wenn du deinem Vater vergibst und der Erfahrung zustimmst, die du mit ihm gemacht hast, wärest du dann dazu bereit?

TN: Okay.

Craemer²: Okay heißt okay, nicht Ja. Du kannst deinen Hass und deine Wut auf ihn nicht in ein erfülltes Leben rüberretten. Dein Glück kostet dich deine Wut und auch Verachtung ihm und vermutlich dem MannSein gegenüber. Bist du in der folgenden Übung bereit, dich für einen Moment von der Wut und Verachtung zu verabschieden?

TN: Ja, das will ich gern.

Craemer²: Okay. Willst du die Zusammenhänge mit deinen Zweifeln noch weiter untersuchen?

TN: Ja, gern.

Craemer²: Was kannst du vermeiden, indem du zweifelst?

TN: Gar nichts?

Craemer²: Das stimmt nicht. Menschen tun immer alles mit einer Absicht für einen Zweck. Ein Gewinn ist, dass du hoffst, so Fehler zu vermeiden. Der Preis ist, dass dir dabei sämtliche Spontaneität verloren geht.

TN: Ich lass mich ungern drängen. Druck funktioniert auch gar nicht.

Craemer[2]: Ein weiterer Gewinn ist, dass du das Boot des Lebens mit deinen Zweifeln von hinten steuern kannst. Alle, dein Chef, deine Kollegen, dein Partner, dein Kind sollen und müssen sich nach dir richten. Niemand darf schneller, produktiver oder spontaner sein oder dir gar sagen, auch schneller, produktiver oder spontaner zu werden.

TN: Ja, die Dynamischen in unserer Firma mag ich überhaupt nicht. Und wenn mein Chef Druck macht, schalt' ich auf stur.

Craemer[2]: Darf er dann auch bei der Auszahlung deines Gehaltes auf stur schalten? Okay, mit deinen Zweifeln willst du andere kontrollieren und vor allem die Schnelleren, Produktiveren ausbremsen. Weil der Schnellere, Produktivere in deinen Augen ein Gefühlsschwein ist, das keine Rücksicht nimmt.

TN: Ja, man muss Rücksicht nehmen.

Craemer[2]: Okay, das ist ein anderes Thema und würde jetzt den Rahmen sprengen. Deshalb an dieser Stelle die Frage: Bist du bereit, eine Erfahrung zu machen, die hinter deiner Kontrolle und deinen Zweifeln liegt?

TN: Dafür bin ich hier.

Craemer[2]: Wofür du im Training bist, ist noch nicht raus. Wenn du im Training dasselbe Spiel mit uns spielst wie mit deinem Chef, wirst du deine Zweifel behalten wollen, da sie dein gemütliches Elend rechtfertigen sollen. Mit deinen Zweifeln wirst du dann allerdings nur ein kontrolliertes Training mit stark begrenzten Ergebnissen machen. Deshalb die folgende Frage: Wärest du bereit, auch dann ohne Zweifel zu leben, wenn es hieße, dass du gern und vor allem schneller für deinen Chef

Ergebnisse produzierst und dabei vielleicht sogar noch glücklich und erfolgreich bist?

TN: Das muss ich ja dann wohl.

Craemer[2]: Nein, das musst du nicht. Du kannst so weitermachen wie bisher. Deine Firma gibt das her und die Arbeitsgesetze sind wahrscheinlich auch auf deiner Seite, nur ist der Preis für deine Kontrollzweifel sehr hoch. Ein kontrollierendes, weil vorbehaltliches Leben ist gedämpft und die daraus resultierende Verweigerung kostet dich deine Lebensenergie. Du willst ein beschwingtes Leben? Dann gönne deinem Chef deine Produktivität und dem MannSein deine Ekstase!

Sieben Identitäten

In den Trainingsprogrammen der Contextuellen Coaching-Academie mit mehreren Zehntausend Teilnehmern haben sich in den unzähligen Coaching-Gesprächen sieben deutlich unterscheidbare Identitätskategorien herauskristallisiert. In jeder dieser Identitäten lebend haben Menschen eine spezifische Frage über sich, die sie hoffen, mit den Ergebnissen und Erfahrungen ihres Lebens beantworten zu können, insbesondere derer, nach denen sie sich am meisten sehnen. Das ist jedoch unmöglich, da die Antwort nicht auf der Ebene liegt, auf der sie suchen. Übrig bleibt ein Überleben mit entsprechend mäßiger Lebensqualität und die quälende Ungewissheit, ob sie je eine Antwort finden.

Diese sieben Identitätskategorien sind im Folgenden der Häufigkeit nach hierarchisiert. Es werden zwar mögliche Konsequenzen dargestellt, die jedoch nicht immer eindeutig einer Identität zuzuordnen sind. So gibt es häufig eine Verbindung zwischen der Frage nach Kompetenz und Wert, wohingegen andere versuchen, sich über viel Leistung Wert zu geben. Dabei scheint es zunächst so, als würden sie ihre Kompetenz beweisen wollen, aber bei genauerer Untersuchung ist die Frage nach dem Selbstwert der größere und damit einflussreichere Context. Andere wollen durch viel Leistung beweisen, dass sie wichtig genug, vielleicht sogar unentbehrlich sind. Auch hier stehen die Leistung und die häufig damit einhergehende Überforderung im Vordergrund und doch wollen sie den Beweis ihrer Existenzberechtigung führen.

Jede Schlussfolgerung über sich selbst beginnt mit den Worten *Ich bin*. Darauf folgt eine starke mental-emotionale Bewertung, die eindeutig definiert, für wen Sie sich in Ihrem tiefsten Inneren halten, hoffend, dass es niemand herausfindet, nicht mal Sie selbst. In jeder Identität steckt eine Kernfrage über sich selbst. Die meisten Menschen, insbesondere Männer, haben eine

1. Frage über Kompetenz

Die deklarierte, mental-emotional verankerte Identität lautet hier jeweils: *Ich bin nicht gut genug; unzulänglich; nichts Besonderes; ein Versager.*

Menschen, die in dieser Identität leben, sind häufig beruflich sehr erfolgreich, weil sie mit ihren produzierten Ergebnissen unbedingt ihre nicht gefühlte Kompetenz oder das Gegenteil ihrer Annahme beweisen wollen. Das lässt sie oft ihre Grenzen überschreiten, weil sie jede berufliche Herausforderung annehmen, unberücksichtigt, ob sie diese mit Familie, Freizeit oder Gesundheit vereinbaren können.

Viele Männer legen Wert auf äußeren Status als sichtbaren Ausdruck ihrer Kompetenz, hoffend, dass dann niemand merkt, wie sie sich eigentlich fühlen und was sie über sich denken. Bekommen sie Bestätigung für ihre Leistung, können sie diese nicht wirklich annehmen, denn sie befürchten, dass ihnen der Lebensmotor abgestellt wird, wenn sie mit der gegenteiligen Beweisführung aufhören. Also entwerten sie ihre

Ergebnisse, um so weitermachen zu können und zu müssen wie bisher, und machen sich so zum Esel ihrer Bestätigungssucht.

Viele Männer haben zudem eine Frage darüber, ob sie für ihre Partnerin gut genug sind, also genug Versorgungsergebnisse und damit genug Schutz für sie und ihre Kinder produzieren.

2. Frage über Selbstwert

Die deklarierte, mental-emotional verankerte Identität lautet hier jeweils: *Ich bin nichts wert; nicht liebenswert; wertlos; nicht anerkennenswert.*

Diese Identität ist häufiger bei Frauen anzutreffen, die aufgrund des miserablen Stellenwerts der Frau in vielen Ideologien sowie in jeder Weltreligion eh' schon eine Frage über ihren Wert als Mensch haben. Häufig versuchen sie, ihren Wert über Leistung und Fürsorge bis zur Selbstaufopferung zu definieren und zu bekommen. Dabei bewerten sie eine soziale, kräftezehrende und niedrig bezahlte Arbeit häufig wertvoller als eine finanziell lukrative und leichtere Arbeit. Das ermöglicht und erklärt die jämmerliche Bezahlung in allen Sozialberufen, die vorwiegend von Frauen ausgeübt werden.

Beide Geschlechter erschaffen sich so ein schweres Leben, denn nur wenn für Ergebnisse hart gearbeitet wurde, haben sie angeblich genug Wert. So lehnen sie alle Ergebnisse ab, die sie leicht bekommen haben oder bekommen könnten, und arbeiten sich im wahrsten Sinne des Wortes urlaubsreif, damit der Urlaub auch wirklich verdient wurde, also berechtigt erscheint.

Sollten sie sehr gute Ergebnisse bringen und dafür anerkannt werden, sind sie wieder in einem Dilemma, da sie nun nicht wissen, ob sie um ihrer Leistung oder um ihrer selbst willen geliebt werden. Wenn sie die Ausweglosigkeit erkennen, dass ihre Anerkennungssucht nie zu befriedigen ist, setzt die

Leidenssucht ein in der Hoffnung, dass sie als Mensch an Wert gewinnen, wenn sie bis zur Heiligsprechung im Leben genug gelitten haben.

Die Identität, *nicht liebenswert* zu sein, ist der Hauptkiller jeder Beziehung, denn wie will man jemanden lieben, der findet, er ist es nicht wert? Alle, die eine Frage darüber haben, ob sie liebenswert sind, fühlen sich bei allem bestätigt, was ausdrücken könnte, dass sie nicht liebenswert sind. Sie fühlen sich geradezu ins Unrecht gesetzt, wenn sie vollständig geliebt werden, egal wie sie sich verhalten. Sie glauben irgendwann sogar, dass etwas mit dem anderen nicht stimmen kann, wenn er sie so bedingungslos liebt, und werden beweisen, dass er sich getäuscht hat. In den meisten Fällen klappt das hervorragend und die Scheidung kann eingereicht werden.

Frauen fühlen sich auch häufig nichts wert oder nicht liebenswert, weil sie sich von ihrem Vater nicht in genau der Weise, wie sie es gewollt und unausgesprochen gefordert haben, anerkannt und wertgeschätzt gefühlt haben und ihm dies im Nachhinein zum heimlichen oder ausgesprochenen Vorwurf machen. Mit ihrer abträglichen Schlussfolgerung hat er allerdings nichts zu tun, die ist von ihrem mental-emotionalen Egobewusstsein erschaffen und geglaubt.

3. Frage über Macht

Die deklarierte, mental-emotional verankerte Identität lautet hier jeweils: *Ich bin ohnmächtig; machtlos; wehrlos; hilflos.*

In dieser Identität lebend haben Menschen häufig sogar eine machtvolle Position, fühlen diese Macht aber nicht und bezweifeln deshalb ihren Einfluss und ihre Wirksamkeit. Das führt dazu, dass sie glauben, alles und jeden immer wieder kontrollieren zu müssen, alles selber machen zu müssen und deshalb nicht delegieren können oder wollen. Sie bestehen rigide auf der Richtigkeit ihrer Vorgehensweisen, weil sie in der permanenten Angst leben, dass alles den Bach runtergeht, wenn sie aufhören zu kontrollieren. Den Status quo halten zu können verbraucht ihre gesamte Energie, sodass für Erneuerungen kaum Platz ist und Veränderungen sie aus der Fassung bringen.

Sollte ein Elternteil früh verstorben sein, leben Kinder mit dieser Erfahrung häufig im mental-emotional verankerten Identitäts-Context der Machtlosigkeit, weil sie den verfrühten Tod des geliebten Elternteils nicht verhindern konnten. Sogenannte Schicksalsschläge wie Trennung oder Tod ihres eigenen Lebenspartners bestätigen sie in ihrer Machtlosigkeit.

Ebenfalls bilden Scheidungskinder häufig diese Identität aus, weil sie die Erfahrung gemacht haben, dass sie zu machtlos und ohnmächtig waren, die Trennung ihrer Eltern zu verhindern. Diese gefühlte Machtlosigkeit nehmen sie mit in ihre Ehe, was die Wahrscheinlichkeit für eine erneute Trennungserfahrung erhöht, weil sie sich auch ihrem Partner und der Dauerhaftigkeit ihrer Ehe gegenüber machtlos fühlen und damit sowohl sich selbst als auch ihren Partner verunsichern.

Zudem bestätigt sie eine Trennung in ihrer Ohnmacht mit dem Ergebnis, dass sie diese insgeheim herbeisehnen und, statt die Bedingungen für den Fortbestand zu erfüllen, diesen unbemerkt unterminieren. Das führt dazu, dass die statistische Trennungsrate bei Scheidungskindern signifikant höher liegt.

4. Frage über Existenzberechtigung

Die deklarierte, mental-emotional verankerte Identität lautet hier jeweils: *Ich bin unerwünscht; unwichtig; nicht wichtig.*

Menschen mit dieser Identität stellen nicht so sehr Leistung in den Vordergrund, sondern sie wollen als Mensch angenommen und bestätigt werden. Sätze wie: *Keiner nimmt mich ernst* oder *Niemandem bin ich wichtig* weisen darauf hin, dass sie für ihr Dasein anerkannt werden wollen, nicht für ihre Leistung. Damit sie sicher sein können, um ihrer selbst willen geliebt zu werden, produzieren sie erst gar keine außergewöhnlichen Ergebnisse, wollen aber dieselbe Anerkennung dafür. Wenn sie diese nicht bekommen, fühlen sie sich wieder abgelehnt und unerwünscht, also in ihrer Grundannahme bestätigt.

Da ihre Forderung, das reine Sein eines Menschen anzuerkennen, von der Gesellschaft nur sehr selten erfüllt wird, fühlen sie sich bald als ausgegrenzte Außenseiter, was häufig zu Produktivitätsverweigerung führt. Sie verleugnen gern, dass sie sich mit ihrer unerfüllten Forderung selbst ins Abseits stellen, fühlen sie sich von der Ausgrenzung doch in ihrer Unwichtigkeit und Unerwünschtheit mehr als bestätigt. Die schale Genugtuung des Recht-haben-Wollens scheint wertvoller, als die dysfunktionale, weil produktivitätsmindernde Identität aufzugeben.

5. Frage über Exklusivität

Die deklarierte, mental-emotional verankerte Identität lautet hier jeweils: *Ich bin was Besseres; was Besonderes; anders; ein Sonderling.*

In dieser Identität leben all diejenigen, die glauben, sie hätten und bräuchten keine Identität. Getrieben vom Drang nach Exklusivität wollen sie mit den anderen nicht gleich sein und negieren und verleugnen deshalb komplett, überhaupt eine Identität gebildet zu haben. Nicht bemerkend, dass der Trieb zur Besonderheit und Exklusivität ihre Identität ausmacht und ausprägt, sind sie gezwungen, anders sein zu müssen, egal ob konstruktiv oder destruktiv anders, Hauptsache nicht gleich mit dem mittelmäßigen Prollmob.

Diese Identität erscheint nur oberflächlich wie ein lukrativer Ausweg aus allen Identitäten, denn dieses Gefängnis sieht zwar tapeziert aus, ist aber auch ein Gefängnis. Menschen mit dieser Identität fühlen sich zudem gezwungen, selbst in banalen, alltäglichen Lebenssituationen ihre Besonderheit hervorzuheben. So müssen sie zum Beispiel mit einem besonderen Staubsauger besonders staubsaugen.

Die gute Nachricht für all diejenigen, die in dieser Identität leben: Es stimmt – Sie sind etwas Besonderes. Die schlechte Nachricht ist: alle anderen Menschen auch. Menschen, die diese Identität nicht aufgeben, werden auf Dauer zu kauzigen Sonderlingen. Howard Hughes lässt grüßen.

6. Frage über geistige und körperliche Kapazität

Die deklarierte, mental-emotional verankerte Identität lautet hier jeweils: *Ich bin zu klein; zu schwach; zu doof; zu dumm.*

Die Frage ist hier nicht, ob sie gut genug, also kompetent genug sind, sondern ob sie überhaupt genug körperliche und geistige Voraussetzungen in Form von Begabung, Talenten, Fähigkeiten und Fertigkeiten mitbekommen haben. Der Zweifel, ob es ihnen prinzipiell an körperlicher oder geistiger Kapazität mangelt, führt sowohl in sportlichen als auch geistigen Bereichen zu Extremen. Es kann sogar sein, dass sie Spitzenergebnisse bewirken, mit Titeln gesegnet sind und doch die quälende Frage auftaucht, ob ihre Kapazität auch für die nächste Herausforderung ausreicht.

Andererseits meiden sie Konfrontationen jeder Art, da sie sich denen häufig nicht gewachsen fühlen. Diese Kategorie kann nicht nur zu Höchstleistungen führen, sondern auch als unwiderlegbare Rechtfertigung genutzt werden, das Erfüllen vermeintlich übermäßiger Bedingungen zu verweigern, eben weil einem vermeintlich die Voraussetzungen dafür fehlen. Die minderen Ergebnisse werden wohlfeil jammernd billigend in Kauf genommen und die Ergebnislücken sollen gefälligst von den vermeintlich Bevorzugten geschlossen werden.

7. Frage über Moral

Die deklarierte, mental-emotional verankerte Identität lautet hier jeweils: *Ich bin schlecht; falsch; böse; das Letzte.*

Diese Identität ist recht selten und hat einen dauerhaften Gewissenskonflikt zur Folge. Immer auf der Suche, das Richtige zu tun, werden sie hoch moralisch und verurteilen gern diejenigen, die ein beschwingtes und erfülltes Leben führen. Sie wollen unbedingt moralisch gut, vielleicht sogar besser als andere sein, was dazu führt, dass sie sich von anderen ausnutzen lassen, um deren Schlechtigkeit an den Pranger stellen zu können, Schwierigkeiten haben, Nein zu sagen und sich abzugrenzen in der müden Hoffnung, dann endlich als moralisch gut wahrgenommen zu werden und vielleicht einen Ehrenplatz als Kirchenfenster zu bekommen.

Zudem leben sie in der Befürchtung, als schlecht, falsch, böse und das Letzte, also als Ausbund von Unmoral entdeckt und entlarvt zu werden, und investieren viel darin, diese Identität auch vor sich selbst verdeckt und verborgen zu halten, auch wenn sie sich damit ein schlechtes Gewissen bereiten, mit dem sie ihre vermeintliche Unmoral wiederum bestätigen können.

So entsteht bei jeder Identität ein Teufelskreis negativer Bestätigung mit unerwünschten Konsequenzen, denen man erst entrinnt, wenn man seine Fehlidentifizierung aufgedeckt und aufgegeben hat.

Die andere Seite der Medaille

Wie bei einer Medaille gibt es auch bei der Identität eine Rückseite, die jeder automatisch mitlebt, allerdings häufig eher als gedankliches Konstrukt und weniger als emotionale Erfahrung, insofern hat sie weniger Auswirkungen. Menschen, die sich fragen, ob sie gut genug sind, leben auch die Annahme, dass die Welt oder andere Menschen nicht gut genug für sie sind. Wer eine Frage über seinen Wert hat, denkt im Gegenzug auch: Die Welt ist meiner nicht wert. Die sich für machtlos Haltenden hoffen, dies mit nur genug Dominanz ausgleichen und übertünchen zu können, was in vielen Partnerschaften eine beliebte Vorgehensweise beider Geschlechter ist. Diejenigen, die sich für schlecht halten, werden zu richtenden Moralaposteln und die Besonderen glauben, dass die Welt nicht besonders genug ist, ihnen niemand das Wasser reichen kann, und enden als Sonderlinge. Wer sich für zu dumm hält, hält die begeisterten Mitspieler für zu naiv, als dass sie die profane Wahrheit des Daseins erkennen könnten, und die Unerwünschten glauben, dass niemand erwünscht genug ist, um ihnen nahezukommen. Diese Seite der Medaille verstärkt dann, was die andere Seite als emotionalen Zustand generiert: Distanz, Rückzug und Vereinsamung als Folge des gefühlten Getrenntseins vom Rest der Welt.

Was haben Whitney Houston und Charlie Chaplin gemeinsam?

Beide sind trotz Erfolg und Ruhm nie angekommen. Whitney Houston war eine mehr als wunderschöne Frau, mit einer göttlichen Stimme gesegnet, die sie aus bitterer Armut in großen Reichtum katapultierte und ihr unendlich viel Ruhm einbrachte. Was macht sie auf dem Höhepunkt ihrer Karriere? Sie sucht sich einen Mann, der sie schlägt, misshandelt und betrügt. Auch tut sie alles, um ihr Aussehen und ihre Stimme zu ruinieren und ihren Reichtum zu verprassen. Weder Geld noch Ruhm noch Anerkennung konnten auflösen, dass sie sich eigentlich für nicht liebenswert hielt.

So wurde sie zum Sog für einen misshandelnden Ehemann, der ihren miesen Selbstwert nur bestätigte, und für Menschen, die sie ausnutzten. Sie wollte, dass er sie um ihrer selbst willen liebt, was sie nicht mehr feststellen konnte, da sie schon reich und berühmt war. Er sollte sie lieben und nicht ihre glanzvollen Ergebnisse. Wenn er sie schlug, fühlte sie sich wahrscheinlich erkannt und in ihrem Gefühl über sich bestätigt. Niemand glaubte ihr, wie sie sich wirklich fühlte. Im Gegenteil: Jeder fand, dass sie nun glücklich zu sein hätte, da sie dort angekommen war, wo viele noch hinwollten. Dann blieb nur noch die Flucht über Drogen in eine scheinheile Welt, in der sie sich zumindest zeitweise so fühlte, wie sie es sich immer ersehnte.

Ein weiteres Beispiel ist Charlie Chaplin, der gegen Ende seines Lebens konstatierte, er habe immer das Gefühl gehabt, dass er nicht gut genug sei, und meinte, er habe zwar alles erreicht, Ruhm, Reichtum, Ehre, aber nie das Gefühl, wirklich gut zu sein. Einige werden nun vielleicht denken, dass er immerhin zum erfolgreichsten Schauspieler und Regisseur seiner Zeit aufgestiegen war. Wäre er das auch, wenn er durch seine Identität nicht so getrieben gelebt hätte? Wäre er dann in der Versenkung verschwunden? Man weiß es nicht. Vielleicht wäre dem so gewesen und er hätte zwischen einem erfolgreichen, aber getriebenen Leben oder einem innerlich erfüllten Leben wählen müssen. Vielleicht wäre er aber zu noch völlig anderen Höhen aufgestiegen, hätte er nichts mehr beweisen müssen. Das ist ein Risiko, das für jeden ansteht. Beides ist möglich, jedoch nur für Erfüllungspioniere.

Königstochter und Rumpelstilzchen

Mit ihrer mental-emotionalen Identität hoffen Menschen, sich selbst, insbesondere ihre Gedanken und Gefühle, zu verstehen und sich mit ihrem Lebens-Context die Welt und das Leben verständlich machen zu können, um zukünftig bedrohliche Situationen abwenden zu können. Der Verstand versucht auf diese Weise scheinbar unverständliche, zunächst irrationale Ereignisse und Ergebnisse rational verstehbar zu machen, indem er so lange dergestalt schlussfolgert, bis die bewertende

Einschätzung über die Person zum erlebten Ereignis und gezeitigten Ergebnis passt. *Wenn ich mit einer guten Schulnote nach Hause komme und meine Mutter dazu sagt, »Stör' mich jetzt nicht und bring' mal lieber die Mülleimer raus«, dann bin ich wohl nicht liebenswert!* Auf diese Weise passt der Verstand seine Schlussfolgerung an die jeweilige Unterbrechungssituation an, bis es logisch genug und damit glaubwürdig erscheint.

Geschieht diese irrationale Passung häufig genug, wird sie von der Person nicht mehr als Einflüsterung des Verstandes wahrgenommen, sondern unhinterfragt als richtig und wahr gelebt. So fällt jeder Mensch auf die scheinrationale Kommunikation seines Verstandes herein und erliegt ihr bis zur Selbstaufgabe, nur um nicht Gefahr zu laufen, im Unrecht über die als authentisch und zutreffend scheinende Realität zu sein.

Das hat zur Folge, dass Menschen sich zunächst jahrelang ins Hamsterrad des Gegenteil-Beweisen-Müssens sperren, bis sie ausgebrannt und erschöpft gestoppt werden, häufig allerdings nur so lange, bis sie wieder genug Kraft haben, um so weiterzumachen wie zuvor. Alternativ richten sie es sich resignativ im gemütlichen Elend ein und verweigern sich dem Leben, indem sie nur noch minimale Bedingungen erfüllen, glaubwürdig vorgebend, sie könnten eh' nicht mehr gewinnen. Wenn sie überzeugt sind, nicht mehr gewinnen zu können, sollen andere es mit ihnen auch nicht, also erfüllen sie deren Bedingungen für Kooperation auch nicht mehr. Als Konsequenz wird ihr Leben und das ihrer Schutzbefohlenen prekär und ihre Lebensbasis brüchig.

Für den schalen Gewinn des Recht-haben-Wollens geben sie lieber die Möglichkeit für ein erfolgreiches und erfülltes Leben auf, statt im Unrecht über ihre scheinrationalen Annahmen zu sein und damit die Tür für Erfolg und Erfüllung weit aufzumachen. Das störrisch positionierte Verstandesbewusstsein ist lieber im Recht sowie erfolglos und unerfüllt, als im Unrecht über sich, die Welt und das Leben und daraus resultativ erfolgreich und erfüllt zu sein. Fataler lässt sich eine Fehlidentifizierung nicht bewahrheiten.

Ein weiterer Zweck der Identität soll sein, das Überleben zu sichern. Das klingt zunächst paradox, weil sich die angenommene Identität nicht besonders gut anfühlt. Und doch machen viele Menschen als Kind die Erfahrung, dass sie dieses körperlich und emotional heftige Unterbrechungserlebnis überlebt haben, also scheint es sicher, derartige Erfahrungen (wieder) zu machen. Die verantwortliche Instanz, die diese Verbindung herstellt und für das Überleben der Identität sorgt, ist der Verstand. Er zieht die Schlussfolgerung: *Wenn ich mich so fühle und es überlebt habe, dann bin ich sicher, wenn ich mich wieder so fühle, sogar bei körperlicher Gewalt oder Übergriffen.* So ist denn auch zu erklären, dass Missbrauchsopfer häufig als Erwachsene ähnliche Missbrauchserfahrungen wiederholen, wenn auch nicht auf derselben Ebene.

Auch wenn der Versuch scheitert, mit ihrer Identität bedrohliche Situationen und abträgliche Ergebnisse abwenden zu können, und sie sogar einen Sog dafür erzeugt, heißt das nicht, dass sie ihre Identität aufgeben, denn sie soll einen weiteren Zweck erfüllen. Die Identifizierung wirkt wie eine Individuierung, mit der sie sich jetzt als von anderen Identitäten unterscheidbar wahrnehmen und somit als individuell erkennen können. Seine identitäre Individuierung bezahlt jeder mit der stark eindrücklich fühlbaren Erkenntnis, nun allein und getrennt von anderen zu sein, denen es genauso geht. Diese kollektive Realität empfindet jeder als ausweglos, allgemein gültig und wahr, weil alle es so erfahren und sich nach besseren Zeiten sehnen. Praktischerweise verortet der Verstand diese entweder in die Vergangenheit oder Zukunft, was jedoch nur zu mehr Sehnsucht und zu weniger Erfüllung führt.

Zitternd in ihrer Identitätshöhle hockend hoffen viele

durch jedwede Ablenkung bis hin zu übermäßigem Drogen-konsum den Schmerz des Getrenntseins nicht mehr spüren zu müssen, da Verbundenheit und das Gefühl der Einheit nicht mehr möglich zu sein scheinen. Die eigentliche Trennung ist jedoch nicht das Getrenntsein von anderen, sondern sich mit der vom Verstandesbewusstsein erzeugten identitären Individuierung von da ab von seinem eigentlichen Wesen, seinem SelbstSein, von der eigenen Seele und Göttlichkeit abgetrennt zu haben. Mit dieser scheinrationalen Transferleis-tung des Verstandes erfahren sie sich als endgültig aus dem Paradies herausgefallen, ausweglos auf einem durch einen lebensfeindlich eisigen Kosmos taumelnden erdigen Schmutz-klumpen feststeckend. Aus der zunehmend ins Wachbewusst-sein dringenden Erfahrung und Erkenntnis des Allein- und Getrenntseins entwickeln sie eine tiefe, scheinbar unerfüllbare Sehnsucht zurück oder voran ins verlorene Paradies, dem sie glauben, Zeit ihres Lebens auf jede nur erdenkliche Art und Weise nachjagen zu müssen.

Dabei wird ignoriert, weil vom Verstand verdeckt gehalten, dass das verlorene Paradies nicht irgendwo da draußen, sondern unter einer dicken Identitätsschicht in einem selbst verborgen liegt und auf seine Wiederentdeckung und Erwe-ckung wartet. Das kann einige Leben dauern, weil das Verstan-desbewusstsein verhindern will, seine Macht über die Person zu verlieren, die es mit der vollzogenen Funktion der Identi-tätsstiftung erlangt. Solange die Königstochter nicht heraus-findet, wie Rumpelstilzchen heißt, muss sie ihm ihr Kind aushändigen. Als die Königstochter ihm gegenüber seinen Na-men offen ausspricht, verschwindet Rumpelstilzchen wütend fluchend im Wald oder zerreißt sich vor ihr, je nach Version dieses metaphorischen Märchens, und der Fluch ist gebannt, weil seine Macht gebrochen ist.

Im Moment der Erkenntnis und Anerkennung seines

eigenen Rumpelstilzchens der selbst gezimmerten Identität hört sie wie im Märchen auf, Macht über Sie und Ihr Leben zu haben, und der erkennende Mensch kann aufhören, sein Leben damit zu vergeuden, seine Identität oder ihr Gegenteil beweisen zu wollen. Das entspannt enorm und öffnet die Tür zu einem gelassenen Leben. Wie im Märchen beschrieben gefällt dem Verstand wegen des damit einhergehenden Machtverlustes dieser Vorgang nicht, deshalb unternimmt er alles, um sowohl die Identifizierung als auch die Identität vor der sie angenommenen Person verdeckt zu halten. Nach seiner Entlarvung verliert der Verstand jedoch nicht seine Funktion, sondern kommt an seinen zugedachten Platz als nützlicher Diener und nicht als dominanter Herr des Menschen. Auch das ist eine Erlösung.

Raupe und Schmetterling

Die Höhle der Identität zu verlassen kann ein genauso schmerzhafter Prozess sein, wie in sie einzusteigen. Wie im Höhlengleichnis von Platon beschrieben, müssen diejenigen, die sich trauen, die Ketten der Unbewusstheit zu sprengen und außerhalb ihrer Identitätshöhle das Licht der Liebe zu erkennen, sich erst an das Licht gewöhnen. Es schmerzt in den Augen, da sie die Dunkelheit gewohnt waren. Sobald sie sich jedoch an das Licht akklimatisiert hatten, waren sie frei zu erkennen, welch wundervolle Möglichkeiten sich eröffnen, wenn sie eine weitere Dimension erkannt haben und leben. Auf welche Schwierigkeiten sie dann beim Leben und Weitergeben dieser Möglichkeit stoßen, wurde ausführlich in Kapitel fünf beschrieben.

Eine echte Transformation vollzieht sich nicht durch bloßes Aufgeben von Standpunkten und Überzeugungen. Diese lösen sich auf natürliche Weise auf, wenn die hinter den Standpunkten liegende, scheinbar lückenlos stichhaltige Rechtfertigungsgeschichte inklusive der damit erzeugten Gefühle aufgedeckt und inklusive ihres schalen Gewinns aktiv aufgegeben wird.

Nur so kann eine völlig neue, zuvor für ausgeschlossen gehaltene Möglichkeit überhaupt erst auftauchen, selbst wenn die bisher verteidigten Standpunkte das Überleben bis heute gesichert haben.

Eine ungelöste Unterbrechung befördert den Menschen wie ein mental-emotionaler Quantensprung nach unten, von einer höheren auf eine niedriger schwingende Ebene. Je öfter und je länger prägende Unterbrechungen unvollständig gehalten werden, desto tiefer sinkt die mental-emotionale Befindlichkeit der Person, bis sie schließlich in zutiefst resignativer Verweigerung mündet. Dieser Prozess lässt sich jedoch umkehren wie ein mental-emotionaler Quantensprung zurück auf eine höhere Ebene. Contextuelles Coaching® ermöglicht diesen grundlegenden Wandel, der als tiefgreifende Bewusstseins-Transformation beschrieben und erfahren wird. Dabei wird Denken, Fühlen oder Handeln nicht bloß oberflächlich geändert, sondern es wird im Kern untersucht und aufgelöst, was einen Menschen so sein lässt, sodass ein tiefer Bewusstseinswandel stattfindet.

Änderung hieße, einer Raupe lediglich einen Fallschirm zu geben, damit sie nun auch fliegen kann. Abgesehen davon, dass sie ängstlich auf dem Ast hockt und starke Zweifel hat, ob das wohl gut geht, würde selbst bei einer mutigen Raupe das Problem wieder auftreten, sobald sie gelandet ist. Sie hat im besten Fall den Flug heil überstanden, nur wie kann sie danach wieder fliegen? Sie wäre für weitere Flugerfahrungen ewig auf Hilfe angewiesen.

Anders verhält es sich bei einem Wandel. Sobald sie sich von einer Raupe zum Schmetterling gewandelt hat, ist Fliegen überhaupt keine Frage mehr. Es gibt auch keinerlei Ängste oder Zweifel darüber. Für diesen Wandlungsprozess muss die Raupe jedoch alles vorherige Alte abstreifen. Sie kann nicht etwas Raupe bleiben, wenn sie als Schmetterling frei fliegen will. Das scheint genau das Problem bei den meisten Menschen zu sein: Sie wollen ein bisschen vom alten Raupendenken und -fühlen ins freie Fliegen hinüberretten, was unweigerlich zu Abstürzen führt, solange sie ihr kollektives Raupenbewusstsein nicht aufgegeben haben. Stattdessen ärgern sie sich lieber maßlos über diejenigen, die es sich angemaßt und gewagt haben, ihr Raupenbewusstsein abzustreifen und daraus resultierend sich auch noch ein erfolgreiches und erfülltes Leben erschaffen haben.

Definitiv nicht funktioniert, nur die rein gegensätzliche Identität anzunehmen, weil diese lediglich die genauso abträgliche Rückseite darstellt und das dysfunktionale Gesamtsystem nur bestätigen würde. Positiv denken muss nur, wer im Grunde negativ denkt. Das scheinpositive Gegenteil bestätigt lediglich die negative Grundannahme. Damit ist nichts gelöst, müssen Sie doch weiter auf Basis des bloß übertünchten Negativen weiterleben, bis Sie dessen mental-emotionalen Wesenskern durchschaut und aufgelöst, also vollständige Klarheit erlangt haben. So hebt klares Denken negatives Denken auf und macht positives Denken überflüssig.

Wenn Sie Ihrer Identität durch Auflösen und Recontextualisieren der auslösenden Unterbrechung den Boden entzogen haben, können Sie die bloße Überlebensebene verlassen und eine Synthese, also einen dritten, vorausweisenden Standpunkt finden und leben. Dies ist ein transsubstativer Transformationsprozess, der nur durch einen tiefgreifenden Bewusstseinswandel möglich wird und durch Erschaffen erfüllender mental-emotionaler Contexte eine bessere Qualität des Im-Leben-Seins zulässt.

Alles Quatsch

Alle zu einer Identität führenden Schlussfolgerungen lassen sich als willkürlichen Quatsch deklarieren, da sie mit einer nicht bewusst ablaufenden mental-emotionalen Transferleistung des Verstandesbewusstseins erschaffen werden. Deshalb ist sie nicht *an sich* wahr, das Verstandesbewusstsein hält sie jedoch für wahr, weil sie die Unterbrechungserfahrung logisch verständlich und erklärbar zu machen scheint: *Wenn ich von meinen Eltern geschlagen werde, dann bin ich wohl nichts wert.* Dass die Eltern nicht mit einer Entwertungsabsicht schlagen, wird nicht als Möglichkeit in Betracht gezogen, da das Verstandesbewusstsein jede Erfahrung persönlich nimmt. Keine noch so logisch erscheinende Interpretation ist wahr oder richtig, auch Ihre eigene Identität nicht. Sie ist eine Annahme, deren Nachteil darin besteht, dass Sie diesen Quatsch glauben, weil Sie ihn fühlen, nicht wissend, dass Sie diesen Quatsch nur fühlen, weil Sie ihn glauben – und Sie glauben ihn, weil Sie von seiner Richtigkeit suggerierenden Logik überzeugt sein wollen.

So nimmt der Quatsch mit allen seinen Konsequenzen in Ihrem Leben Gestalt an und bewahrheitet sich in Form von bestätigenden Ereignissen und Ergebnissen, sodass Sie ihm noch mehr glauben können. Auch wenn es sich wahr anfühlt, wie und was Sie über sich denken, so folgen die Gefühle doch nur den wertenden Gedanken. Dass Sie sich so fühlen, bestätigt nur, dass Sie in einer bestimmten Identität über sich leben, aber nicht, dass diese wahr ist. So betrachtet ist jede Identität Quatsch, an den Menschen kollektiv glauben.

Der Fisch erkennt das Wasser nicht

Um dem Verstand die Möglichkeit zu eröffnen, seine Identität als Trugbild zu entlarven, gilt es, zwischen dem Identifizierten und dem sich Identifizierenden präzise zu unterscheiden. Das gelingt mit folgender sprachlicher Unterscheidung: Über sich selbst können Sie via Verstand zwei wesentlich verschiedene Aussagen treffen, nämlich zum einen Aussage A, die hieße *Ich bin nichts wert.* Die zweite Möglichkeit erfordert vom Verstand eine gewisse Transferleistungsarbeit, die er aus Bequemlichkeit ungern trifft, nämlich Aussage B, die hieße *Ich bin, dass ich nichts wert bin.* Auf einen kurzen Nenner gebracht: *Ich bin* versus *Ich bin, dass ich bin.*

Trifft der Verstand die erste Wahl, macht er mit diesem Satz eine absolute Aussage, welche die Abwesenheit einer Alternative anzeigt und in der Aussage selbst auch keine Alternative zulässt, was auch nicht erwünscht ist. Wer so denkt und lebt, wird das Gegenteil nie beweisen können, da sich im Context von Wertlosigkeit kein Wert finden, geschweige denn beweisen lässt, da der Verstand nicht im Unrecht über seine Annahmen und Schlussfolgerungen sein will. Zudem soll die Aussage Absolutheit ausdrücken, um ihrer vorgeblichen Richtigkeit dogmatischen Nachdruck zu verleihen. Selbst wenn mit dieser absoluten Aussage sämtliches Gegenteil und damit ein erfolgreiches und erfülltes Leben ausgeschlossen ist, zieht der Verstand sämtliche Register, um darüber im Recht bleiben zu können, sogar auf Kosten des sich damit identifizierenden Protagonisten, also Ihnen.

Die zweite Aussage verdeutlicht, dass Sie nicht das zweite, sondern das erste Ich sind, das sich als wertlos *deklariert.* Sie bietet eine Alternative, in der Sie so denken, fühlen und handeln, als *wären* Sie nichts wert, aber Sie sind es nicht *an sich*, Sie nehmen es nur als wahr, weil vermeintlich zutreffend an. Sie tun so, als ob Sie es wären, wie ein Schauspieler, der so tut, als wäre er die gespielte Rollenfigur. Er wird dann zum außergewöhnlich guten Schauspieler erklärt, wenn er seine Rolle nicht nur spielt, sondern völlig in ihr aufgeht, also seine Rollenfigur ist. In diesem Sinne sind wir alle außergewöhnlich gute Schauspieler, weil wir von der Richtigkeit unserer Identifizierung zutiefst überzeugt sind, auch weil wir sie zudem so fühlen. Die jeweilige Person denkt, fühlt und handelt so, als wäre sie ihre deklarierte Identität. Sie können jedoch nicht das sein, womit Sie sich identifizieren, denn wenn Sie es wären, bedürfte es weder einer Identifikation noch gäbe es einen Identifizierenden. Anders ausgedrückt können Sie nicht das sein, womit Sie sich identifizieren, denn wenn Sie es wären, könnten Sie sich nicht damit identifizieren, da Sie es schon sind. In diesem Sinne ist jedwede über sich selbst gemachte Aussage eine Identifizierung, also nur als Identifikation wahr, nicht jedoch an sich.

Niemand ist ein Pandabär

Würde Ihnen jemand sagen, Sie seien ein Pandabär, würden Sie das noch nicht einmal vehement von sich weisen oder sich fragen, ob es nicht doch sein könnte, sondern denjenigen als irre ansehen, zumindest als der Biologie unwissend. Würde dieselbe Person Ihnen sagen, Sie seien als Mensch nicht liebenswert oder nicht gut genug, ist die automatische Reaktion nicht, ihn als irre abzutun. Vielleicht würden Sie es vehement abstreiten oder aber sich fragen, ob es nicht doch irgendwie stimmt, oder sich sogar verteidigen. Im selben Moment, in dem Sie sich verteidigen, geben Sie dieser Aussage Gewicht. Sie ist nicht mehr so absurd wie der Panda, sie scheint irgendwie wahr. Vielleicht nicht ganz, aber doch etwas, weil Sie ein Gefühl dazu haben, insgeheim vielleicht sogar Beweise.

Wenn Sie aus der Identität vollständig ausgestiegen sind, mental *und* emotional, dann werden Sie bei der nächsten negativen Zuschreibung, die Ihre Kompetenz oder Ihren Wert infrage stellt, nicht mehr emotional darauf reagieren, sondern so, als hätte man Ihnen gesagt: *Sie sind ein Pandabär.* Auch werden Sie sich entweder nie wieder als nicht wert oder inkompetent abwerten oder aber im selben Moment erkennen, dass Sie sich gerade für einen Pandabären halten und dessen Absurdität erkennen und vor allem fühlen. Was für eine Erleichterung! Je nachdem, welcher der beiden Aussageformen Sie zustimmen, entscheidet darüber, wie sich Ihnen das Leben zeigt. In der ersten, absoluten Version lebend sind die Annahme bestätigenden Ereignisse und Ergebnisse unausweichlich, weil unvermeidlich. Leben ist so, wie Sie es erfahren, weil Sie sich selbst so erfahren. Sie erfahren sich so, weil Sie sich so wahrnehmen, also für wahr (an-)nehmen. Die zweite Version verstehend und in ihr lebend ermöglicht zumindest eine alternative Wahrnehmung. Sie sind nicht das, was Sie glauben zu sein, sondern lediglich die oder der (alles) Glaubende. Das ermöglicht Ihnen Denk-, Fühl- und Handlungsalternativen, welche die Absolutheit relativieren. Die wenigsten wissen, dass sie die Wahl haben, welcher der beiden Aussagen sie zustimmen. Für diese Wahl ist jeder selbst verantwortlich und einige nutzen die inhärente Macht ihrer Verantwortlichkeit, um ihrem Leben eine positive Wende zu geben und neue Antworten auf ungelöste Fragen zu finden.

Zu erkennen, von welcher Identität Sie gelebt werden, kann ein schwieriger und teils schmerzhafter Prozess sein, eben weil die meisten, bis auf Kategorie fünf (besonders sein), ihr gesamtes Leben bis zur Erschöpfung damit verbracht haben, das Gegenteil zu beweisen. Kategorie fünf erschöpft sich hingegen eben gerade darin, ihre Exklusivität zu beweisen. Jemand, der lebt, dass er nicht gut genug sei, hat kaum Anerkennung für seine Ergebnisse, denkend, die Ergebnisse seien eben doch noch nicht gut genug und hätten besser sein können. Die Möglichkeit, sich selbst die Anerkennung zu verweigern, weil zur Bewahrheitung dieser Identität Anerkennung ausgeschlossen bleiben muss, wird gar nicht erst in Betracht gezogen.

Zudem wird die Identität recht bald als Antriebsmotor benutzt und die meisten befürchten, dass sie, im wahrsten Sinne des Wortes, nicht mehr laufen, wenn dieser Antrieb fehlt. Dabei vergessen sie, dass sie selbst den Motor gestartet haben und ihn nicht als Antrieb bräuchten, nur müssten sie dann wieder wie Kinder auf ihre natürliche Weiterentwicklungsabsicht vertrauen.

Die Hölle verlassen

Egal, wie dramatisch die Situation war, in der Sie Ihre identitätsstiftende Schlussfolgerung gezogen haben, ist es unabdingbare Voraussetzung, anzuerkennen, dass die Schlussfolgerung und der damit verbundene, oft jahrelang gehegte Schmerz nicht im Unterbrechungsereignis selbst liegen, sondern aus der wertenden Interpretation über das Ereignis resultieren. Nicht das Ereignis ist verantwortlich, dass Sie sich jahrelang so gefühlt haben. Niemand ist schuld und jeder ist verantwortlich für seine Schlussfolgerungen – das ermöglicht, diese aufzugeben. Läge die Schlussfolgerung im Ereignis selbst, wäre ein Wandel unmöglich, da das Ereignis schon lange vorbei und nicht mehr umkehrbar ist. Solange Sie glauben, nicht das eigene Schlussfolgern sei verantwortlich, sondern das Ereignis sei schuld, bleiben Sie unentrinnbarer Gefangener Ihrer Vergangenheit.

Zudem müssen Sie sich nicht verurteilen oder schuldig dafür fühlen, dass Sie es sich Zeit Ihres Lebens mit Ihrer Identität schwer gemacht haben. Selbst wenn Sie sich auf diese Weise Leid und Leiden zugefügt haben, hatte auch das eine Absicht, einen Zweck und eine Funktion. Wenn diese erfüllt sind, werden Sie bereit sein, Ihre selbst erschaffene Identitätshölle zu verlassen.

Täter statt Opfer

An jeder Identität hängen dramatische Gefühle und an den Gefühlen hängen viele alte Vorwürfe, die mit dieser Identität

einhergehen. Um das erlebte Unrecht der Unterbrechung auszugleichen, läuft jeder Gefahr, für andere Menschen zum Täter
zu werden, sowohl für diejenigen aus der Ursprungssituation
als auch nachfolgend für diejenigen, die diese Personen repräsentieren, und sei es, dass nur das Geschlecht übereinstimmt.
Ein wichtiger Aspekt, um sich aus dieser Höhle zu befreien, ist
die Anerkennung des eigenen Täterseins. Das ist nicht immer
einfach, da man sich als Opfer seiner Identität *fühlt* und somit
jeder Ausgleich gerechtfertigt scheint. Die meisten haben dann
schlichtweg nicht das *Gefühl*, ein Täter zu sein.

Anerkennen, Was Ist

Im Folgenden geben wir einen Dialog wieder, der im Context-
tuellen Training vor der Übung zum Auflösen der Identität
stattgefunden hat. In diesem Dialog ist gut zu erkennen, dass
es unmöglich ist, ausschließlich über das Thema der Identität
zu sprechen, sondern immer auch andere Aspekte hervor-
treten. Leben ist nun mal nicht linear, sondern komplex und
contextuell, also verwoben bis zur Verstrickung. In diesem
Dialog wurde nicht nur die jeweilige Identität herausgearbei-
tet, sondern auch das Handlungsversprechen des Teilnehmers
und eines seiner Überlebensmuster, zwei weitere Unter-
scheidungskategorien, auf die wir an anderer Stelle eingehen
werden. Ferner wird seine einen negativen Context erzeugende
Meinung über seinen Vater deutlich, die ihn in seiner Produktivität hemmt. Diese kann man nur mit der Unterscheidung
des Urhebers auflösen, was die Trainer mit ihm am nächsten
Trainingstag auch gemacht haben.

Als Folge seines Contextes hatte er eine negative Meinung
über Potenz und Macht, weil er diese mit seinem schlagenden
Vater in negative Verbindung brachte. Das wiederum zog das
Problem nach sich, dass er den Chefposten nicht wirklich
angenommen hatte und sich Frauen gegenüber als machtlos

erlebte, weil er keine klaren Grenzen ziehen und Bedingungen stellen wollte. Dies führte zu Partnerschaftsschwierigkeiten und Problemen mit den Kindern. Es ist unmöglich, gleichzeitig alle Contexte aufzulösen, dazu dienen die weiterführenden Aufbauprogramme der Contextuellen CoachingAcademie. Der Teilnehmer war ein 38-jähriger Assistent der Geschäftsleitung. Sein Problem war, dass es entweder in der Firma gut läuft, er dann aber fast immer ausgebrannt ist, oder es ihm besser geht, die Umsatzergebnisse dann aber nicht mehr stimmen.

Trainings-Dialog
Krieg oder Frieden?

Teilnehmer (TN): Ja, ich muss mir leider eingestehen, dass ich mit jedem Gespräch immer weniger weiß, was ich über mich denke.

Maria & Stephan Craemer (Craemer[2]): Das heißt, du weißt noch nicht, welche Schlussfolgerung du über dich gezogen hast?

TN: Ja, weiß ich nicht.

Craemer[2]: Das ist nicht unüblich, denn du hast dein gesamtes Leben bis jetzt damit verbracht, es zu verstecken, auch vor dir selbst. Bist du bereit, es herauszufinden?

TN: Ich weiß nicht, wie.

Craemer[2]: Du müsstest unseren Fragen folgen, auch wenn es unangenehm ist. Du sprichst schon jetzt aus deiner Identität heraus, dein Verstand will sie nur noch ein bisschen weiter vernebeln. Du lebst sie schon, du musst dir ja nur dein Leben und deine Ergebnisse anschauen.

TN: Die Ergebnisse sind sehr gut.

Craemer²: Und wertest du sie?

TN: Aber ich bin auf dem besten Wege, mich körperlich völlig zu verheizen. Das ist eher so diese Burn-out-Geschichte. Die Ergebnisse sind top, gestern hatten wir mal dieses Konto-Beispiel, wenn es danach geht, wäre alles fantastisch, immer gesteigerte Umsätze und Gewinne.

Craemer²: Du fühlst das aber nicht, oder?

TN: Genau so sieht das aus.

Craemer²: Das heißt, deine Erfolge haben keine Auswirkung auf deine Emotionen. Die Ergebnisse werden besser, du fühlst dich aber nicht besser.

TN: Überhaupt nicht.

Craemer²: Wenn wir es verdeutlichen, bist du wirtschaftlich erfolgreich und emotional bankrott, denn was wolltest du mit deinen finanziellen Erfolgen über dich beweisen, und stehst jetzt an dem Punkt, wo du feststellst, das beweisen sie nicht?

TN: Also, zwischendurch lande ich öfter mal bei diesem Punkt *Ich bin nicht gut genug*. Ja, aber eine andere Sache einfach auch, ich sag' mal so eine Ohnmacht, vor allem meinem Vater gegenüber. Der ist zwischendurch auch total dominant. Das trifft mich persönlich, also da bin ich emotional, wenn ich da irgendwo etwas merke in solchen Gesprächen, da bin ich sofort auf 180. Da könnte ich echt losschlagen.

Craemer²: Heißt das, du wolltest mit deinen Erfolgen deine Macht beweisen und jetzt hast du die Erfolge, fühlst dich aber immer noch ohnmächtig? So hast du dich übrigens auch zu Anfang dieses Dialoges präsentiert, wie jemand, der sich machtlos fühlt und Hilfe braucht.

TN: Das ist mir gar nicht aufgefallen.

Craemer²: Du kannst sicher sein, den andern auch nicht, aber uns.

TN: Ja gut, deswegen bin ich ja auch hier. Ich will Hilfe.

Craemer²: Nur haben wir Hilfe gar nicht im Angebot. Aber was wir im Angebot haben, ist, dass du mit unseren Fragen selbst herausfindest, was dich am Wickel hat. Kann es sein, dass du versucht hast, mit deinen Erfolgen deine Macht zu beweisen? Das müsstest du für dich jetzt selbst untersuchen.

TN: Da ist schon echt was dran, ja.

Craemer²: Was machst du beruflich?

TN: Assistent der Geschäftsleitung, was mein Vater ist.

Craemer²: Dein Vater ist Geschäftsführer seiner Firma und du der Assistent?

TN: Ja … und da stehe ich kurz vor der Kündigung eigentlich.

Craemer²: Durch ihn oder durch dich?

TN: Durch mich, ich glaub' er merkt gar nichts.

Craemer²: Denn was wolltest du ihm als Geschäftsleiter und dir als sein Assistent beweisen?

TN: Dass ich gut bin.

Craemer²: Gut oder besser als er?

TN: Besser.

Craemer²: Und hat er das anerkannt?

TN: Mit Sicherheit nicht.

Craemer²: Das wäre zu seinem Nachteil; wenn er das täte, wäre er ein schlechter Chef.

TN: Ist er auch.

Craemer²: Genau das willst du ihm auch beweisen.

TN: Das schafft er selber.

Craemer²: Wann willst du die Firma denn übernehmen?

TN: Das weiß ich noch nicht. Im Moment gar nicht. Also, ja, doch, also vom Prinzip her eigentlich schon, es ist eine ganz tolle Sache und da will ich irgendwie auf jeden Fall beibleiben, aber nicht unter den Bedingungen gerade.

Craemer²: Was ist denn seine Absicht, wann er die Firma an dich abgeben will?

TN: Gar nicht.

Craemer²: Also er will arbeiten, bis er ins Grab fällt?

TN: Mindestens. Ja, das sagt er halt. Ich meine, wir sind eine Gesundheitsfirma und er wird 120 Jahre und er hat jetzt gerade Halbzeit. Naja gut, er ist 65 geworden, aber er macht jetzt mindestens noch 10 Jahre, dann geht er noch 10, 20 Jahre in den Vorstand, das heißt, ich kann noch mindestens 20 Jahre woanders arbeiten und muss mir das da nicht antun.

Craemer²: Weiß er das?

TN: Ich glaube nicht wirklich. Ich meine, ich bin mit meinen Dingen und mit meinen Bemerkungen ziemlich deutlich und wir sind auch schon öfter aneinandergeraten, weil ich meine Meinung da auch schon sage und deswegen werde ich auch kein Mit-Geschäftsführer.

Craemer²: Was ist denn dein Zeithorizont, wann du seine Position haben willst?

TN: Da bin ich jetzt so ein bisschen in der Findungsphase, weil ich eigentlich schon mal einen Schritt weiter war, dass ich eben eigentlich schon Geschäftsführer werden sollte, und dann kam so kurz vor Schluss: »Du wirst es doch nicht!«

Craemer²: Von ihm aus?

TN: Von ihm aus, ja.

Craemer²: Mit welcher Begründung?

TN: Weil ich ihm querkomme, weil ich meine Meinung sage, weil ich ihn auf Dinge hinweise, die ich nicht korrekt finde, und er ist nur Ja und Amen gewöhnt.

Craemer²: Das heißt, du bekommst die Firma erst dann, wenn du tust, was er sagt.

TN: Ich sage mal ja. Wenn ich tue, was er sagt, dann wahrscheinlich.

Craemer²: Wieso tust du das nicht?

TN: Weil die Dinge nicht richtig sind. Auch objektiv.

Craemer²: Ist er mit dem, was er tut und wie er es tut, nicht erfolgreich?

TN: Ein Großteil der Ergebnisse im Moment kommt von mir, weil er sich um andere Dinge kümmert.

Craemer²: Das heißt, er ist erfolgreich darin, jemanden anzustellen, der erfolgreiche Ergebnisse produziert.

TN: Nein, das hat er nur bei mir geschafft, alle anderen sind gegangen. Ich bin der Sohn, deswegen bin ich noch da, alle anderen sind schon weg.

Craemer²: Das heißt also, er ist erfolgreich darin, einen Sohn gezeugt zu haben, der für ihn Ergebnisse produziert.

TN: Ja, in dem Spiel bin ich gerade drin, o.k., ja, da habt ihr mich erwischt und das gönn' ich ihm nicht.

Craemer²: Das Dumme daran ist nur, was du anderen missgönnst, verunmöglichst du für dich selbst. Und fühlst du dich machtlos ihm gegenüber, weil er dich geschlagen hat?

TN: Woher wisst ihr denn, dass er mich geschlagen hat?

Craemer²: Weil du zu Gesprächsbeginn dazu eine Andeutung gemacht hast.

TN: Ja stimmt, das fing jetzt an mit diesen Unterbrechungen halt – ich sage mal, als Kind, wenn irgendwie was nicht passte, dann gab's eins drüber und wenn du das nicht machst, was ich sage, dann verprügle ich dich.

Craemer²: Und das hat er auch gemacht?

TN: Und das hat er auch gemacht, ja.

Craemer²: O.k., das heißt, du warst tatsächlich machtlos gegen seine Gewalt.

TN: Ja, ja.

Craemer²: Und jetzt ist das immer noch so? Jetzt ist sie nicht mehr körperlich, jetzt ist seine Gewalt strukturell und finanziell. Das heißt, du hast dasselbe Muster beibehalten?

TN: Ja, das könnte man so sagen.

Craemer²: Deshalb tun wir das. Damals als Kind hattest du keine andere Wahl, um zu überleben, musstest du bei ihm bleiben. Heute als Erwachsener bist du freiwillig bei ihm. Das hat zwei Gründe: Zum einen hat dein Verstand gelernt, dass er sicher überlebt, wenn du in irgendeiner Form Gewalt erlebst. Das ist wie ein Überlebensmuster. Zum anderen willst du ihm die erfahrene Ungerechtigkeit immer noch heimzahlen.

TN: Er hat mir unwahrscheinlich viel Kraft gegeben, besser zu werden.

Craemer²: Das Heimzahlenwollen ist so etwas wie ein Antriebsmotor für dich.

TN: Das habe ich schon mal erkannt, ja.

Craemer²: Aber es powert dich auch aus und du kommst auch irgendwann an Grenzen ...

TN: Ja, da bin ich deutlich drüber!

Craemer²: ... zumal du auf diese Weise nicht heimzahlen kannst. O. k. Bevor wir weiter diesen Zusammenhang auflösen, bist du bereit, aus diesem Gefühl der Machtlosigkeit, also aus dieser Identität auszusteigen?

TN: Ja, schon, aber wie?

Craemer²: Auf der emotionalen Ebene kannst du die nachfolgende Übung dafür nutzen. Um es auch mental zu verstehen, bitten wir dich, dich nach der Übung noch mal zu melden. Jetzt können wir es noch nicht genau untersuchen, dazu führen wir später noch weitere theoretische Unterscheidungen ein, mit denen du die gesamte Situation nicht nur aus der Machtlosigkeit heraus siehst, aber wir können dir jetzt einige Hinweise geben. Bist du auch bereit, diese Machtlosigkeit aufzugeben, wenn es heißt, dass du ab jetzt anfängst, deinem Vater gegenüber klare Bedingungen zu stellen und wenn er sie nicht erfüllt, nicht mehr dort zu arbeiten?

TN: Ja.

Craemer²: O. k., gut, denn das käme auf dich zu. Im Moment ist machtlos zu sein für dich eine Komfortzone, die zwar unbequem ist, aber doch vertraut. Nur weil sie immer unbequemer wird, willst du es überhaupt ändern.

TN: Ja, die ist sehr vertraut, also ich übe das auch aus. Ich sage mal, alle Leute, die unter mir sind, da setze ich die Macht, die ich habe, im positiven Sinne ein, dass die sich entwickeln ... und nach oben hin ist eher, was ich zwischendurch so hatte, dieser Boykott – du kannst mich mal. Und wenn du nicht willst, dann eben nicht.

Craemer²: So hast du es ihm heimgezahlt?

TN: Ja, dass ich halt nicht mitspiele bei diesem Spiel.

Craemer²: Doch, du spielst vollständig in dem Spiel mit und glaubst mit dem *Du kannst mich mal* seine Dominanz auszubremsen, damit er als Chef verliert. Dein Spiel lautet: *Weil ich früher mir dir verloren habe, sollst du jetzt mit mir verlieren,* und wenn es deinem Vater zu bunt wird, bremst er dich aus, indem er dich zurücksetzt. Du kannst die unvollständige Kommunikation mit ihm so nicht ausgleichen. Das geht auf Kosten der Firma, der Mitarbeiter und deiner Gesundheit. Seiner wahrscheinlich auch.

TN: Ja, aber wie ich bin, das kommt den Mitarbeitern meist zugute.

Craemer²: Das weißt du nicht wirklich, ob die das gut finden.

TN: Doch, da gehe ich von dem Feedback her davon aus.

Craemer²: Also sie würden dich mehr als Chef akzeptieren als ihn?

TN: Fachlich ja.

Craemer²: Fachlich ihn oder fachlich dich?

TN: Fachlich ihn. Also mich mittlerweile auch, ganz klar. Aber fachlich ist er ein Genie, das muss ich ihm ganz klar zugestehen.

Craemer²: Auch wenn's schwerfällt, oder? Das heißt, du sprichst ihm fachliche Kompetenz zu, aber menschliche Kompetenz ab?

TN: Ja, aber so was von.

Craemer²: Was hast du für eine Meinung über ihn?

TN: Keine gute.

Craemer²: Das haben wir uns schon gedacht. Wie heißt die, man kann es schon erahnen.

TN: Das Wort, was mir gerade kam bei vielen Dingen, ist einfach armselig.

Craemer²: Er ist armselig und wie ist das Hauptwort?

TN: Das Hauptwort? Tyrann wahrscheinlich, so in die Richtung.

Craemer²: Er ist ein armseliger Tyrann. Das heißt, du hast Mitleid und Verachtung für ihn und in dieser Verachtung wird er nicht auf dich hören können. Weil, wenn er dann auf dich hören würde, würde er deine Verachtung indirekt bestätigen. In dieser Verachtung muss er dasselbe tun wie du, auch er muss auf Widerstand gehen.

TN: Hm. Stimmt. Blöd.

Craemer²: Das heißt, ihr steht beide widerständig voreinander und wollt eigentlich beide, dass die Verachtung aufhört. Nur jeder sagt: *Fang du an!*

TN: Ha, ich hab' schon oft an dem Ding gearbeitet, das zu verstehen von ihm aus und so.

Craemer²: Ja, du hast an den Dingen im Context von *Er ist ein armseliger Tyrann* gearbeitet.

TN: Ja, ich habe daran versucht zu arbeiten und hab' mir gesagt, selber keinen Vater und das fünfte Rad am Wagen und habe versucht, ihn zu verstehen.

Craemer²: Der Versuch, ihn zu verstehen, ist im Versuch stecken geblieben. Du hast es nur psychologisiert und rationalisiert. Und wenn du sagst, er hatte selbst keinen Vater, das bestätigt nur seine Armseligkeit und die wiederum bestätigt nur die Verachtung. Da hast du Mitleid für ihn erzeugt, das ist mehr vom Selben.

TN: O.k., ja, ja, richtig.

Craemer²: In deinem Context über ihn ist Mitleid nur ein Ausdruck von Verachtung. Was du noch nicht gemacht hast, ist, ihn aus diesem Context zu entlassen, was übrigens nicht heißt, dass du seinen Bedingungen zustimmen und sie erfüllen musst. Nur solange du ihn in diesem Context hältst, wird er bei dir auf Widerstand gehen **müssen**, denn er kriegt unterschwellig mit, dass du so über ihn denkst, und dann wird er seine Macht gegen dich ausspielen. Wärest du bereit, angenommen es wäre möglich in der nächsten Übung, ihn aus diesem Context zu entlassen?

TN: Ohne, dass er sich ändert?

Craemer[2]: Tja, schlechte Nachrichten. Dein Vaterveränderungsprogramm ist zu Ende. Was nicht heißt, dass du seine Bedingungen erfüllen oder ihn mögen musst. Aber wärest du bereit, deinen Context aufzugeben, denn in diesem Context werdet ihr weiter Krieg haben und darin kriegst auch du nicht, was du willst.

TN: Hm, … also ihn irgendwo als armselig anzusehen oder als Tyrann oder so?

Craemer[2]: Ja, den gesamten Context. Wir sagen noch nicht, was dabei herauskommt, aber diesen gesamten Context zu sprengen, bist du dazu bereit?

TN: Ja, wenn das die Ursache ist.

Craemer[2]: Denn in diesem Context habt ihr seit Jahren Krieg und werdet ihn weiter haben.

TN: Ja, ich will, dass das aufhört, insofern sage ich ganz klar Ja! Ich muss da raus, ich kann so nicht weitermachen.

Craemer[2]: Du **musst** das nicht.

TN: Ja doch, also ich will es, ich will es für meinen Sohn jetzt. Das muss ein Ende haben.

Craemer[2]: Also du willst das nicht an deinen Sohn weitergeben. Du bist bereit, dich für deinen Sohn zu wandeln. Bist du auch bereit, für deinen Vater den Krieg zu beenden? Wenn nicht, wird es nicht funktionieren. Wenn du dazu bereit bist, bitten wir dich, für die Übung diesen Satz *Ich bin machtlos* oder

hilflos zu nehmen und die Übung dafür zu nutzen, ihn aufzulösen. Was ist dir näher: machtlos oder hilflos?

TN: Machtlos. Das Gefühl habe ich eher.

Craemer²: Gut, dann nimm das, was dir emotional am nächsten ist.

TN: O. k. Danke euch!

Craemer²: Wir danken dir!

Wie dieser Dialog verdeutlicht, richten Menschen sich innerhalb der Begrenztheit ihrer Identitätshöhle resignativ ver-
weigernd ein, selbst wenn es zu ihrem Schaden ist. Das hat
einen großen Gewinn, den sie erst aufgeben, wenn ihnen
bewusst wird, was es kostet, so zu leben, und dass der Preis
immer höher als der Gewinn ist. Der Preis ist, dass der Zugang
zu ihrem wahren Selbst, ihrer Schöpferkraft und damit zu
ihrer Produktivität eingeschränkt ist und Begeisterung und
Lebenslust dauerhaft verunmöglicht sind. Der schale Gewinn
ist triumphierendes Recht-haben-Wollen. Ein sehr kärglicher
Trostpreis.

Erst wenn der Schmied erkennt, dass er nicht das ist, was
er geschaffen hat, kann er etwas Neues schmieden. Solange er
sich mit dem Eisen oder seiner geschmiedeten Form identifiziert, ist ein nachhaltig erfüllter Wandel ausgeschlossen. Wir
sind jedoch alle fröhlich am Schmieden. Ihr selbst gewählter
mental-emotionaler Identitäts-Context erzeugt den Sog für
bestätigende Ereignisse und die jeweils möglichen Ergebnisse,
deshalb ist es eine kathartische Erlösung, wenn Sie sich von
der Dominanz Ihrer belastenden Fehlidentifikation, Ihrer
Identität befreien. Erst das ermöglicht eine transformierte
Wirklichkeit.

So sehr wir uns auch wünschen mögen, dass es Ihnen
möglich ist, allein durch das Lesen dieses Buchs aus Ihrer

Identität auszusteigen, wird es nicht funktionieren. Als Sie in diese Identität eingestiegen sind, war das für Sie eine sehr gefühlsgeladene Erfahrung, die Sie besonders auch als Emotion gespeichert haben. Zunächst waren die Auswirkungen unmerklich, dann bestätigte sich durch gleiche oder ähnliche Erfahrungen diese Schlussfolgerung immer mehr, bis Sie diese gar nicht mehr als Schlussfolgerung wahrnahmen, sondern als Realität. *So ist Leben.* Ab dem Zeitpunkt hat Ihre Identität das Steuer Ihres Lebens übernommen. Wenn Sie das Steuer wieder in die Hand bekommen wollen, dann ist der erste Schritt, zu erkennen, dass es eben nicht **die** Realität ist, sondern nur eine, die sich auf Ihre Schlussfolgerungen gründet. Wenn Menschen beginnen ihre Identifizierungen als geschlussfolgerte Standpunkte anzuerkennen und aufzugeben, haben sie erst mal nichts außer einer völliges Neuland repräsentierenden, unbeschriebenen Leinwand.

Unsere Absicht ist, dass dieses Buch zu Ihrer Erkenntnis und mentalen Befreiung beiträgt. Um jedoch auch die emotionale Verankerung aus den Zellen aufzulösen, sodass Sie wirklich erlöst sind, müssen auch Ihre Gefühle, die an den Schlussfolgerungen hängen, aufgelöst werden. Das ist allein mit dem Lesen eines Buches nicht möglich. Wenn Sie diesen Schritt gehen wollen, dann laden wir Sie herzlich dazu ein, die dafür geschaffenen Trainingsprogramme der CCA GmbH zu absolvieren. Eine lohnende Investition in eine große Befreiung!

Im zweiten Teil unseres Aufklärungsbuches untersuchen wir weitere Abträglichkeiten des menschlichen Bewusstseins und eröffnen anhand funktionierender Unterscheidungen neue, die menschliche Lebendigkeit steigernde Möglichkeiten. Im transformierten Sein erfahren Menschen eine Lebens- und Seinsqualität, die die meisten nicht mehr für möglich halten. Dafür ist es unter anderem Voraussetzung, erkenntnisreiche, ungewöhnliche Standpunkte einzunehmen, die sowohl den

Ich bin nicht meine Gefühle.

Ich habe Gefühle.

Ich bin nicht meine Gedanken.

Ich habe Gedanken.

Ich bin nicht meine Vergangenheit.

Ich habe eine Vergangenheit.

Ich bin nicht, was ich habe.

ICH BIN.

Maria & Stephan Craemer

Opfer- als auch Täterstandpunkt obsolet machen, sodass Sie sich als Urheber Ihrer Lebenserfahrung erfahren und erschaffen können.

Um sich als Urheber zu erfahren, bieten wir eine außergewöhnliche Antwort auf die Frage, wer Sie wirklich sind, wenn Sie weder Ihre Gedanken, Gefühle, Ergebnisse, Handlungen noch das sind, womit Sie sich identifizieren. Eine Vorstufe dazu bietet die Erkenntnis, dass die vom Verstandesbewusstsein erzeugte Realität nicht zwangsläufig mit der messbaren Wirklichkeit übereinstimmt. Um das im alltäglichen Leben anzuwenden, bieten wir eine Unterscheidung, die es nachhaltig erleichtert, zwischen der messbaren Wirklichkeit und dem zu unterscheiden, was Sie mit Ihrem Bewusstsein daraus machen.

Dazu mehr im zweiten Teil unseres Aufklärungsbuches.

Danksagungen

Wir danken unserer Tochter **Anna** und unserem Sohn **Leo** für ihr bereicherndes Sein seit dem Tag ihrer Geburt. Anna inspiriert uns immer wieder durch ihren Sinn für Schönheit, ihre Begeisterung, ihren Humor, ihre Weisheit und ihre Risikofreude. Leo berührt uns immer wieder mit seiner Musikalität, seiner Courage, seinem Selbstbewusstsein, seiner Abenteuerlust und Intelligenz.
Danke für das Geschenk, das Ihr seid!

Wir danken allen Angestellten, Mitarbeitern, Coaches, Trainern, Trainingsproduzenten und Assistenten der CCA.GmbH und CBC.GmbH für ihre Loyalität, ihr Commitment zum Bewusstseinsfrieden und ihre Liebe zu Menschen. Mit vielen von ihnen arbeiten wir schon seit Jahrzehnten zusammen und freuen uns jedes Mal, mit ihnen zu sein und unsere gemeinsame Absicht zu verwirklichen. Wir wünschen jedem unserer Weggefährten ein erfülltes Leben!
Danke, dass Ihr uns ermächtigt!

Wir danken allen Trainingsteilnehmern, die uns vertraut haben, an unseren ungewöhnlichen Trainingsprogrammen teilzunehmen. Es war und ist uns ein Privileg, Euch bei Eurer Befreiung von alten emotionalen Belastungen begleitet und Euch Möglichkeiten für Erfolg **und** Erfüllung eröffnet zu haben.
Danke, dass Ihr erfolgreich und erfüllt seid!

Wir lieben Dich!

Maria & Stephan

Weblinks

Mehr inspirierende und erkenntnisreiche Inhalte:
www.contextuellephilosophie.de
f mariastephancraemer
O mariastephancraemer

Mehr contextuelle Inhalte zur praktischen Umsetzung:
www.denkwandel.com

Besuchen Sie die von uns entwickelten contextuellen Trainingsprogramme für nachhaltig bessere Lebens- und Seinsqualität:
Contextuelle CoachingAcademie
www.CCA.GmbH

Besuchen Sie die von uns entwickelten contextuellen Business-
trainingsprogramme für erfolgreich erfüllte Produktivität:
Contextuelles Business Coaching
www.CBC.GmbH